知识产权保护、投资机会与高科技企业的创新投资——基于差异性高管特质的视角（71672087）

差异性高管特质、投资机会与高科技企业创新绩效研究

李　莉　黄瀚雯　关宇航　著

中国财经出版传媒集团

经济科学出版社

Economic Science Press

图书在版编目（CIP）数据

差异性高管特质、投资机会与高科技企业创新绩效研究/李莉，黄瀚雯，关宇航著. -- 北京：经济科学出版社，2022.2

ISBN 978 - 7 - 5218 - 3391 - 1

Ⅰ. ①差…　Ⅱ. ①李…②黄…③关…　Ⅲ. ①高技术产业 - 企业 - 投资 - 研究 - 中国　Ⅳ. ①F276.44

中国版本图书馆 CIP 数据核字（2022）第 024159 号

责任编辑：高　波
责任校对：杨　海
责任印制：邱　天

差异性高管特质、投资机会与高科技企业创新绩效研究

李　莉　黄瀚雯　关宇航　著

经济科学出版社出版、发行　新华书店经销

社址：北京市海淀区阜成路甲 28 号　邮编：100142

总编部电话：010 - 88191217　发行部电话：010 - 88191522

网址：www. esp. com. cn

电子邮箱：esp@ esp. com. cn

天猫网店：经济科学出版社旗舰店

网址：http://jjkxcbs. tmall. com

固安华明印业有限公司印装

710×1000　16 开　22.75 印张　375000 字

2022 年 2 月第 1 版　2022 年 2 月第 1 次印刷

ISBN 978 - 7 - 5218 - 3391 - 1　定价：99.00 元

（图书出现印装问题，本社负责调换。电话：010 - 88191510）

（版权所有　侵权必究　打击盗版　举报热线：010 - 88191661

QQ：2242791300　营销中心电话：010 - 88191537

电子邮箱：dbts@ esp. com. cn）

前　　言

本书是国家自然科学基金项目"知识产权保护、投资机会与高科技企业的创新投资——基于差异性高管特质的视角"（项目批准号：71672087）的部分重要研究成果和发现。项目组成员通过四年的不懈努力，对该论题进行了细致且深入探讨，取得了一系列丰富的科研成果，在《南开管理评论》《管理评论》《预测》等国内顶级期刊上发表了十余篇高水平论文，对知识产权保护、投资机会与差异性高管特质在高科技企业创新投入与绩效层面的影响进行了深入研究，为相关领域的理论与实践做出了重要的贡献。项目团队以该项目为基础，持续跟踪知识产权保护、企业创新等重要研究问题，连续获批国家自然科学基金青年项目"宗族文化对企业技术创新的影响机理研究——基于知识产权保护的理论视角（项目批准号：72002187）""技术距离、决策视野与高科技企业的自主创新——基于知识产权保护的视角（项目批准号：71802111）"，教育部人文社会科学研究青年基金项目"中国式分权下企业象征性创新的形成机理与经济后果研究（项目批准号：20YJC630028）"。本项目的研究既推动了高科技企业合理配置内部资源、优化管理架构，也为提高企业创新效率提供了理论依据，同时，为政府加强知识产权保护的执行力度、优化企业生存环境、推动高科技企业持续创新提供了数据支持与政策建议。

作者李莉在对现有理论深化与制度背景分析的基础上完成了本书逻辑框架的梳理与搭建。

由于受篇幅的限制，本书只是项目组研究成果的部分总结，主要是针对差异性高管特质、投资机会与高科技企业创新绩效几个概念和概念间关系进行理论分析与实证和数理检验。本书主要分为理论概括与成果精选两个部分。其中第一部分共五章，由李莉执笔：第一章主要是介绍本书的研究背景与意义、研究内容与方法；第二章主要是对差异性高管特质与投资机会的相关概念和理论进行了回顾；第三章讨论的是高科技企业创新绩效的相关概念和理论；第四章主要是对我国制度背景的相关分析；第五章是在前面章节的基础上，对差异性高管特质、投资机会对高科技企业创新绩效的互动影响机理进行分析，这五章形成了"高阶理论""投资理论"和"创新理论"的深化与进展，揭示了其中的作用机理与影响路径。本书第二部分分为三个方面共八个章节进行论述和实证、数理分析。从研究内容上看，这三个方面主要包括差异性高管特质、投资机会对高科技企业创新绩效的影响——基于高阶理论，差异性高管特质、投资机会对高科技企业创新绩效的影响——基于行为金融理论，以及投资机会对高科技企业创新绩效的影响。这三个方面形成了丰富而系统的研究体系，是对本项目研究成果的概括和总结，由黄瀚雯和关宇航撰写。

尽管这四年中，本项目组所有成员勤奋钻研、毫不懈怠，但由于种种原因和局限，本书仍然会存在颇多不足，在此恳请国内外专家学者批评指正。如果本书及本项目研究成果能够对国内外同仁有一定的启发和帮助，能够对我国高科技企业创新的理论研究与实践发展有一定的补充与推动、提供一定借鉴和帮助，我们将倍感欣慰。在本书成稿之际，要特别由衷地感谢为本项目的研究和本书的出版做出贡献的薛智胜教授、高洪利老师、张涵老师、吕晨老师、杨雅楠博士、苏子棋博士、师一帅博士、刘书宁博士，以及温汉琳、姜逸茵、苏航、何晴、皮姗姗、覃丽娜、张欣钰、吴佳颖、曹方卉、杨柳、汪小婷、刘晓晨、王昊幸、岳丽琳、张天媛、徐文姗、余力进、郑星星等硕士研究生。本项目的申请、研究与完成是与大家的辛勤工作分不开的。

衷心感谢国家自然基金委的各位领导，感谢南开大学、南开大学商学院的各位领导，也感谢所有对项目申请和研究提供帮助和支持的各界朋友。最后，还要感谢经济科学出版社的领导，感谢你们对本书出版的大力支持！

李　莉

2021 年 10 月于南开园

目　　录

第 一 部 分：理 论 部 分

第二部分：实证部分

第一部分：理论部分

第一章
绪　论

　　本章为全书总起，旨在明确本书的研究背景与意义、研究内容和方法。第一节分别从理论和实践两个方面对本书的研究背景与研究意义进行描述；第二节介绍本书的研究内容，并分别就研究内容和所使用的研究方法进行详述。

第一节　研究背景与意义

　　高科技企业的创新绩效水平是国家创新战略实施速度和效率的基础和保证，伴随中国经济环境的繁荣和制度环境的完善，企业对创新的需求和追逐愿望日益强烈，高科技企业的创新绩效对推动我国经济创新发展，建设现代化社会有着重要影响。本节分析了研究的实践背景与理论背景，并将本书研究主题与实践背景相结合，阐释本书的研究意义。

一、研究背景

（一）实践背景

　　创新是中华民族振兴和发展的基石，在国际竞争日趋激烈的今天，企业创新极大影响着一个国家的创新水平和能力。近些年来，中国企业在创新方面的能力不断提高。2018 年 12 月 5 日世界知识产权组织发布的《世界知识产权指标》年度报告中指出，2017 年中国在专利、商标和工业品外观设计等方面的知识产权申请数量居世界第一位。在这种大背景下，高科技企业作为科技创新驱动经济增长的重要载体，在优化增长结构与实现可持续发展中发挥着不容忽视的关键作用。而在竞争日益激烈的新商业环境下，高科技企业为获得长远发展，必须不断积累和更新知识，增强创新能力。高管作为企业管理中的关键角色，其差异化特质对投资机会的影响及最终对高科技企业创新绩效的作用，亟待研究。

经验表明，在企业层面上，决策的制定者是高层管理者。在企业创新活动上，高管的知识和社会资本、高管对于风险不同程度的偏好、高管个人的性格特质都会影响企业创新绩效的水平。在这样的背景下，具有不同特质的高管人才进入企业后，能否实现政府和社会的期望，在其各自领域发挥作用，有必要引起学界的探讨：高管的差异化特质对高科技企业创新绩效会产生什么样的影响？该影响是如何产生的？企业的创新投资机会在其中起到什么样的作用？本书在已有研究的基础上，全面考察了差异性高管特质对高科技企业创新绩效的影响，并率先将投资机会引入上述理论模型，采用理论和实证等方法论证了不同的高管特质对企业投资机会及创新绩效的影响，从而希望能够找出相关问题的答案。

本书分别基于高阶理论和行为金融学理论展开分析：首先，在高阶理论的框架下，使用高管性别、教育背景和职业经历等人口统计学特征来代理高管的某些特质，以此考察其对投资机会、创新投资的影响。其次，基于行为金融学理论框架，从高管能力等个体特质的特定维度入手，研究其对投资机会、创新投资的影响。最后，建立差异性高管特质、投资机会与高科技企业创新绩效的理论模型。

（二）理论背景

目前，学术界关于差异性高管特质和投资机会对高科技企业创新绩效的影响已经形成了一系列的研究成果。本节在已有研究的基础上，对差异性高管特质和投资机会，以及投资机会对高科技企业创新绩效等几个概念和关系进行简要理论综述。

第一，差异性高管特质与投资机会。高管是企业投资决策的最终制定者和执行者（Hambrick，2007），差异性特质影响高管对宏观环境的把握和对机会的识别、判断和开发，进而影响创新投资行为及绩效。高管特质是高管个体的人格特质。卡特尔（Cattell，1965）基于心理学理论，将特质定义为个体在不同情景下，用一致的行动模式来表达自我的一种人格或倾向。泰诺派尔（Tenopyr，1993）指出，特质是个体表现出的一种思考、感觉和行为的普遍形态。近年来，一些学者尝试将特质理论引入管理学领域中，基于高阶理论和行为金融学理论，探讨高管特质对企业投资决策的影响（Pervin，1994；李巍等，2013）。基于高阶理论，学者将人口统计学特征等同于特质，将性别、年龄、学历、工作经历、任期和薪酬水平等与风险倾向、能力、精力水平（Child，1974；李焰等，2011）等相联系，并实证研究高管特质对企业投资决策的影响。基于行为金融学理论，学者认为高管的掌控力（张祥建等，2015）、自信程度（余明桂等，2013）和风险偏好（陈怀超等，2015）等会直接影响企业投资。由此可见，现有研究粗糙地将个体人口学特征代替高管特质作为逻辑推理的起始点，这样很容易造成预测的偏差。目前，关于高管特质对企业投资影响的研究，仅从特质的某一个或几个方面入手。然而，高管特质包括能力、气质和动力三个维度（Cattell，1965），现有文献未能全面、系统地考察差异性高管特质在高科技企业创新投资中的作用，因而造成研究很松散、不成体系。

关于高管特质与高科技企业创新投资的研究，主要也是从上文的两种思路展开。第一种思路是在高阶理论的框架下，采用高管性别（Faccio，2011）、年龄（姚东旻，2015）、教育背景（肖挺等，2013）和职业经历（王雪莉等，2013）等人口统计学特征来代理高管的某些特质，以此考察其对创新投资的影响。第二种思路则直接基于行为金融学理论框架，从高管能力（Demerjian et al.，2012）等个体特质的特定维度入手，研究其对创新投资的影响。

第二，投资机会与高科技企业创新投资。随着我国创新型国家战略的实施和相关政策的出台，高科技企业的投资机会将随之增加，投资机会与高科技企业创新投资的研究也逐渐成为理论和实务界关注的重点。投资机会的存在是高科技企业创新投资的前提，但是直至最近，对投资机会的研究才成为理论界关注的重点（Short et al.，2010）。在管理学领域中，投资机会一般与创业机会或成长机会相混用（Shane et al.，2000；王鲁平等，2010）。主流文献一般从三个角度对投资机会进行定义（Doty et al.，1994；Short et al.，2008）：一是基于资源基础理论、非均衡发展理论或实物期权理论等，认为投资机会来源于动态外部环境中的某一变化（Hmieleski et al.，2008），也就是说投资机会是客观存在并可以被发现的；二是基于社会认知理论、经验学习理论等，认为投资机会是由人主观创造并开发的，人的心理状态、逆向思维（Gaglio，2004）、学习方式（Corbett，2005）等是其创造机会的前提；三是结合上述两个观点，在认知理论基础上认为，投资机会是人通过社会网络与外部环境互动的结果（De Carolis et al.，2006；Sarason et al.，2006）。在维度划分方面，现有文献普遍从微观视角或从宏观与微观相结合的视角，根据投资机会的产生根源（Eckhardt et al.，2003）、开发程度（Ardichvilia，2003）、形成过程（Wood，2012）和创新程度（Samuelsson，2001）进行划分。

基于上述定义，投资机会可划分为繁荣程度、发展前景和持久性三个维度（许荣等，2015）。关于企业投资的经典研究多是基于资产定价理论、期权定价理论、投资组合理论等，探讨如金融资产投资、固定资产投资等投资行为（李心合，2010）。高科技企业的投资研究主要基于知识基础观（陈继勇等，2010）、无形资产价值估值等理论和方法（叶雅阁，1996），引入知识资本（如技能、商业秘密、版权、专利等）投资。研究普遍认为，我国高科技企业创新投资存在创新效率较低（陈凯华等，2013）等问题，原因在于知识产权保护薄弱、市场环境不完善（戴魁早等，2015）、公司治理机制不健全（杨勇等，2007）等。由此可见，目前已有关于创新投资的研究涉及了创新投资存在的问题及问题的成因等方面，却没有关注高科技企业在环境变化中寻求投资机会的意愿和能力，以及差异性高管特质对高科技企业创新投资的重要作用。

国内外有关投资机会影响高科技企业创新投资的文献较少，现有研究多数基于风险—收益理论，考察有何种风险—收益特性的投资机会将带来创新投资。这类研究的逻辑起始点一般是投资机会的风险和不确定性（Alvarez et al.，2007），认为企业选择投资机会就必须承担相应的市场、技术（Choi et al.，2004）等带来的风险，从而影响高科技企业对未来收益的评估，进而影响创新投资行为。综上所述，现有文献缺乏对投资机会和创新投资内涵的挖掘及两者间作用机理的研究。

关于投资机会的度量方法，现有研究可分为直接度量法和间接度量法。其中，直接度量法主要是使用问卷调查的方法，直接从企业获取有关投资机会的数据（Zahra，1996）。间接度量法主要可分为行业层面和企业层面：在行业层面，现有研究从投资机会所在行业的繁荣程度（许荣等，2015）、发展前景（晁钢令，2004）和持久性（Miller，1987）等方面测度投资机会。也有研究从企业视角对投资机会进行测度，包括：①以股价为基础的代理变量，如市净率、市账率和市盈率等；②以企业投资为基础的代理变量，如研发密度（Gaver，1993）等。另外，投资机会资本化过程中所形成的潜在资产的总体收益，如知识产权等无形资产及相关的固定资产等，可以认为是机会的潜在价值。因此，有学者在风险理论、价值估值等理论分析框架下，对投资机会的潜在价值进行评估。目前，已有研究主要沿用有形资产的评估方法展开，主要包括收益现值法、市场价值法、重置成本法等。由于高科技企业创新投资的产出更多集中在无形资产领域，越来越多的研究将实物期权分析（McDonald et al.，1986）、模糊评价法（闫威等，2008）等手段引入价值评估模型中，研究取得一定的效果。但现有研究尚存在一定的不足，特别是没有考虑外部制度环境对其潜在价值的影响。

第三，差异性高管特质与投资机会交互影响高科技企业创新绩效机理分析。现有文献在研究差异性高管特质、投资机会与高科技企业创新绩效的关系时，很少同时讨论差异性高管与投资机会同时发生变化时，高科技企业创新绩效受到的影响；相关文献一般都蕴含投资机会是由人（即高管）识别而来的前提。因此，本书着重研究差异性高管特质对于既有投资机会识别产生的影响，继而为高科技企业带来不同程度的创新绩效。其中，差异性高管特质综合了高阶理论中人口统计学的分类方法与行为金融学中基于心理认知的分类方法；投资机会主要指对于固有投资机会的识别水平，因此，主要从机会发现观的视角进行研究。

二、研究意义

（一）理论意义

理论意义主要体现在以下几个方面：①立足高科技企业的本质特征，首次深入挖掘高科技企业创新绩效、差异性高管特质的概念和内涵，从机会构建观、机会既有观两个维度探讨投资机会，从气质、动力、能力三个维度探讨高管特质的内涵，并基于中国特殊情境，建立度量差异性高管特质的指标。②将抽象化的高管特质内生化，深入分析差异性高管特质在创新投资决策过程中的重要作用。③在中国特殊情境下，将投资机会引入高科技企业创新投资财务分析框架中，构建差异性高管特质与投资机会交互影响高科技企业创新投资的投资理论分析模型，并基于差异性高管特质，率先探索人的"个性"在其中的重要作用，丰富了相关领域的研究。

（二）实践意义

本书的实践意义主要体现在：①从投资内容、时机和强度三个维度为高科技企业创新投资的优化提供理论依据，从而增强高科技企业的创新能力和核心竞争力。②为高科技企业有效地识别及利用投资机会，提高环境适应性，促进其可持续发展给予理论与实证支持。③对高科技企业合理配置内部资源，优化内部管理架构具有重要意义，为高科技企业选拔和培养优秀管理人才，提高员工黏性提供了决策依据。④为政府加强高科技企业政策制定与发展，优化企业生存环境，推动高科技产业持续创新提供数据支持和政策建议。

第二节 研究内容与方法

本节将对本书的内容章节安排及各部分所用的主要研究方法进行介绍。

一、研究内容

本书主要分为两个部分介绍差异性高管特质、投资机会对高科技企业创新绩效的影响。由于本书是对国家自然科学基金项目"知识产权保护、投资机会与高科技企业的创新投资——基于差异性高管特质的视角"的总结，因此，本书体现出较强的学术性。本书的第一部分主要是对差异性高管特质与投资机会的相关理论、高科技企业创新绩效的相关理论、中国情境下的制度背景分析，以及差异性高管特质、投资机会对高科技企业创新绩效的影响机理等相关理论研究的梳理和总结。本书第二部分是由项目组的部分研究成果组成，分为三个方面八个章节进行论述和实证分析，从研究内容上看，这三个方面主要包括差异性高管特质、投资机会对高科技企业创新绩效的影响——基于高阶理论，如《海归高管对高科技企业创新绩效的影响研究》《CEO 职业经验与高科技企业创新绩效的研究》，以及《CEO 职能背景与企业创新绩效的关系研究——基于激励机制的调节作用》；差异性高管特质、投资机会对高科技企业创新绩效的影响——基于行为金融理论，如《高管团队的风险特质对高科技企业创新方式的影响研究——基于技术距离的调节效应》《CEO 过度自信与企业风险承担关系研究——基于预期任期的调节作用》和《高管团队风险特质对高科技企业创新投资的影响研究——基于股权激励的调节效应》；投资机会对高科技企业创新绩效的影响，如《风险投资、市场化进程与中小民营企业信贷约束——基于中小企业板上市公司的实证研究》和《产品市场竞争对高科技企业创新投资的影响研究》等。本书第二部分研究内容涉及范围广，实证分析设计合理，结果较为科学可信。

本书旨在厘清以下内容：

（一）差异性高管特质对投资机会影响的内在机理研究

差异性高管特质影响高管对宏观环境的把握和对机会的识别、判断和开发，进而影响创新投资行为及绩效，投资机会的存在是高科技企业创新投资的前提。注重差异性高管特质的重要性、提高寻求投资机会的意愿和能力都将有效地促进企业创新绩效，了解我国高科技企业创新绩效问题须对差异性高管特质及投资机会有深入的理解。基于高阶理论，目前研究将人口统计学特征等同于特质，将性别、年龄、学历、工作经历、任期和薪酬水平等与风险倾向、能力、精力水平等相联系，并用以实证研究高管特质与企业投资决策的影响。基于行为金融学理论，目前认为高管短视、自信程度和风险偏好等会直接影响企业投资。

因此，本部分以上述两种理论为基础，进行高管特质与高科技企业创新投资的研究，在高阶理论与行为金融学理论框架下，从人口统计学特征如性别、年龄、教育背景、职业经历等方面代理高管的某些特质，还从个体特质的特定维度入手，如高管性格等方面，研究差异性高管特质影响投资机会的内在机理。

（二）投资机会与高科技企业创新投资绩效的内在机理研究

随着我国创新型国家战略的实施和相关政策的出台，高科技企业的投资机会将随之增加，投资机会与高科技企业创新投资的研究也逐渐成为理论和实务界关注的重点。投资机会的存在是高科技企业创新投资的前提，在管理学领域中，投资机会一般与创业机会或成长机会相混用。通常来说，投资机会可划分为繁荣程度、发展前景和持久性三个维度。高科技企业的投资研究主要基于知识基础观、无形资产价值估值等理论和方法，引入知识资本（如技能、商业秘密、版权、专利等）投资。研究普遍认为，我国高科技企业创新投资存在创新效率较低等问题，原因在于知识产权保护薄弱、市场环境不完善、公司治理机制不健全等。由此可见，目前已有关于创新投资的研究涉及了创新投资存在的问题及问题的成因等方面，却没有关注高科技企业在环境变化中寻求投资机会的意愿和能力，以及投资机会与高科技企业创新投资绩效的内在机理。本部分从风险决策视角入手，首先，将高阶梯队理论和委托代理理论结合在一起，丰富了相关理论研究，拓宽了该领域的研究视角。其次，考虑股权激励的作用，探究其作用机理，从而丰富了以往的研究。

（三）差异性高管特质与投资机会对高科技企业创新绩效交互影响的内在机理研究

近年来，中国企业在创新方面的能力不断提高。企业内外都表现出对于创新活动的热情极高。企业发展以人为载体，因而高管会对企业决策效果产生很大影响。本部分基于知识基础观和高阶梯队理论，对企业知识的重要载体——高管如何影响高科技企业创新绩效进行探讨，从高管具有的差异性特质出发，研究其是否影响了企业的投资机会，从而对企业创新绩效产生影响。本部分充实了高管影响企业创新绩效的解释路径，并且增加了研究结果的适用性。

从现实背景出发，本部分的研究结果对于高科技企业如何培养对企业创新绩效有突出影响的高管，提供了借鉴的可能，并且在我国企业当前的资本结构的情形下，为如何激发高管进行企业创新活动提供了实证经验，对设计完善适宜的资本结构也提供了一定的参考意义。

本书的内容框架如图 1-1 所示。

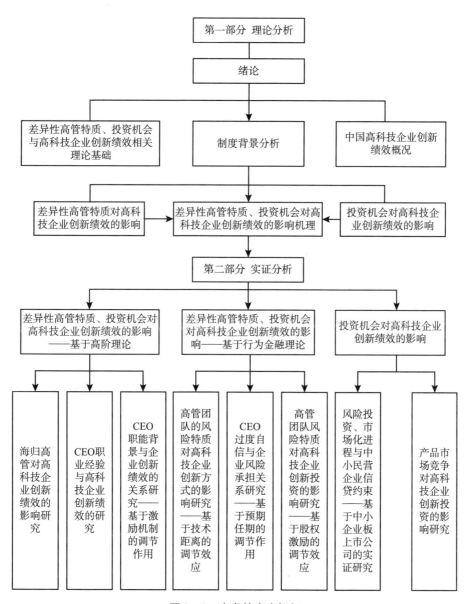

图 1-1 本书的内容框架

资料来源：笔者根据本书的框架结构绘制。

二、研究方法

本书第一部分的理论分析主要采用规范研究的研究范式。首先，通过对差异性高管特质与投资机会的概念、相关理论和研究现状进行回顾与总结，厘清了差异性高管特质与投资机会相关研究领域的发展现状及理论前沿问题。其次，本书对高科技企业创新绩效的相关理论进行了分析，为本书研究提供了扎实的理论基础。再次，理论联系实际，在对中国高科技企业的发展历程进行回顾的基础上，结合中国高科技企业创新绩效情况，对我国高科技企业在新的环境背景下面临的创新绩效进行了分析，并深入探讨了高科技企业提升创新绩效的基础与途径。最后，结合知识差异性高管特质、投资机会及高科技企业创新绩效的相关理论，在已有研究的基础上，系统分析了差异性高管特质、投资机会及高科技企业创新绩效的交互影响。本书第一部分的理论分析中，通过对相关理论的回顾与总结，构建了本书的理论框架。

本书第二部分主要是对本书的研究内容进行实证分析，各主题根据研究需要，分别采用理论分析与实证分析相结合的方法。在定量研究方面，建立变量研究指标体系，从 Wind 数据库、CCER 经济金融数据库、国泰安数据库等数据库，以及上市公司相关网站收集相关数据进行统计分析，并使用回归模型，综合运用描述性统计、相关性分析、多元线性回归等方法对假设进行实证检验。将实证检验的结果与假设相对照，分析并总结该部分中理论假设的真实性和准确性，并做出解释。

第二章
差异性高管特质与投资机会的相关理论回顾

本章作为全书的理论回顾部分，通过比较国内外相关研究、梳理相关理论发展，界定差异性高管特质和投资机会的内涵与测度，为后续分析差异性高管特质对高科技企业创新绩效的影响、投资机会对高科技企业创新绩效的影响，以及二者交互作用产生的影响奠定了理论基础，也为第二部分的实证分析提供了理论支持。本章将系统介绍差异性高管特质和投资机会的概念及其测度方法，差异性高管特质基本理论与投资机会基本理论的提出与发展，差异性高管特质与投资机会的国内外研究综述。

第一节 差异性高管特质与投资机会的内涵

差异性高管特质影响高管对宏观环境的把握和对机会的识别、判断和开发，进而影响创新投资行为及绩效，投资机会的存在是高科技企业创新投资的前提。注重差异性高管特质的重要性、提高寻求投资机会的意愿和能力，都将有效地促进企业创新绩效。了解我国高科技企业创新绩效问题，须先对差异性高管特质及投资机会有深入的理解。

一、差异性高管特质的内涵与测度

高管处于推动组织发展的核心位置，其认知水平、信息处理能力和风险偏好等差异性特质对企业决策至关重要。高层管理者为企业制定决策，对企业日常的经营管理活动起到了决定性作用，是推动公司的运营和未来发展的核心力量，所以差异性高管特质对投资决策有着非常重要的意义。首先，要了解高管所处的地位及其对企业投资决策产生的重要性；其次，了解特质的定义；最后，全面了解差异性高管特质对我国高科技企业创新绩效的影响。为了合理、全面地测度差异性高管特质，本书基于高阶理论和行为金融理论，从两大方面来进行测度：第一方面，选取高管的性别、年龄、教育水平、任职期限四个外在人口学特征来测度差异性高管特质；第二方面，选取认知能力型特质、气质风格型特质和动态专有型特质来测度差异性高管特质。

（一）差异性高管特质的内涵

长期以来，高管人员作为企业最重要的人力资源备受研究人员的关注。高管是处于企业最高战略制定与执行层、负责整个企业的组织与协调、对企业经营管理拥有很大决策与控制权的高层经理。高管是企业制定战略方向的主要决策者。米歇尔和汉姆布瑞克（Michel & Hambirk，1992）认为，高管由董事长、总经理、副总经理等组成。汉姆布瑞克（Hambrick，2007）指出，高管是企业投资决策的最终制定者和执行者。

卡特尔（1965）基于心理学理论，认为特质是个体在不同环境下，用相同的行动模式来表达自我的一种人格或倾向，它主要决定了个体行为特征和模式。泰诺派尔（1993）指出，特质是个体表现出的一种思考、感觉和行为的普遍形态。

高管特质是高管个体的人格特质。卡特尔（1965）提出，高管特质分为认知能力型特质、气质风格型特质和动态专有型特质三类。米勒等（Miller et al.，1982）的研究表明，高管的特质会影响战略选择，影响决策的产生。汉姆布瑞克和梅森（Hambrick & Mason，1984）指出，由于高层管理者的人口统计变量等外在特征与组织的创新绩效相联系，因此高管外在特质与管理者认知水平、信息处理能力、风险态度、价值取舍等内在特质密切相关，后者即高管的内在特质会影响高层管理者的决策，从而影响创新绩效。查干提和山姆哈亚（Chaganti & Sambharya，1987）认为，高管的年龄、性别、任职期限、教育水平等不同外在特质与企业策略的制定相关。托马斯（Thomas，1995）利用高层管理者的年龄、任职期限、功能性背景和教育背景等差异来研究其对战略决策的影响。方（Fong，1995）研究发现，高层管理团队的特质影响着企业重视创新的程度，以及风险偏好态度。达伦巴赫、麦卡锡和舒耐克（Daellenbach，Macarthy & Schoenecker，1999）认为，高层管理者的年龄和教育背景与企业接受创新的程度相关联。希夫林（Shifrinh，2001）指出，高管不是经济学上假设的"完全理性人"，高管在制定公司战略决策时也会做出非理性决策，因为他们存在着风险规避和过度自信等心理偏差，从而作出认知和行为方面的偏差。贝特兰德等（Bertrand et al.，2003）、卡普兰等（Kaplan et al.，2012）指出，高管特质会影响其决策行为，包括投资、绩效、组织等。由上述文献中可以发现，差异性高管特质对于企业创新绩效、决策行为、战略选择、风险趋避等都有显著的关联性。

本书认为，关于差异性高管特质可以结合两种理论基础，从两大方面来综合考察：第一方面是结合汉姆布瑞克和梅森提出的高阶理论来理解差异性高管特质。该理论基于人口学加入到管理学研究中，在企业决策的影响因素中，考虑差异性高管特质，认为管理者的性别、年龄、教育水平、任职期限等背景特征的不同，会引致管理者认知水平、风险偏好，以及价值观的不同，导致管理者收集和处理信息能力的偏差，从而引起企业决策发生重大的变化。进而提出管理者外在背景特质与内在特质存在密切关系，可以使用外在特质去衡量管理者的内在特质，进而研究管理者特质与创新绩效、决策行为、战略选择、风险趋避等的关系。即差异性高管特质是指高管性别、年龄、教育水平、任职期限等不同的外在特质，以及所影响的风险偏好等内在特质。第二方面是根据行为金融理论，结合卡特尔的三大特质来理解差异性高管特质。即差异性高管特质是指认知能力型特质、气质风格型特质和动态专有型特质三类。其中，认知能力型特质是指以个体观察和理解外部环境为核心的特征倾向；气质风格型特质是指反映个体具有一定稳定性的心理和行为特征；动态专有型特质强调某类个体所特有的，并且程度或水平在不断发生变化的属性。

(二)　差异性高管特质的测度

1. 基于高阶理论的测度方法

选取高管的性别、年龄、教育水平、任职期限四个外在背景特质来测度差异性高管特质。

(1) 高管的性别。大量的国内外管理学和心理学文献研究表明，男性和女性管理者的思维模式、管理风格、价值观、认知能力、风险偏好等存在差异，从而做出不同的决策行为和战略选择，相对于男性管理者，女性管理者更加保守和谨慎，因此，男性管理者更倾向于支持创新活动。雷辉和刘鹏（2013）根据国内现实情况，提出女性管理者的风险厌恶特征会降低企业创新程度，不利于企业的长远发展。但克里斯蒂安和罗斯（Cristian & Ross，2012）认为，女性管理者能促进高管团队的信息交流，且女性管理者更加注重观察市场和顾客的需求，能够加大企业创新程度，有利于企业的长远发展。

(2) 高管的年龄。管理者年龄反映其分析社会现状的能力、承受风险的能力，以及经验的积累程度。吴家喜和吴贵生（2008）认为，较年轻的高管更热衷于研发等创新措施。相比年长的管理者，年轻的管理者更加积极进取并富有创造力，学习能力和处理信息的能力也更强，拥有更强大的创新技术知识背景，因而他们更倾向于激进、开拓创新的公司决策。陈忠卫和常极（2009）实证发现，年龄异质性与公司绩效是显著正相关的。若高管团队成员年龄差异较大，则更容易出现创新性想法。

(3) 高管的教育水平。管理者的教育水平反映了其知识储备程度、信息整合和加工能力，以及处事能力。威尔瑟玛和班太尔（Wiersema & Bantel，1992）认为，管理者教育水平越高，企业战略执行力及在变革中求生存的能力越强。艾茉森和萨皮恩扎（Amason & Sapienza，1997）认为，高管专业知识背景不同，对创新的态度也不同，尤其有生产、技术和营销相关专业背景的高管，更倾向于加大创新研发投入。蒂豪尼（Tihanyi，2000）与王德应、刘渐和（2011）等也发现，受教育水平越高的高管，对于信息的获取更加敏感，会更加支持加大创新力度。韩静、陈志红和杨晓星（2014）认为，管理者的受教育水平对企业战略决策有正向的促进作用。在面对内外部环境变化时，教育水平越高的管理者，其学习能力和信息整合能力越强，管理者的认知与判断能力也更加客观，同时对自己决策判断的准确性更有信心，因而更倾向于创新决策。

（4）高管的任职期限。管理者的任职期限反映了其对外在环境信息的识别能力、风险的承受能力，以及决策过程的稳定性等。汉姆布瑞克（1996）认为，高管任期对企业创新战略实施具有积极的作用。刘运国和刘雯（2006）发现，高管任期时间越长，企业研究开发支出费用越多，即两者呈正相关关系。吴良海、张媛媛和章铁生（2015）认为，任职期限较短的管理者，对企业所面临的机会、损失与风险等内外部环境不能做出准确判断，并对企业未来发展中的不确定性因素也无法做出准确预测，当面临复杂的环境时，更倾向于保持组织原有的经营策略和管理风格，因此，管理者更偏好采用稳健与保守的创新决策。朱国军和吴价宝（2013）认为，高管任期异质性有利于提高企业创新绩效。高管成员任职期限的时间差异越大，对于公司创新投入所带来收益的认知越不同，丰富而具有前瞻性的创新想法就会越多。

2. 基于卡特尔特质分类框架的测度方法

选取高管风险偏好、高管国际化经验（认知能力型特质）、高管企业家精神（气质风格型特质）来测度差异性高管特质。

（1）高管风险偏好。由于本书的内容主要是研究高科技企业的创新绩效，而创新活动最大的特点是高风险性，即投入大但未来收益有不确定性，因此，本书将焦点聚集于高管对风险的偏好程度，亦即高管的风险内在特质。姜万军和金赛男（2010）认为，要想加大企业的创新力度，需要有效地控制和分散这些创新决策所面临的风险。然而，风险不仅取决于外在环境等客观因素，同时也取决于管理者的主观意识，即管理者的风险偏好程度。汤颖梅等（2011）研究证实，风险偏好正向影响企业创新研发，二者呈显著正相关关系。偏好风险的管理者更关注于高收益，而非高风险，同时对企业发展前景有更好的预期，因此，更希望接受创新决策。由于管理者的外在背景特征可以衡量其风险偏好内在特质，可从以下三个方面来理解：一是高管年龄与风险偏好。较年长的高管更偏向于以自己比较熟知的传统方式管理，以此规避风险；而年龄偏低的高管在想法上则更激进，愿意承担高风险以换取高额回报。威尔瑟玛和班太尔（1992）及巴克和穆勒（Barker & Mueller，2002）认为，年轻的高管由于获得的知识和技术更为先进，更加善于发现复杂多变的市场环境中的机会，且更愿意承担风险。二是教育水平和风险偏好。高管所接受教育水平越高，对于有用信息的获取和整合能力越高，对风险的认知更具有包容性，即更愿意承担风险。三是任职期限和风险偏好。任期时间长的高管距离退休年限较短，他们更倾向于短期回报，同时避免投资周期太长带来的风险。吉本斯和墨菲（Gibbons & Murphy，1992）的研究认为，风险偏好受到高管任职期限的影响，任期越长，高管越倾向于规避风险。

（2）高管国际化经验。戴利、切尔托和道尔顿（Daily，Certo & Dalton，2000）认为，管理者国际化经验是管理者对于国际市场经营规律和未来发展趋势的自我理解和认识，它对于国际化企业的竞争能力与优势至关重要，并成为国际化企业的重要资产，属于一种认知能力型特质。佩恩（Payne，2006）等从顾客关系的视角出发，认为管理者国际化经验有助于帮助企业有效识别当前和潜在的顾客价值，并成为企业的跨文化顾客关系管理战略的基础要素。李（Lee，2008）等研究表明，管理者国际化经验并不直接影响企业的国际化绩效，它是通过影响企业战略决策来间接影响国际化绩效的。

（3）高管企业家精神。从管理者特质上讲，企业家精神本质上是一种勇于创新、善于冒险的管理者气质风格，这种气质风格可以推动企业的创新力度。德鲁克（Drucker，1985）认为，企业家精神的本质是创新，为理解企业家精神的内涵做出了开创性贡献，并进一步认为企业家精神包含创新、责任和冒险等方面。奈特（Knight，2000）认为，中小企业管理者的企业家精神使企业采取更为积极和主动的战略措施应对全球化进程，并使企业在国际市场中满足潜在市场的需求，扩大市场份额。李（Li，2006）等对中国企业进行研究，发现企业家精神可以促进新产品的创新开发。

二、投资机会的内涵与测度

随着我国创新型国家战略的实施和相关政策的出台，高科技企业的投资机会将随之增加，投资机会与高科技企业创新投资的研究也逐渐成为理论和实务界关注的重点。在管理学领域中，投资机会一般与创业机会或成长机会相混用（Shane et al.，2000；王鲁平等，2010）。为了全面、合理地测度投资机会，不同的学者使用了多种不同的测度方法，包括直接度量法和间接度量法等测度方法。

（一）投资机会的内涵

投资是企业发展过程中的一个重要步骤，是指管理者利用一定资金，寻求具有发展潜力的项目来获得收益。在这个过程中，投资决策的科学性、可行性等直接影响着收益的高低。长期来看，也与企业的发展潜力、规模等密切相关。投资机会的存在是高科技企业创新投资的前提，但是直至最近一段时间，对投资机会的研究才成为理论界关注的重点（Short et al.，2010）。投资机会是企业投资能力发挥的前提，企业拥有投资机会才能拥有成长机会。

"投资机会"这一概念是 1958 年由米勒和莫迪利安尼（Miller & Modigliani）在他们的著作《股利支付政策、成长性和股票估价》中提出的，该著作主要研究了股利政策对企业价值的影响。他们认为，企业价值来源于两方面：一方面，是现有的经营性资产在未来可持续发展中所产生的价值；另一方面，是由未来投资净现值为正的投资项目带来的价值。20 世纪中后期，迈尔斯（Myers）、沃茨（Watts）等在米勒和莫迪利安尼研究的基础上，进一步分析和发展了投资机会相关研究。迈尔斯等（Myers et al.，1977）基于实物期权理论，认为企业现有资产所能带来的价值和企业在未来进行投资所能带来的价值共同组成企业的整体价值。他们认为投资机会是一种增长期权，这种期权主要依赖于管理者的主观判断和决策，因此，由这种增长期权带来的企业价值就是投资机会。随着对投资机会这一概念研究的深入，凯斯特（Kester，1984）等学者在认同迈尔斯等（Myers et al.，1977）观点的基础上，认为企业投资机会主要倾向于一种针对现在或者未来的投资选择权，与实物期权有很大的共同点，都是企业通过预付一定的费用来获得投资某项目的机会，在不断变化的环境中，这种机会主要依赖于管理层的主观判断，对某一个项目做出进行投资或放弃的决策，最终选择净现值为正的项目，以增加企业的价值。

主流文献一般从三个角度对投资机会进行定义（Doty et al.，1994；Short et al.，2008）：一是基于资源基础理论、非均衡发展理论或实物期权理论等，认为投资机会来源于动态外部环境中的某一变化（Hmieleski et al.，2008），也就是说投资机会是客观存在并可以被发现的；二是基于社会认知理论、经验学习理论等，认为投资机会是由"人"主观创造的，并开发的，人的心理状态、逆向思维（Gaglio，2004）、学习方式（Corbett，2005）等是其创造机会的前提；三是结合上述两个观点，在认知理论基础上，认为投资机会是人通过社会网络与外部环境互动的结果（De Carolis et al.，2006；Sarason et al.，2006）。

在维度划分方面，现有文献普遍从微观视角或从宏观、微观相结合的视角，根据投资机会的产生根源（Eckhardt et al.，2003）、开发程度（Ardichvilia，2003）、形成过程（Wood，2012）和创新程度（Samuelsson，2001）进行划分。投资机会可划分为繁荣程度、发展前景和持久性三个维度（许荣等，2015）。关于企业投资的经典研究多是基于资产定价理论、期权定价理论、投资组合理论等，探讨如金融资产投资、固定资产投资等投资行为（李心合，2010）。高科技企业的投资研究主要基于知识基础观（陈继勇等，2010）、无形资产价值估值等理论和方法（叶雅阁，1996），引入知识资本（如技能、商业秘密、版权、专利等）投资。

从某种程度上讲，投资机会类似于成长机会，例如，史密斯和沃茨（Smith & Watts，1992）、盖弗（Gaver，1993）等学者在研究中将投资机会和成长机会等同。但是严格意义上来讲，投资机会和成长机会仍然存在很大的区别。成长机会是指企业通过投资或支出实现企业规模的扩大和业务的扩展，而投资机会主要依赖于管理者的主观判断，是由公司现有资产的价值和未来投资产生的潜在价值所体现的，即净现值为正的投资项目带来的价值增加。某些投资项目可能净现值并不为正，虽然没有增加企业的价值，但扩大了企业的规模，拓展了企业的业务，这种投资就是成长机会，而不是投资机会，要正确区分投资机会和成长机会的概念。

本书认为，投资机会是指企业管理层在复杂多变的环境中，根据主观判断进行决策，对投资项目的收益、风险等进行分析，减少因信息的不对称性、不完整性造成的投资失误，选择净现值为正的项目进行投资，追求企业价值增值的一种投资选择权。

（二）投资机会的测度

国内外大多数研究表明，投资机会对企业的业务增长和发展发挥了重要作用，所以，"如何有效测度投资机会？"这一问题引起了人们的关注。随着市场经济的发展及相关理论的完善，投资机会的衡量方法也由单一变量发展为多变量。投资机会单一变量的衡量方法有马丁和柯林斯（Martin & Collins，1987）等使用的权益市场价值和账面价值的比率；斯金纳（Skinner，1993）采用的市场价值和重置成本的比率，即托宾 Q 比率；史密斯和沃茨（Smith & Watts，1992）使用的资本开支和企业价值的比率。投资机会多变量的衡量方法包括直接度量法和间接度量法。直接度量法包括实物期权法和现金流贴现法；间接度量法包括基于股价基础的变量和基于投资基础的变量。综合来看，多变量衡量方法是目前比较流行的、用来测量企业投资机会价值的方法。其中，直接度量法主要是使用问卷调查的方法，直接从企业获取有关投资机会的数据（Zahra，1996）。间接度量法主要可分为行业层面和企业层面：在行业层面，现有研究从投资机会所在行业的繁荣程度（许荣等，2015）、发展前景（晁钢令，2004）和持久性（Miller，1987）等方面测度投资机会；在企业层面，包括：①以股价为基础的代理变量，包括市净率、市账率和市盈率等；②以企业投资为基础的代理变量，如研发密度（Gaver，1993）等。

1. 投资机会的直接度量

（1）实物期权法。实物期权方法的本质是实物期权的投资机会，亚当和戈亚尔（Adam & Goyal，2004）首次使用实物期权方法来衡量投资机会，即使用期权定价模型来度量企业的投资机会。投资机会之所以可以使用实物期权方法来度量，因为投资机会与实物期权具有本质的联系，实物期权和投资机会都是一种选择，取决于管理者在面对内外部环境时的主观判断，他们在决策中具有很强的弹性和灵活性，换句话说，在制定决策过程中，管理者有权选择或放弃某一个项目。由于实物期权和投资机会在许多方面是相似的，所以实物期权常常作为投资机会的替代指标来进行度量。

实物期权法的优点是考虑了时间价值的影响，在此基础上，进一步考虑项目投资及其管理等因素对企业价值的影响，对投资机会进行全面度量，从而使度量结果更准确全面。但在现实生活中，很少有学者采用实物期权方法，这是因为该方法需要非常详细的信息作为支撑，企业管理层之外的人很难获取使用实物期权方法所需的全部信息。例如，最早使用实物期权法对企业投资机会进行衡量的亚当和戈亚尔（Adam & Goyal，2004）所选择的样本数据是美国上市的矿产企业，这是因为美国证券交易委员会要求矿产企业必须向公众详细披露其开采成本、开采期限和矿产储备量等重要信息。然而在现实中，企业需要考虑成本收益原则，大多不会向公众披露十分详细的信息。因此，虽然实物期权法在理论上存在优势，但在实务中很少被学者采用。

（2）现金流贴现法。由于企业大多投资于实体项目，所以投资机会的测量可以参考实体投资的测量方法，即现金流贴现法。与实物期权相比，现金流贴现法的优点在于资料获取容易，操作方法简便。但是使用现金流贴现法来衡量企业投资机会的缺点在于：首先，贴现现金流方法仅使用一个贴现率，该贴现率受管理者的主观影响，当存在通货膨胀、企业外在环境风险发生变化时，该贴现率无法客观准确地反映企业的价值；其次，该方法也很难满足企业自身管理的灵活性需求，企业所处的实际外部环境在不断变化，管理人员在应对复杂多变的环境时，需要积极调整战略措施，包括对最初计划的调整和变更。现金流贴现法的计算方法虽然简单，但对投资机会价值衡量的准确性较差，很多时候会产生一定的偏差。

2. 投资机会的间接度量

从对直接度量法的分析来看，实物期权法需要企业披露十分详尽的信息，获取信息困难，严重制约了该方法的适用性；现金流贴现法虽然对数据的披露程度要求低，获取信息容易，但是对投资机会价值衡量的准确性较差，会产生一定的偏差，且灵活性较差。由于直接度量法存在的问题使其在实际研究和应用中不被接受，所以越来越多的学者们尝试选择替代变量来度量投资机会，因此，投资机会的间接度量应运而生。如今使用最广泛的两种度量投资机会价值的替代变量是基于股价基础的变量和基于投资基础的变量。

（1）基于股价基础的变量。这种理论以公司股价作为出发点，认为公司股价可以在某种程度上衡量投资者对公司未来风险与收益的预期，因此，将公司股价来度量企业的投资机会。现行采用的变量主要有：

①MBE 变量。MBE 是所有者权益的市场价值与所有者权益的账面价值的比率。所有者权益的市场价值代表将来的投资机会，表明企业为了利用现有资产的权利和利益，而放弃的股票价值，是一种机会成本。所有者权益的账面价值是在资产负债表中反映的权利和利益。柯林斯和钟（Collins & Chung，1987）等学者曾用该变量对企业投资机会的价值进行度量。MBE 的值越大，表明投资者对公司未来发展的信心越足，所以 MBE 值越大，企业的投资机会越大。MBE 的计算过程较简单，但受权益市场价值影响较大，因此，计算结果的准确性较差。

②MBA 变量。MBA 是企业市场价值与账面价值的比率，通常情况下 MBA 值越大，投资机会的价值就越大。MBA 变量与托宾 Q 的计算有很大的相似性，托宾 Q 是企业市场价值与重置成本的比率，由于重置成本需要考虑现行市场技术环境的影响，获取难度较大，数据准确性较低，因此，在实际中常以账面价值作为替代变量，以 MBA 变量代替托宾 Q 值来衡量投资机会。

③EP 变量。EP 是每股收益与每股市价的比率。与市盈率相比，该比率可以避免每股收益为 0 时的计算错误。企业的市场价值主要是由未来投资净现值为正的投资项目带来的，不是现有的经营性资产所产生的价值，所以 EP 越小，投资机会越大。Kester（1984）曾用该变量对企业投资机会的价值进行度量。该变量无法度量经营状况较差或亏损企业的投资机会价值，因为当企业经营状况不佳而使每股收益很小时，EP 也较小，但每股市价一般不会降至 0。

（2）基于投资基础的变量。企业的投资活动是企业管理活动的重要组成部分，关系着企业价值增值与经营的成败。大多数情况下，企业的投资支出越多，企业投资机会带来的价值也越多。根据目前的研究，基于投资基础应用最多的是以下三类变量：

①投资密度。投资密度是生产性资产投资支出与生产性资产投资支出折旧的比率。折旧是企业生产经营活动中的必要投资支出，包括各项资产计提

的折旧和相关的减值准备。当投资密度大于 1 时，表明企业在维持现有营运资产的基础上，还有其他投资性资本资产支出。一般情况下，企业的投资机会与投资密度呈正相关关系。巴伯尔和康（Baber & Kang，1996）在研究中将该变量作为投资机会的代理变量来度量。

②资本资产投资支出密度。资本资产投资支出密度是资本资产投资支出与企业资产账面市值（或市场价值）的比率。资本资产投资支出包括资产支出和企业研发支出，该替代变量衡量了全部投资活动，因此，可以衡量企业的投资机会，但不足之处在于在实际应用中操作困难。巴伯尔和康（1996）首次使用该变量来衡量公司的投资机会，史密斯和沃茨（1992）也在进行研究。

③研发密度。研发密度是研发支出与企业市值（或者是企业账面价值，或者是企业净利润）的比率。随着市场经济的发展，现代企业鼓励研发活动、加大创新力度、增加研发支出，创新研发（包括专利权等特定权力）可以增加企业的经济价值。因此，一般认为企业投资机会与研发密度值成正相关关系。斯金纳（1993）和盖弗（1993）使用研发密度变量来对投资机会价值进行研究。然而，该替代变量的不足在于：研发支出只是企业投资活动中的一部分，因此，研发密度只能反映部分的投资机会，严重制约了其适用范围。

除了以上替代变量外，还有一些变量也被用来代替衡量企业的投资机会价值，例如，史密斯和沃茨（1992）使用了收益变动率作为投资机会的替代变量，斯金纳（1993）采用了资产风险价值来衡量投资机会的风险。由于单个变量的度量总是有一定缺陷与不足，而多变量投资机会组合更能度量和解释企业投资机会，所以很多学者试图寻找各个代理变量的组合，使其能准确地反映投资机会价值，但学术界尚未形成统一的观点。例如，盖弗（1993）通过因子分析的方法，将 MBE、MBA 和 EP 等六个代理变量集成用于测量业务的投资机会。巴伯尔（1996）将多个变量组合成一个综合变量来衡量投资机会的价值。

第二节 差异性高管特质与投资机会的基本理论

国内外学者对差异性高管特质和投资机会已做过大量研究，例如，与差异性高管特质相关的高阶理论和行为金融学理论等，与投资机会有关的风险—收益理论、资源基础理论、非均衡发展理论、实物期权理论、社会认知理论和经验学习理论等。本节将基于国内外的研究成果，详细回顾和梳理差异性高管特质的相关理论和投资机会的基本理论。

一、差异性高管特质的理论基础

近年来，一些学者尝试将特质理论引入管理学领域中，并对此做了大量的研究，基于高阶理论和行为金融学理论，探讨差异性高管特质对企业投资决策的影响（Pervin，1994；李巍等，2013）。关于高管特质与高科技企业创新投资的研究，主要也是从以下两种思路展开：第一种是在高阶理论的框架下，采用高管性别（Faccio，2011）、年龄（姚东旻，2015）、教育背景（肖挺等，2013）和职业经历（王雪莉等，2013）等人口统计学特征来代理高管的某些特质，以此考察其对创新投资的影响。第二种思路则直接基于行为金融学理论框架，从高管能力（Demerjian et al.，2012）等个体特质的特定维度入手，研究其对创新投资的影响。本节将依次讨论与差异性高管特质相关的高阶理论和行为金融学理论等。

（一）高阶理论

1983 年，著名的组织行为学家费福尔（Pfeffer）教授首次涉及高管背景特质的研究内容，他在研究中提出"相似相吸"原理，即管理者在日常的人际交往过程中，总是倾向于选择加入与自身背景特征相似的管理团队，否则管理者会由于团队特征与自身背景特征差异大而离职。此后，汉姆布瑞克和梅森（1984）通过拓展费福尔的理论，提出了著名的高阶理论。另外，汉姆布瑞克（1984）第一次补充修正了高阶理论模型。之后，卡朋特等（Carpenter et al.，2004）第二次修正了高阶理论模型，形成了多理论整合模型。

1. 高阶理论（1984年首次提出）

高阶理论认为，由于高管自身的认知水平、价值观及风险偏好等背景特征必然存在一定的差异，所以其对于内外部环境的反应和做出的行为选择也会不同，即使面对相同的环境情况，不同高管的认知不同，并出于有限理性做出不同的战略决策。同时，高阶理论还认为，高管人员会利用自身的认知水平和价值观来过滤和筛选出复杂环境中的有效信息，即使所处的复杂决策环境会超出他们自身的理解范围，他们也会基于自己的判断来制定决策和战略规划。由于高管的认知水平、价值观和风险偏好等内在特质难以测量，而人口统计学特征在一定程度上可以反映高管以上内部特征，所以高阶理论提出从人口统计学特征的角度进行研究，引入人口统计学特征来衡量高管特征，将人口统计学外在特质变量作为高管内在特质的替代变量，进而研究高管特征对企业创新绩效的影响。

基于上述分析，高阶理论包括两方面的研究内容：第一，高管的认知水平、价值观和风险偏好等内在心理特征能够指导其行为选择，进而影响公司的决策制定和战略规划；第二，高管的外在人口统计学特质可以替代其内在心理特征进行研究，并且外在人口统计学特质易于衡量。

如图2-1所示，客观环境（包括内部环境和外部环境）会影响高管特质，同时也会对公司绩效（包括利润率、增长率、持续发展等）产生影响。高管特质分为外在特质和内在特质，外在特质包括性别、年龄、教育水平和任职期限等；内在特质包括价值观、认知基础和风险偏好。由于高管的外在特质在一定程度上可以反映其内在特质，而人口内在特质难以量化，所以使用外在特质来衡量高管内在特质；高管特质对公司绩效的影响分为直接影响和间接影响，高管特质会通过战略选择（包括产品创新、并购、多元化、一体化等）间接影响到公司整体绩效。

2. 高阶理论的第一修正模型

学术界和实务界的众多学者，以1984年首次提出的高阶理论为基础，展开了大量的研究，均证实了差异性高管特质会影响公司的战略选择和创新绩效，但由于缺乏对过程的研究，导致没有一致的具体研究结论，因此，汉姆布瑞克便展开了对高阶理论模型的更全面、更深层的研究。

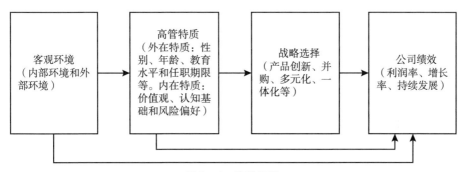

图 2-1　高阶理论

资料来源：笔者根据资料绘制。

汉姆布瑞克（1996）规范地描述了高管团队运作模式的主要影响力，包括高管团队组成、结构和运作过程。另外，汉姆布瑞克还提出了"行为整合"，即高管团队的成员在思想和行动上的一种集体行为。在此基础上，汉姆布瑞克创建了高阶理论的第一修正模型，即认为主要有三方面会影响到高管团队进行"行为整合"：第一方面是公司层次变量；第二方面是高管团队层次变量；第三方面是高管个人层次变量。

3. 高阶理论的第二修正模型（多理论整合模型）

代理理论是学者们研究高管对公司整体战略影响机制的另一大理论成果，卡朋特等（2004）在总结 20 年的高阶理论发展的基础上，将目光聚集于代理理论。根据以往的研究成果可以发现，高阶理论和代理理论都是各自专业领域中的成熟理论，为学者们的研究成果带来了理论支持，产生了重大的影响。但是高阶理论和代理理论两者的侧重点不同，高阶理论的支持者重点研究高管的人口外在背景特征，并认为其对公司的战略选择和创新绩效有着密切的联系，但却忽略了高管自身所处的内外部环境；而代理理论的支持者却恰恰相反，他们只关注强调了高管自身所处的内外部环境，却忽略了高管的人口外在背景特征与偏好的内在特质对公司战略规划的影响。因此，卡朋特等（2004）将高阶理论与代理理论进行整合，来对公司的影响因素做深入的研究。

由于上述原因，卡朋特等（2004）对高阶理论提出了第二次修正，提出了"多理论整合模型"。该模型主要的改进之处就是结合了高阶理论和代理理论，将影响高管特质的前因变量融入模型中，加入了具有代表性的调节变量，从不同视角出发，多变量多方面衡量公司战略决策和绩效。

（二）行为金融学理论

行为金融学理论是现代金融理论的开端，该理论最初由马科维茨（Markowitz，1952）在《证券组合选择》中首先提出。一般而言，现代金融理论包括三个关键假设：理性投资者、有效市场和随机游走假设。但是随着经济的发展，现代企业管理中出现的一些异常现象不能用传统的"理性人"假说来解释，基于现代金融理论的经济学研究也遇到了困难。因此，行为金融科学家将金融学、社会学、心理学和人口统计学等学科整合起来，从心理学的角度研究经济问题，从而形成了现有的行为金融理论。

行为金融学，顾名思义就是整合心理学，尤其是行为科学的理论和金融学理论，从微观个体行为入手，包括产生此行为背后的更深层次的心理动因，来解释、研究和预测资本市场中的现象。它主要研究投资过程中的两种方面，一是消费者决策行为背后更深层次的各种心理因素，即由于情感、偏好等心理因素，人们不可能是完全的理性人，无法做出完全理性的决策；二是由此产生的市场非有效性问题等异常现象。行为金融学的研究思路是以心理学为基础，将投资者做决策的行为过程看成一个心理过程，这个心理过程主要包括认知过程、情绪过程和意志过程。首先是认知过程，指人们在做出某种行为的过程中，由于自身认识的不足与缺陷而产生的行为偏差，无法做出无偏差估计；其次是情绪过程，由于各种原因使人们的情绪发生变化，从而产生系统性或者非系统性的偏差；最后是意志过程，指人们受到认知过程和情绪过程中所产生偏差的影响。另外，投资者在投资过程中由于从众心理，会受到市场中其他投资者的影响，从而无法做出理性决策，产生偏差。

基于行为金融学理论，学者认为高管的掌控力（张祥建等，2015）、自信程度（余明桂等，2013）和风险偏好（陈怀超等，2015）等会直接影响企业投资。行为金融理论中有个重要概念是过度自信，是指人们过高估计自己的能力。过度自信的管理者在做决策时，会由于高估公司的经营状况、低估环境中的不利影响与风险，从而导致投资者更偏好于风险，作出非理性的决策。

随着行为金融学的发展，学者们从实证的角度出发，对管理者在投资决策中的心理特征进行研究与分析，包括高管的认知能力、价值观、情感变化等因素。研究发现，管理者在面对不确定的因素和复杂的环境时，其行为活动并非都是理性的，即管理者应该是有限理性，而不是经济学上假设的"完全理性人"。行为金融学理论认为，人的心理既包括感性因素又包括理性因素，认为人的决策多数情况下会受到感性因素的影响，并非都是呈理性趋势，而且管理者的个人认知水平是有限的，不可能覆盖到所有方面，只能依靠自身现有的专业知识水平收集和处理相关有效信息，最终影响企业决策的制订和战略的选择。行为金融理论的发展，使学者们对管理者的研究重心从"应该怎样做决策"转向"实际怎样做决策"，使得实证研究和理论研究的结论更具现实意义。

国内众多学者主要从三个角度对行为金融学做了研究与分析。一是对证券市场异常现象的研究。刘力（1999）描述了行为金融学对经典现代金融理论提出的质疑，首先对有效市场进行了实证研究，之后又系统地介绍了行为金融学的基础理论，以及用该理论解释某些市场的异常现象，解释投资者的行为特点。王欣和桂泳评（2002）也用该理论解释某些市场的异常现象，但不同之处在于他们的研究是从理性和非理性两个角度进行的，首先，他们以行为金融学为出发点对理性市场理论、非理性市场理论进行了分析和比较；其次，对市场中不同现象进行了理性与非理性的分析，并提出了更深层次的见解。二是对投资者的心理特征和行为偏差的研究。易阳平（2005）将金融市场与心理分析结合，从行为金融学角度出发，首先，对改善心智模式与投资判断进行了探索；其次，寻找投资者决策行为偏差中的投资机遇。曾琪（2007）认为投资者决策心理特点和行为特征会对资本市场产生系统性影响，关于行为金融学在证券市场的实际应用，曾琪是从防御型策略和进攻型策略两方面进行解释的。杨树婷（2014）通过行为金融理论将参与者的心理因素与财务分析相结合，从个人行为及产生此行为背后的更深层次的心理动因和社会动因，来解释、研究和预测资本市场中的现象，为研究提供了全新的视角。三是从传统金融学与行为金融学的对比进行研究。李心丹

（2005）简要阐述了行为金融理论的产生和发展，通过与传统金融理论的对比，发现行为金融理论在一定程度上适用于我国证券市场的特殊发展阶段和结构特征。王磊（2007）详尽阐述了行为金融学理论发展，并简要评价了其发展前景。

二、投资机会的理论基础

与企业投资机会有关的理论，一是基于资源基础理论、实物期权理论等，认为投资机会来源于动态外部环境中的某一变化（Hmieleski et al.，2008），也就是说投资机会是客观存在并可以被发现的；二是基于社会认知理论、经验学习理论等，认为投资机会是由"人"主观创造并开发的，人的心理状态、逆向思维（Gaglio，2004）、学习方式（Corbett，2005）等是其创造机会的前提。

同时，国内外有关投资机会的现有研究多数基于风险—收益理论，考察有何种风险—收益特性的投资机会将带来创新投资。这类研究的逻辑起始点一般是投资机会的风险和不确定性（Alvarez et al.，2007），认为企业选择投资机会就必须承担相应的市场、技术（Choi et al.，2004）等带来的风险，从而影响高科技企业对未来收益的评估，进而影响创新投资行为。

综上所述，本书将依次讨论与投资机会相关的资源基础理论、实物期权理论、社会认知理论、经验学习理论和风险—收益理论。

（一）资源基础理论

沃纳菲尔特（Wemerfdt，1984）在《企业的资源基础观》一书中首次提出资源基础理论。巴尼（Barney，1991）在前者的基础上对这一问题进行了更深入的探讨，指出企业所拥有的资源，并不都能为其创造竞争优势，只有有价值、具备稀有性，并且无法完全模仿和不可替代的资源才对确立企业的竞争优势有所帮助。奥利弗（Oliver，1997）认为，企业的异质资源对增强其盈利能力和维持长久的市场竞争优势大有裨益。此后，学者在对企业基础观的研究中带入了企业能力，发现拥有更好的绩效的企业往往是有能力运用好自身所拥有的资源的企业（Newbert，2007；Ray et al.，2004）。在经济形势不断变化的当下，无形资源及隐性资源的价值日益凸显，只有各取所长，相互配合，实现各种资源的有机结合，方能发挥资源的最大效用，为企业形成长久的竞争优势提供动力。

（二）实物期权理论

实物期权最初是迈尔斯（Myers，1977）教授所提出：企业投资的价值不仅来源于当前资产具有的价值，并且还为将来的投资可能增加了价值。期权最早起源于金融市场，而用它来讨论实物资产时，被称作实物期权。具体地说，一家公司在作出长期投资决策时面临着不确定的环境，它有权更改目前的决策，即实物期权为投资者提供在特定时间段内以特定价值作出投资决策的机会，实物期权的价值与投资项目将来的不确定性正相关。林等（Lin et al.，2007）认为，实物期权理论不仅考虑了投资项目现金流的时间价值收益，也考虑了项目投资的时间价值和不确定性减少带来的收益，从而能够更加全面地对投资项目的整体收益进行科学的评价。

（三）社会认知理论

美国心理学家阿尔伯特·班杜拉（Albert. B）在传统的行为主义人格理论的基础上，加入了认知成分，于20世纪80年代中期提出社会认知理论（social cognitive theory，SCT），通常也被称为"认知的社会学习理论"，起源于社会学习理论，该理论在90年代末被完全巩固下来[①]。

社会认知理论的主要内容是三元交互决定论、观察学习和自我效能，其中，三元交互决定论是该理论的核心观点，即个人的认知、环境与行为三者之间是相互决定、相互作用的（班杜拉，1998）。根据以往的研究，人们一直认为个体的行为受个人内部因素和外部环境因素的共同影响，而班杜拉在批判继承前人理论的基础上，深刻探讨了个人、环境及行为三者之间的相互决定关系，他认为个人因素、环境因素、行为因素是相互独立，又相互作用，从而相互决定的理论实体（见图2-2）。

---

① 社会认知理论（social cognitive theory）是由班杜拉（Albert Bandura）于1977年提出的，它着眼于观察学习和自我调节在引发人的行为中的作用，重视人的行为和环境的相互作用。

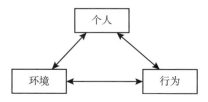

图 2 - 2　社会认知理论三元交互决定关系

资料来源：笔者根据班杜拉的理论绘制。

从图 2 - 2 中可以看到，在三元交互决定论中，个人通过自己的主观信念、能动性来引导支配个体的行为，行为产生的结果又反过来影响个体的主观情绪变化。个人通过个体的主观特征来引起或激活环境的反应，不同环境的反应也会引起个人主观情绪的变化。行为充当人与环境的中介，是个人用来改变环境、适应环境的手段，行为不仅受个人的支配，也受环境的制约。

（四）经验学习理论

根据以往的研究，众多学者对经验学习理论从不同的角度阐释了自己的思想，下面首先介绍杜威（Dewey）、皮亚杰（Piaget）、勒温（Lewin）等学者关于经验学习的思想，然后介绍库伯的经验学习理论，前者为后者的产生、发展提供了基础。

杜威（1990）认为"我们对于事物的经验，先是对事物采取行动，用它有所作为，然后我们遭受或经受结果。我们对事物有所作为，然后它反过来对我们有所影响，这是一种特殊的结合"。因此，经验是个体采取行动之后得到的结果，个体只有积极主动地去尝试，与所处的周围环境进行交互作用，才能得到经验。而这种经过尝试得到的，并与环境产生相互作用的经验才具有价值。

勒温（1946）提出的"敏感性训练"进一步丰富了经验学习理论，在敏感性训练中，存在两种类型的人，一类是经过训练的训练者，另一类是专门从事研究的研究者，勒温发现这两类人在进行对话交流时，往往会产生观点上的冲突，而正是这种冲突的存在，会促进双方的学习。因此，基于学习者的即时体验，他提出了"具体经验—反思观察—概念一般化—检验启示"

四阶段，作为模式的学习方式。

皮亚杰对经验学习的贡献主要源自"发生认识原理"，该原理解释了学习发生的内在机制，认为物理经验和逻辑数学经验这两种不同的经验会贯穿认识产生与发展的整个过程。而经验的产生源于动作，相应地，作用于客体的动作方式可以抽象为两种，即个别动作和动作系统。正是这两种动作方式的参与，促成了经验的发展；而经验的参与，又会促进认识的产生与发展。与此同时，皮亚杰强调，只有在个体与环境相互作用的过程中，通过图式同化和顺应才能实现学习。因此，皮亚杰强调经验的获得需要动作的参与，即动作是其基础，学习是在学习者主动与环境发生作用的过程中产生，同时，学习图式的形成需要同化与顺应两种方式参与。

大卫库伯（David Kolb）在杜威、勒温和皮亚杰研究的基础上，完整地提出了经验学习理论。库伯（1984）认为，学习是通过经验的转换而创造知识的过程，知识源自经验的理解与转换的连接。经验学习理论中的学习过程具备以下特点：经验学习以先前的经验作为基础；经验学习重视学习过程而不是学习结果，是一个知识生成的过程；经验学习是适应世界的完整的过程；经验学习在辩证对立中解决冲突；经验学习是个体与环境相互作用的过程。

（五）风险—收益理论

马科维茨（1952）在文章《投资组合的选择》中首次提出风险—收益理论，也称为资产定价模型，在资产组合问题的研究中，该文首次引入了数理统计学中的期望与方差，即用资产收益的期望值来度量预期收益，用资产收益的标准差来度量风险，创造性地打破了以往局限于风险定性化的研究，开辟了一条定量化的全新思路。在此基础上，马科维茨（1959）在文章《资产选择——投资的有效分散化》中提出了系统风险和非系统风险的概念，给出了最优投资组合的数理计算方法，创立了投资组合理论，提供了定量衡量风险的方法，改变了以往仅靠常识或经验的定性方法。

马科维茨的现代投资组合理论的研究对象是包含多种证券资产的组合，资产组合分析首先是分析单个证券，然后再扩展到资产组合整体的选择，最后选出最佳的投资组合。投资者在选择资产组合时，需要满足以下两点要求：一是投资者都偏好选择较高的收益，二是投资者都偏好选择稳定的收益，即在相同的情况下，投资者更喜欢确定的收益而不是不确定的、风险大的收益。因此，马科维茨的现代投资组合理论的方法是：首先，根据以上投资者选择资产组合时的两点要求，将所有的投资组合分为有效投资组合和无效投资组合；其次，对于有效的资产组合，分别确定每个组合可能的投资收益及风险大小（即面对的不确定性）；再次，让投资者选择一个最符合他们要求的投资收益及不确定性的组合；最后，确定最符合投资者要求的资产组合。

第三节 差异性高管特质与投资机会的研究综述

一、国内外差异性高管特质的相关研究综述

（一）国外关于差异性高管特质的相关研究综述

国外学者汉姆布瑞克和梅森（1984）首次提出了"高阶理论"，他们认为不同特质的管理者具有不同的认知水平、价值观和风险偏好，从而影响着企业的制度决策和战略的选择。由于心理内在特征难以衡量，汉姆布瑞克和梅森（1984）提出用性别、年龄、教育水平和任职期限等外在特质作为内在特质的替代变量来进行测量。

1. 性别

关于高管性别的研究，许多外国的研究者分别从两个角度进行研究，即心理学和管理学角度。他们认为，男性和女性在性格特质方面的差别在一定程度上受男性和女性生理差异的影响。首先，伊格利和约翰逊（Eagly & Johnson，1990）认为，女性管理者更倾向于协作和民主，而男性管理者所在的公司氛围是权威和独裁的。其次，曼纳（Manner，2010）认为，相较男性而言，女性拥有更强的道德感。女性大多从社会的角度出发，更勇于承担社会责任，更能敏锐地捕捉到各方利益相关者的预期，为企业建立良好的

关系网络。再次，彭和魏（Peng & Wei，2007）认为，女性在整体工作中表现得更细心和稳重，而男性会由于对自身能力过于自信而做出非理性的决策。最后，扎赫拉（Zahra，2005）和斯瑞尼迪（Srinidhi，2011）认为，男性与女性高管对风险的偏好程度和把控程度有所差异，男性会更加偏好于风险和冒险，而女性会更加厌恶风险和有较高的谨慎性。

2. 年龄

大多数的文献表明，通过对比高管成员的年龄优势和劣势可以得出以下结论。

年老管理者的劣势体现在：第一，泰勒（Taylor，1975）认为，年老管理者体力、思维反应能力和学习理解能力下降，对获取的信息的整合能力较差，无法有效地应用于决策中，不愿意尝试改变和创新。第二，卡尔森和卡尔森（Carlsson & Karlsson，1970）认为，年长的管理者更加重视财务与职业安全，为了避免被免职或声誉受损，会拒绝风险性决策，从而会谨慎选择低风险的项目。

然而，也有学者认为年轻的管理者是一大劣势。原因在于：第一，普伦德加斯特和斯托尔（Prendergast & Stole，1996）认为，年轻的高级管理者会因过度自信，做出更倾向于高风险的决策。第二，弗雷泽和格林（Fraser & Greene，2006）认为，年轻的管理者缺乏管理经验，社会关系较为简单，容易在决策中做出错误的判断。

3. 教育水平

汉姆布瑞克和梅森（1984）、威尔瑟玛和班太尔（1992）、沃利和贝塞拉（Wally & Becerra，2001）的研究表明，高管的教育水平正向影响其创新能力，因为教育水平越高的高管，其有更丰富的专业知识背景和更强的学习能力，也有更强的信息收集和整合能力，从而能够应对外部市场环境的变化，勇于进行积极创新和战略变革。

然而，国外学术界对教育水平效应的认识并不一致，弗勒德（Flood，1997）认为学历越高的高管会谨慎选择低风险的项目，不愿意主动承担组织变革的风险。

4. 任职期限

任期长的管理者身上的优势明显，班太尔和杰克逊（Bantel & Jackson，

1989）认为，任期越长的高管对企业所处的行业趋势、内外部环境、战略方向、内部运作方式等有更深入的认识，并且工作经验颇为丰富。蒂豪尼（2000）、卡纳莱拉和葛斯帕杨（Canarella & Gasparyan，2008）认为，任期越长的高管在信息的获取与处理方面有明显的优势，灵活应对内外部环境的变化，在保持企业稳定发展的同时吸收新思维。

但相反的是，也有少数学者认为，任期越长的高管越会阻碍企业的发展。芬克尔斯第和汉姆布瑞克（Finkelstein & Hambrick，1990）指出，任期长的高管在工作中倾向于回避风险，对自己的能力与决策表现出过度自信，过于依赖以往的经验与思维模式，不利于企业创新战略的制定与实施。

（二）国内关于差异性高管特质的相关研究综述

国内的研究与国外关注点不同，国外侧重于研究高管的外在特质来作为高管内在特质的替代变量，国内则侧重于从整体上研究差异性高管特质对企业产生的经济影响，并主要从企业绩效和战略决策两个方面来进行研究。

1. 差异性高管特质与企业绩效

我国学者在研究差异性高管特质的经济后果时，关注最多的方面是企业绩效，但由于企业规模的不同和所在行业的差异，存在着不同的研究结论。

孙海法等（2006）研究了高管年龄、学历、任期分别与短期绩效和长期绩效的关系，纺织业和信息技术业上市公司高管的年龄越长，当期绩效越差；学历越高，长期绩效越好；任期越长，短期绩效越好，而长期绩效越差。余国新等（2010）通过研究中小板高新技术行业上市公司，发现高管的不同特质会对企业绩效产生不同的影响，其中，与企业绩效呈显著正向关系的特质包括高管的教育水平、任期、海外背景，与企业绩效的关系不显著的特质包括高管的性别、年龄、专业背景。林新奇和蒋瑞（2011）利用2009年的108家房地产上市公司的相关数据进行检验，结果表明高管年龄与财务绩效之间并非正相关关系，而高管学历与财务绩效之间呈正相关关系，学历越高的高管拥有更丰富的知识与技能，可以改善企业决策管理水平，从而提高财务绩效。

2. 差异性高管特质与战略决策

相关的文献表明，国内学者在研究差异性高管特质和公司战略时，主要侧重于考察对多元化战略与并购行为决策的影响。

陈传明和孙俊华（2008）发现，教育水平越高的高管，对外部环境变化的适应能力越强，且更加倾向于进行战略变革与创新，公司多元化程度越高；具有技术专家身份的高管更愿意采取产品多元化战略；高管的年龄与多元化战略存在倒"U"形的关系；男性高管更容易进行采取多元化扩张的战略。贺远琼和杨文（2010）从高管团队的规模和平均年龄两方面进行研究，研究结果表明，高管团队规模的扩大，能吸收容纳更多不同的观点，能提出更多的备选方案，从而支持企业多元化战略；高管团队的平均年龄越大，其故步自封的态度和思维固化更严重，越不愿意进行组织变革，公司多元化程度越低。

二、国内外投资机会的相关研究综述

国外学者很早便开始对投资机会展开相关研究，而国内学者对投资机会的研究非常有限，且国内的很多文献是基于成长机会的投资机会研究。然而，从理论和实际的具体分析可以发现，投资机会和成长机会是两个相互联系又相互区别的概念。投资机会是企业实现利润增长的前提和决定因素，只有具有较好投资机会的企业，才可以获得较高的成长；同时，虽然成长机会利于扩大企业规模、扩展经营范围，但并不一定意味着良好的投资机会。综合现阶段国内外相关文献发现，关于投资机会的研究，主要集中在以下四个方面，分别是投资机会与公司治理、投资机会与委托代理、投资机会与盈余利润和投资机会与会计信息质量。

（1）投资机会与公司治理。投资机会与公司治理相结合的研究是现有研究中最广泛的一类，因为随着现代企业理论的发展，公司治理的范围越来越广泛，也越来越受到理论界和实务界的重视。

史密斯和沃茨（1992）采用实证研究的方法首次对投资机会理论进行了研究，他们从公司层面对投资机会进行综合衡量，分析其对企业融资政策和股利支付政策的影响，研究发现成长中的公司拥有较低的债务比率、较低的股息收益率和较高的现金补偿率。斯金纳（1993）基于会计方法选择的角度研究了投资机会与债务和薪酬契约、公司规模和财务杠杆间的关系，研究发现政治成本假设、债务契约假设和补偿假说仍然成立，投资机会将会影响会计政策的选择。古尔（Gul，1999）通过对比日本和中国的数据，发现企业投资机会和公司的融资政策、分红政策和企业的负债率呈显著的负相关关系，我国学者李小军和王平心（2008）使用因子分析法研究沪深两市上市公司，对六个财务指标进行主成分分析，得出投资机会值，然后对样本数据进行回归，得出公司的投资机会水平与负债水平和支付股利水平呈负相关关系，即投机机会越多，企业发行的负债和支付的股利越少。

（2）投资机会与委托代理。迈尔斯（1977）指出公司的价值由两方面组成，一方面是所有现有的资产，另一方面是投资机会。由于管理者的主观判断决定了企业未来投资价值的不确定性，所以企业拥有的投资机会越多，管理者的主观判断就越多，这就需要所有者或股东实施更多的监督。史密斯和沃茨（1992）认为，由于管理者的专业知识水平有限，不可能随着企业投资机会的增加而获得全部的投资收益，必然会丧失部分投资机会，这使管理行为的可观测性降低，并存在严重的信息不对称问题，从而增加了代理成本。韩志丽、杨淑娥和史浩江（2008）结合投资机会的相关理论，根据国内上市企业投资机会集的数据，探讨高成长性和低成长性企业的公司治理机制对公司经营绩效的影响，结果表明，高成长性企业的经营业绩与高管人员的股份比利有显著的正相关关系，但与高管人员获得报酬的相关性不显著；低成长性的企业经营绩效与高管人员控股比例的关系不显著，高管人员的报酬和企业年度回报之间的相关性较小。张琴（2010）在投资机会的研究中引入了高管自主度，以我国沪深两市样本公司为样本数据，发现投资机会与管理者自主性存在显著的正相关关系，即为了提升企业的价值，应赋予管理者更多的自主性。

（3）投资机会与盈余利润。不同的学者在对投资机会与盈余利润关系的研究中，得出了不同的结论，甚至形成相背离的结论。柯林斯和科塔里（Collins & Kothari，1989）研究发现，投资机会与收入呈正相关关系，当前投资机会的收益会反映在未来的超额收益上，因此，投资者在评估公司未来投资价值时，可将预期收益作为理想指标。相反的是，阿尔斯兰（Arslan，2006）认为，盈余反应系数和投资机会价值呈负相关关系。而阿克洛夫（Akerlof，1970）研究却发现收入、经营性现金流和投资机会之间没有相关性。蔡春、黄益健和赵莎（2005）认为，企业盈余管理的程度与外部审计的质量相关，因此，聘请规模大、声誉高的会计师事务所可以显著提高公司的盈余管理水平。彭韶兵等（2008）指出，成长性越高的企业，会计信息失真的程度越高，对会计盈余收益的影响也越严重。谢志明等（2013）认为，企业的盈余管理行为与投资机会和公司的代理成本存在密切的关系。

（4）投资机会与会计信息质量。库马尔和克里希南（Kumar & Krishnan，2008）基于三个假说，即成长信息论、内部资源论和错误计量论，设定了投资机会集，检验了会计信息质量与企业价值的相关性，在柯林斯和科塔里研究结论的基础上，他们相信投资机会水平越低，经营活动现金流的价值相关性会随着投资机会的增加而增加。而投资机会水平越高，应计项目价值相关性会随着投资机会的增加而减少。彭韶兵（2008）通过研究 2001 ~ 2006 年上市公司的数据，理解测试了信息的可信度和企业成长空间应计持续性差的现象，研究表明，发展越好的企业，会计信息失真的价值较大，对持续应计利润的影响越明显。

根据以上文献，国内外对于投资机会的研究，主要还是集中于将投资机会与公司治理、委托代理、会计信息质量和盈余利润相结合的研究。通过上述研究，有利于企业完善公司治理机制，降低代理成本，提升会计信息的质量和提高企业盈余利润，从两方面来看，理论方面的研究丰富和拓展了投资机会的理论基础，实证方面的研究则聚焦于管理实践，可以有效指导公司未来发展经营。

第三章
高科技企业创新绩效的相关理论回顾

本章将系统介绍创新绩效的内涵、企业技术创新的相关理论，并回顾国内外关于企业技术创新的相关文献。

第一节 创新绩效的内涵

经历了要素驱动的发展阶段，创新越发成为企业打造核心优势的关键，创新驱动将为企业带来新的利润增长点。对于发展中国家的企业而言，开放式创新充满挑战，也蕴含机遇，这些企业可以跳过漫长的研发阶段，直接借鉴已有的知识和技术，用最短的时间缩小发达国家在知识基础方面的差距。此外，创新涉及不同主体，是一个相互作用的过程（Doloreux，2004）。由于市场反馈的不可预测性，创新饱含风险，但许多公司已将创新作为其必然选择。公司通过引入新产品，来应对市场的多样化需求，维持市场份额（Wu，2013）。创新战略的实施可以有助于企业获取高额利润和提高市场份额，这一结论得到很多研究的证实（Han et al.，1998；李忆、司有和，2008）。

一、企业创新绩效的含义

文（Ven，1986）认为，创新是在制度规范下对参与交易的人所产生的新思想的发展和应用。制度情景、创新思想、创新主体、交易即为创新的四大要素。创新可能是新思想的出现、对旧想法的整合，或提出一个新方案挑战现存秩序，也可能是由新成员带来的新规则或独特方式（Zaltman et al.，1973；Rogers，1982）。科技往往嵌入创新过程，弗里曼和泽特（Freeman & Soete，1997）在理解科技变迁过程中运用到生物进化的框架时，他们将发明定义为在科技范围内对优化技术组合的重构式搜索过程。熊彼特（Schumpeter，1934）将创新理解为企业将生产要素进行重新组合，建立新的生产函数，这其中涵盖了新产品的生产、新生产方式的采纳、新市场的进驻、新生产原料的使用、新组织方式的建立。由于更贴近于企业实践与企业理论研究，熊彼特（1934）对创新的定义得到了广泛应用和认可。

创新的产生和发展可能是因为市场需求，也可能是新技术的出现。20世纪中叶，在西方学术界，大多数学者认为产业技术创新近似于一个线性过程。罗斯韦尔（Rothwell，1992）认为，技术创新的过程大体由科学发现开始，经历产业自主研发、设计和生产活动等阶段，最终随着市场化的新产品或过程终结。技术进步是这种对于创新理解的源头，即"技术推动（technology push）"的创新。20世纪60年代末期，"市场拉动（market pull）"或"需求拉动（need pull）"的创新被强调，迈尔斯和马奎斯（Myers & Marquis，1969）认为应突出市场的重要性，他们将研发活动定义为一个反应性的活动，感知的消费者需求引发这种创新，再通过研发活动将新品或过程投入市场。然而，后来的研究者认为这两种创新模型过分简单。莫厄里和罗森伯格（Mowery & Rosenberg，1979）提出一种广受认可的平衡模型，强调技术推动和需求推动都很重要，但在工业循环的不同阶段，两者有差别。一方面，技术创新可以由需求拉动；另一方面，市场需求又可以通过技术创新实现。

市场和技术是相互成就的关系，在平衡和动态中实现成功的创新。本研究将外部知识获取分为市场和技术两个维度，一定程度上基于此理论。

企业的创新绩效是为衡量企业创新效果设定的指标，即企业因创新而获取的正向成果。作为产品或服务的提供者，在市场中，企业并不是以低价取胜，而是会受产品性能、外观、功能和服务水平等多重复杂因素的影响。同时，创新是企业保持竞争优势的核心要素之一，这主要是因为客户需求的多样性、技术更新换代快速、竞争者也不断除旧布新。但并不是所有的创新都能带来收益，创新只有成功了才能被市场接纳。所以，麦克埃维利和查克拉瓦提（McEvily & Chakravarthy，2002）认为，创新不是最终目标，关键在于怎么实现成功的创新，即创新的产出是否覆盖并超出成本。

在对高科技企业创新绩效的测度方面，目前并未形成一致结论。在学术界，专利数量被部分学者视作高科技企业创新绩效测速的依据。阿胡贾和凯蒂拉（Ahuja & Katila，2001）在衡量企业创新产出的过程中运用相应年份的专利数量。学术界对于这一方法充满争议。一方面，专业数量是一个易于量化的指标，客观性强。沃克（Walker，1995）认为，创新的直接反映是专利，被授予专利的项目不是显而易见的提升和解决方案，都是在可视的用品或程序上进行的。格里里奇（Griliches，1990）认为，技术新颖性可以借助专利有效性衡量。在谢勒尔和罗斯（Scherer & Ross，1990）的研究中，专利具备产权和经济双重属性。例如，专利数量作为测量创新绩效的方式，在研究网络特征与创新时被运用（Ahuja，2000）。另一方面，这种评价方式也有不足之处，毕竟创新与发明不同，只有能转化为经济利益、为企业和市场服务的发明才能被称作创新，而只用专利无法区分发明和创新。并且，并不是所有的发明都能形成专利，有时即便具有申请条件也可能出于某些考虑而不被申请，且专利附着的经济价值有很大差异（Griliches，1990）。

目前，在很多学者的研究中，多维指标被用来衡量创新绩效。如在测度企业创新绩效的研究中，年度新产品营业额比例、新产品和升级产品指数等指标被用来作为评价指标（Fischer & Varga，2002；Romijn & Albaladejo，2002；Zeng et al.，2010）。张方华（2010）将新产品营业额比例、年申请专利数，以及创新产品的成功率等三个指标作为创新绩效的测度指标。还有将新设备（材料、技术）数量、劳动生产率、专利增长率和新产品产值占比作为衡量创新的指标（解学梅、左蕾蕾，2013）。新产品数量、专利申请，以及技术诀窍等三个非财务绩效指标被纳入创新绩效的衡量体系（陈劲等2007）。在创新绩效的测量中，同时考虑专利申请和技术诀窍，克服了一些难以申请技术专利的研发导致的测量误差等问题。有一些学者将李克特量表方式引入研究，在创新绩效的测度中，与竞争对手进行几个维度的比较。新产品开发速度、新产品数量、创新项目成功率、专利申请数量，以及新产品销售收入五个指标占比与竞争对手的对比被用来测量创新绩效（朱朝晖 2008）。投放市场的新品周期、公司内产出新品的周期，以及产品更新周期三个指标被劳尔森和索尔特（Laursen & Salter，2006）用来测度公司创新绩效。在陈等（Chen et al.，2011）的研究中，六个题项和李克特七点量表被用来测量创新绩效，即新产品数量、新产品销售额占比、新产品研发速度、新产品研发成功率、专利申请数量、行业标准数量这六大项目，在和它们的竞争对手比较时，大多是成功的。在综合了陈等（2011）、张和李（Zhang & Li，2010）的研究，吴（Wu，2013）围绕新产品使用了六个题项来测量创新绩效，使用新产品的创新性替换陈等（2011）题项中有关行业标准数量的题项。综合以上研究创新绩效的测量方法，虽题项和题目有所不同，但基本都根据实际研究需要开展的，以及围绕新产品和创新性展开。

二、高科技企业技术创新绩效的影响因素

根据现有研究结论，内外部两方面的因素均会影响高科技企业的技术创新绩效。

（一）企业外部影响因素

产权制度、财税政策、外部融资、政府支持、市场化程度、关系资本、网络关系嵌入、创新网络等是影响高科技企业技术创新绩效主要的外部因素。杜楠等（2018）研究表明，知识产权制度会影响企业的技术创新投入行为，进而会对创新绩效造成明显影响。在研究科技型中小企业的财税政策、外部融资与创新绩效时，郭景先（2016）发现，创新绩效会显著受到税收和财政政策的促进作用，且税收政策对创新绩效的影响比财政政策要大一些；同时外部融资对于创新绩效的正向作用也得到了研究证实。蔺鹏和孟娜娜（2018）实证研究了政府研究与试验发展（R&D）经费投入与科技型中小企业技术创新效率的关系，以河北省 2014～2016 年 60 家新三板挂牌企业的研发活动面板数据为基础，研究结果显示，企业技术创新的激励受政府R&D 经费投入的正向影响有限。迈尔斯等（1969）认为市场需求驱动了企业大部分的技术创新。产业集中度、企业规模对企业的研发水平有积极影响

（Cohen et al.，1996）。从产学联盟的背景出发，蔡树堂和魏思家（2018）分析认为，关系资本对提升技术创新绩效产生了显著的积极影响作用，且在两者的关系中知识共享充当了中介的角色。黄艳等（2017）实证研究证实，借助知识转移，创新绩效受到关系强度的积极影响。姜骞等（2017）利用"网络—知识—创新"的框架，从共生行为、联结强度和影响测量三个方面，对科技型中小企业突破性创新受创新网络关系治理影响的机理进行研究，结果表明这三大方面通过知识场活性对突破性创新产生促进作用。马晓芸和何红光（2015）通过对浙江省中小型科技企业进行研究，结果显示有效提升企业创新绩效的因素为网络关系嵌入、知识获取。

（二）企业内部影响因素

吸收能力、领导者行为、组织学习、资源获取、高管社会网络等是影响高科技企业技术创新绩效的主要内部因素。丁宇等（2015）实证研究结果证明，企业的开放式创新绩效的主导因素是吸收能力。鉴于中小型科技企业不同发展阶段的特征，姜波（2011）分析验证了技术创新绩效与领导者行为、组织学习之间的关系，结果表明企业的技术创新绩效受领导者行为的三个维度的正向影响，并且组织学习在其中充当中介。李贞和杨洪涛（2012）以长三角地区科技型中小企业为研究对象，实证研究结果表明，创新绩效受到知识整合与关系学习的积极影响。郑烨等（2018）在研究中小型科技企业的创新绩效和政府服务供给、资源获取之间的关系时，发现创新绩效受到资源获取的正向作用。曾明彬（2013）研究认为，创新绩效受高管的社会网络（规模和强度）的正向作用。

目前，广大学者主要从影响因素和评价指标两个方面，对高科技企业技术创新绩效进行探讨。在影响因素方面，先前研究主要从内外因素两方面展开，一方面，是财政税收政策、外部融资、产权制度、政府政策、市场化程度等、关系资本、网络关系嵌入、创新网络等企业外部因素；另一方面，是领导者行为、组织学习、吸收能力、资源获取、高管社会网络等企业内部因素。已有研究主要从创新投入、产出、效率、过程、网络等方面来对高科技企业技术创新绩效进行测量。综上所述，学术界对企业技术创新绩效的研究尚不完善，首先，企业创新绩效的内涵尚不明确，由于对企业的技术创新过程没有系统认识，所以技术创新的界定未形成一致意见。为了对技术创新绩效进行明确界定，我们需要深刻理解技术创新的本质。其次，因为研究视角和研究背景不同，现有绩效测量技术使创新结果只适用于某些特定情形，指标普适性尚待进一步探索。最后，还需进一步探索对企业技术创新产生影响的因素。因而，为克服现有研究的不足，出于为企业创新绩效的提升和改善寻找突破口和着力点的目的，本书试图从差异性高管特质、投资机会与高科技企业创新绩效关系出发，探讨企业技术创新活动的过程。

第二节 高科技企业创新绩效的基本理论

一、资源基础观理论

在经济学家的论述中，可以找到最早的资源基础观的踪迹。企业拥有的资产或能力可以帮助其维持非完全竞争状态，并赚取利润（Chamberlin & Robinson，1933）。钱柏林借助技术能力、品牌知名度、专利、管理者能力等对资源做了具体解释。潘罗斯（Penrose，1959）将企业视作一系列广泛的资源集合，对有关企业资源的理论进行了发展。但目前经济学界对潘罗斯的观点并未产生广泛认可和关注，一方面，企业资源不具备像其他生产要素那样良好的性质，不能满足经济学对数学建模的需求；另一方面，经济学研究中会模糊企业的差异。1984年，资源基础观被正式提出，沃纳菲尔德（Wernerfelt）在发表的论文（*A Resource-based View of the Firm*）中提出资源产品矩阵（resource-product matrices）和资源位势障碍（resource position barrier）两个概念，从资源角度分析企业的重要性。然而，此时的资源基础理论并未赢得学者的普遍关注，战略理论的主要观点经过了经典战略理论阶段，产业分析法逐步占据主导地位。

经典战略理论借助单一的组织框架进行研究。在战略理论的第一阶段，即公司在对外部环境的机会做出反应时，会使用 SWOT 分析，分析公司内部优势和劣势、外部机会和威胁。进而采取相应措施，实施缓和外部威胁、规避内部弱势、强化内部优势的战略。在战略理论研究的第二阶段，即以产业分析法为主导的研究阶段，这一阶段广泛应用波特（Porter，1980）的"五力"模型，研究逐渐聚焦于竞争环境的威胁和机会。波特和他的同事认为，高水平的公司绩效是由环境状况造就的，在某种程度上，一个公司的绩效水平由产业的竞争结构决定。但是，在波特的研究中，作出了同一产业的公司战略资源目标是一致的，同一产业间的资源差异会由于高流动性而逐渐消失等一系列假设，忽视了公司的内部差异。事实上，即使是处于相同产业的不同公司，也有绩效水平的差异，运用产业分析法很难对这一情况做出解释。由此，研究者逐渐更多地关注和接纳资源基础观。

资源是在特定时期归属同一公司，有助于实施提升公司效率战略的有形资产和无形资产，包括能力、知识、信息、公司特质、组织过程等无形资产和一切固定资产。例如，内部技术知识、品牌、贸易合同、机器设备、高效的流程和资本等（Daft，2006）。一个企业的目标是获得竞争优势，这是资源基础观的隐含假设。资产基础观将不同公司产生绩效差异的原因从资源的角度做了解释。当资源满足有价值性、稀缺性、难以模仿和不可替代性（VRIN）等特征时，才能给企业带来持续的竞争优势。资源的价值性表现在能够孕育或产生令公司提升效率和效能的战略（Barney，1991），巴尼表述的这种价值性比较抽象。布拉拾和阿茨（Brush & Artz，1999）研究认为，资源的价值性与其所处的情境是连贯的，如产品市场的信息不对称特征决定了资源的价值性，更具体地讲，客户供应商关系中具体的信息不对称和提供服务的类型是资源价值的决定因素。资源还要具备稀缺性特征，因为一旦很多公司都掌握这一有价值的资源，他们可以采取同样的战略，那么竞争优势就很难成立。

若完全竞争状态下，公司数量多于掌握这一有价值资源的公司数量，那么可以说资源具有稀缺性，具备竞争的潜力。行业先行者所拥有的独特资源具备价值性和稀缺性，同时还需具有难以模仿性才能保持竞争优势。难以模仿性具备三大特征：公司对资源的持有源于特定的历史情况，产生优势的资源具有复杂性，资源与竞争优势之间的因果模糊。但若资源能被其他相似资源所替代，那么仍难以产生竞争优势。巴尼（1991）对资源性质的论述被广泛应用在战略管理领域。当企业拥有具备 VIRN 特性的资源时，便能够凸显其竞争优势，提升企业绩效水平。有学者在传统的资源基础观中，对资源带来竞争优势的原因仅从资源的特征方面进行了阐述，对企业间的绩效差异做出解释，但对于资源的获取方式，及其在公司内部的发展方式，非异质性资源与异质性资源间的关系与转化，都没有给出明确的阐释（Liying et al.，2016）。

在学术界，对于可以产生竞争优势的资源特性有很多相似的阐述。具有资源位势障碍和吸引力的资源可以带来高额的回报（Wernerfelt，1984）。彼得拉夫（Peteraf，1993）的研究表明，可以带来竞争优势的资源具备四个特性：第一，异质性。可以带来垄断或李嘉图租金。第二，竞争事后限制。租金会随短暂的异质性的消失而消失，如将异质性具体化为难以模仿和复制的资源，就会产生持续性租金。第三，流动性差的特点。若无法交易，或即使参与交易但其他公司雇员缺乏合理使用这些资源的能力，会造成高昂的转移成本等。第四，竞争事前限制。比其他公司更早地引入资源定位，并为这种定位做出竞争限制。

在企业获取竞争优势的过程中，资源至关重要，企业获得战略成功的关键就是获取和培育优质的资源。作为一种特殊的异质性资源，知识已成为企业获得竞争优势的主要资源，有助于企业创造新价值。由此可见，资源对于企业很重要，可以为企业带来竞争优势的资源具备 VRIN 性质。然而，传统的资源基础观聚焦于公司内部，并未深入研究资源的来由和外部资源在公司内部如何发挥作用。

二、知识基础观理论

战略管理领域的知识基础观（KBV）研究极大地拓展了资源基础理论，许多研究指出，新价值创造、异质性和获取竞争优势的主要资源是知识。企业的绩效受知识性资源的正向影响（Wiklund & Shepherd，2003）。知识基础观将知识定义为一种重要的生产性资源，主要依据是：知识能够作用于价值创造且具备战略意义。在知识经济报告中，世界经济合作与发展组织指出：现代经济中，提高生产力和促进经济增长的驱动力是知识和技术。著名管理学家彼得·德鲁克（Drucker，1985）提出知识已成为重要的经济资源，并且是企业获得竞争优势的重要来源，甚至是唯一来源。在动态的市场环境下，对知识资源的运用会变得愈发重要（Grant，1996）。而企业获取知识的重要来源是企业外部，外部知识有助于企业产品与服务价值的提升，企业竞争力的增强。

知识的独特属性，尤其是隐喻性属性是知识基础观的重点强调内容，知识的转换与创造深受这一观点的影响。企业形成竞争优势的关键是隐性知识和优质的知识管理体系。路比特（Lubit，2001）研究发现，相比显性知识，隐性知识更难被竞争对手模仿，因此，获取竞争优势的关键是取得和转移隐性知识的能力。资源基础观认为，企业竞争优势的来源只可能是那些稀缺的，且难于被复制的、有价值的资源，要想成为企业竞争的关键，知识需要具备两个特征：一是要在企业内有较好的流动性，二是要具有难以复制性。综上所述，隐性知识恰好能同时满足这两个条件。路比特（2001）研究证实，企业创造竞争优势的关键是隐性知识与知识管理，知识在企业内部能被高效地利用，需要依赖于良好的知识体系。实际上，企业的员工不仅是知识转换的载体，也是知识创造的主体。因而，企业要想借助知识创造价值，需要将储备在不同员工身上的隐性知识通过一个合理的组织过程发挥出来。罗默（Romer，1986）做过一个有关高影响力的长期增长模型的研究，其中，对知识的论述极为经典。他的研究结果表明，知识投资具有先天外部性，由一家公司创造的新知识会给其他公司的生产活动产生正向的外部效应，这是因为知识很难被完全地保密或保护。作为一种投入，知识的边际产出递增。另外，人力资本和知识资源的差异较为突出，人力资源具备强排他性，难以共享；但知识资源无法做到彻底排他，即使是在非常严格的知识产权保护的情况下也难以做到。

格兰特（Grant，1996）对企业知识基础观理论做了系统阐述，他认为知识基础观突出了企业理论的基础内容，如企业组织架构、公司的存在与边界、内部协调等，这些内容均超出了传统战略管理理论所关注的战略选择与竞争优势。作为生产活动的重要投入和首要价值资源，知识贯穿人类所有的生产性活动，这是知识基础观的基本假设。隐性知识的流动很难在市场上实现，但显性知识由于具有非排他性，很容易被潜在买主获取。因此，公司的存在具有必要性，其作为一个知识整合机构，能为具备差异知识的个体提供固定场所、时间及报酬。威廉姆森（Williamson，2007）提出的交易成本理论与知识基础观具有一致性。交易成本理论将公司存在的意义理解为避免市场交易中产生的费用，而知识基础观则认为公司存在的价值是为了解决知识相关资源在市场中的交易费用问题。

格兰特（1996）的知识基础观将视角聚焦在企业内部，认为知识分散在公司内部不同个体间，将已有知识用于产品或服务的生产中是公司的首要目的。因而，在格兰特的观点里，将公司内不同个体间的知识加以协调是十分重要的，他在组织结构和能力方面对如何能够高效地对知识加以整合进行了阐述，但这一理论忽略了知识的外部来源。基于较为完善的理论体系，格兰特的知识基础观理论系统地从知识依赖角度对企业存在、企业边界这些基础问题做了解释，并在组织结构和能力方面的问题上做了很大的拓展，这为知识管理理论和实践领域做出了很大的贡献。

知识能为企业创造价值，必然会借助特定的形式在企业内经历形成和发展的阶段。尼克尔森和曾格尔（Nickerson & Zenger，2004）通过研究，构建了一套企业知识基础观理论框架，聚焦于问题解决和知识产生，他们认为以往企业知识基础观的研究角度过于片面，只关注知识交换的效率，而对高效地生产知识或能力关注不足，并且对市场与公司内部知识交换效率的研究尚未形成一致结论。发展新知识需要企业经理对有价值的问题加以确定，随后寻找解决这一问题的方式。基于问题的复杂程度，会有不同的解决问题的方式。研究给出了市场的、基于权威的层级式和基于共识的层级式的三种治理选择，并列举了这三种模式的优点和缺点。斯威比（Sveiby，2001）通过研究，识别了九种知识转移的路径，即知识在个体之间；从个体到外部组织；从外部组织到个体；从个人能力到内部组织；内部组织之间；从内部组织到个人能力；外部组织之间；外部组织到内部组织；内部组织到外部组织。研究者认为，知识型战略的形成是开始于个体能力这种无形资产，个体价值创造过程借助组织内、外转移和转化知识来实现。野中等（Nonaka et al.，2000）对企业知识创造理论做了一定的发展，首先，知识创造依赖于企业为其提供的"场所"，这个"场所"的动态配置形式就是企业本身。这个"场所"是指知识被生产、共享和利用的一个特定场景，知识的作用需要借助特定的时间、空间等的情境加以展现。因而，与市场相比，知识的利用效率在公司能够达到更高水平。其次，创造知识是企业的另一个重要作用，企业创造知识的四种模式分别为：隐性知识到隐性的社会化模式；隐性知识到显性知识的外部化模式；显性知识到显性知识的整合模式；显性知识到隐性知识的内部化模式。通过上述的四种方式，企业持续且动态地创造知识，这一研究对企业为什么是一个知识创造实体做出了完整解释。

知识基础观在回答企业理论的基本问题时，主要基于知识的转移、整合和应用等角度，如企业的存在和形成，随着知识基础观理论的逐步成熟，相关实证研究逐渐增多，知识与创新的联系越发广泛。作为一个交互学习的过程，创新在本质上是知识的社会化、组合化、外部化和内部化的波浪式前进的过程（Nonaka Takeuchi，1995）。知识与企业创新的关系在前期知识基础观的相关理论中都做了概括性阐述。比尔利和查克拉巴提（Bierly & Chakrabarti，1996）在研究中对知识战略需要企业进行决策的部分进行了相应阐述，主要有四个方面：一是内部和外部学习；二是突破式学习和渐进式学习；三是调试合理的学习速度；四是企业知识基础宽度和深度的平衡。同时，依据对不同企业选择战略的聚类分析，识别出四种企业：开发者、创新者、利用者和孤独者，通过比较企业绩效，获得绩效相对较好的企业类型是创新者和开发者。德卡罗利斯和迪兹（De Carolis & Deeds，1999）在对美国生物科技企业的研究中发现，与传统产品相比，这些企业生产的产品有独特属性，这主要受益于跨企业边界及在企业内部进行的知识搜索，知识积累的来源不仅在企业内部，还包括对外部知识的同化。格兰特（1996）的研究认为，企业作为一个知识整合的机构，通过发挥其管理、维持和生产知识的能力，进行新产品的创造活动。知识与创新方面的实证研究增多，知识的流动性和企业基于外部知识获取的开放式创新模式逐渐成为近年研究的方向。刘洪伟和冯淳（2015）在对技术并购与企业创新绩效的关系研究中发现，非相关的技术并购可以促进企业创新，主并企业可获得不同于原行业的新知识，与原有知识融合、互补。但在对企业原有知识基础考察中发现，若主并企业具有广泛的知识基础，开展非相关技术并购对创新绩效有正向影响；而若企业的知识基础较为深厚，非技术并购对企业创新有负面影响。

综上所述，知识基础观理论认为，知识能帮助企业获得竞争优势。为维持竞争优势，企业需要在内部发展知识或从企业外部吸取知识。许多公司的创新活动需要依赖跨组织边界的外部知识（Leonard – Barton，1995）。所以，在企业成功的价值创造活动中，合理地实施外部知识获取战略显得十分重要。

三、组织学习理论

20 世纪中叶，管理学界在组织适应性理论的研究过程中诞生了组织学习问题。1958 年，马驰和西蒙（March & Simon）发表了《组织的诞生：经济合作管理》，文中第一次提出组织学习这一概念，自此，学术界和企业界目光逐渐聚焦于"组织学习"。1963 年，希尔特和马驰（Cyert & March）发表了《企业行为理论》，他们在著作中探讨了组织学习的概念。1965 年，坎格洛西和迪尔（Cangelosi & Dill）发表了《组织学习：一个理论的发现》，组织学习的概念被再次提及。1977 年，哈佛大学教授阿吉里斯（Argyris）发表了《组织中的双环学习》，为组织学习作了初步定义。1978 年，在《组织学习：一种行动透视理论》中，阿吉里斯和舍恩（Argyris & Schön）对组织学习的概念进行了深入分析，组织学习理论体系得以形成，标志着理论化、系统化的研究方向开始成为组织学习研究的方向。随后，阿吉里斯的多篇研究组织学习的文章陆续发表，对其组织学习理论不断修正和完善。此后，理论界和实践界普遍重视组织学习理论，研究人员基于不同的研究视角对组织学习理论进行了深入探讨，组织学习理论得以进一步发展，并逐渐成为多个研究领域的主要内容，如社会学、经济学、管理学等。到 20 世纪 90 年代，组织学习相关研究实现了历史性转折。1994 年，森格（Senge）的《第五项修炼：学习型组织的艺术与实践》一书得以出版，自此，全球建设学习型组织的浪潮兴起，组织学习理论进入繁荣期，国际学术的研究热点聚焦于此。

组织学习包含四大阶段：发现、发明、实施和推广。具体来说，组织需要依次完成内部问题和外部机遇的发现、解决方案的发明、解决方案的执行和修正、学习成果的推广四大阶段，这样才能真正实现组织学习的完成（Argyris & Schön，1978）。基于阿吉里斯和舍恩（1978）的研究，陈国权（2002）对组织学习过程进行了丰富和完善，组织学习"6P – 1B"过程模型得以提出，即组织学习包括 7 个学习活动部分：发现、发明、选择、执行、推广、反馈和知识库，涵盖 4 项活动：知识获取、知识共享、知识应用和知识存储。

斯莱特和纳维（Slater & Narver，1995）在研究中，出于信息处理的角度，将组织学习分为四个步骤：信息获取、扩散、共享和记忆，并依据信息的源头进一步对创造性和适应性学习加以区分，创造性学习的目的在于挣脱旧知识的束缚后促进新的认知的产生，而适应性学习则更加侧重运用完备的知识系统。西蒙尼斯 – 西蒙尼斯和桑斯 – 威莱（Jiménez-Jiménez & Sanz-Valle，2011）基于知识创造的过程，认为组织学习包括四个子过程：知识获取、知识扩散、知识解释和组织记忆。克罗桑等（Crossan et al.，1999）基于社会和心理的角度，提出了组织学习的 4I 模型，认为组织学习包括四个过程：直觉、解释、整合和制度化。这一模型包括两种学习机制，即前馈和反馈，覆盖个人、团队和组织三个层面。内维斯等（Nevis et al.，1995）基于知识转化的角度，按照学习导向和促进因素将组织学习划分为三个阶段：知识取得、知识共享和知识运用，并提出了有关组织学习过程的模型。作为一个时间序列过程，组织学习通过目标设定、知识转移、知识创造、知识保留、目标更新这一循环往复的过程来进行组织知识的创新，以此来适应多变的内部和外部环境（Argote & Miron – Spektor，2011）。野中和竹内（Nonaka & Takeuchi，1995）通过研究建立了 SECI 模型，将组织学习归纳为四个子过程：组织知识的内在化、外在化、社会化和合并，他们将知识的积累和创造过程归纳如下：逐步从内部隐性向外部显性、从单一个体向团队认知、从具体组织向社会认同，并最终把这些加以汇总，促进新知识成型的过程。

由此可见，目前组织学习理论研究的主要关注点在于学习的过程、机制、方法、手段及其对企业竞争优势和绩效的影响。基于过程视角，组织学习的过程可以分为三大部分：外部知识获取、组织内部知识处理、组织内部知识运用；基于作用结果的角度，组织学习是企业绩效提升和竞争优势实现的基础；从影响程度的视角，组织学习对企业产出效果的影响必然会受到内外部诸多因素的影响，这些研究成果的积累构成了该研究丰富的理论基础。首先，依据组织学习理论，组织学习利于发现可替代的知识或资源，有助于大量新知识或资源的获取，最终作用于组织竞争优势的提升。组织学习受到社会资本的影响，同时，也对企业异质性资源的获取和竞争优势的保持产生影响。其次，组织学习是企业通过自身知识的累加促进行动改善的过程（Slater & Narver，1995），同时，也是企业增强创新能力的内在要求，组织学习的最终结果是实现组织知识的更新和创新能力的提升。组织学习是推动技术创新的根基和支持，是企业技术创新的必经之路。特别是对中小型科技企业而言，因为创新能力的缺失，组织学习显得尤为关键。组织学习可以通过以下四种方式来提升中小型科技企业的竞争优势：改变传统组织模式、激活内部资源、获取外部资源和增强危机意识。最后，企业的发展均是在其所处的内外部环境中进行的。新一代通信技术急速发展，企业的经营生产和管理的模式正在或已被大数据颠覆，企业的创新发展越来越需要大数据驱动。如果一个企业具备较高水平大数据能力，在从外部获取知识、信息和资源方面，能比竞争对手更具有优势，并能有效整合利用内部资源、有利于组织学习，从而促进技术创新绩效的提升。

四、动态能力理论

动态能力研究的出发点是环境的动态性，研究人员共同的努力方向是应对环境变化。但由于对动态能力的概念理解和研究角度有差异，研究人员对动态能力产生与发展的论述也各有不同。第一种观点，基于企业行为视角的动态能力形成。企业行为理论是动态能力理论的最早起源，希尔特和马驰（Cyert & March，1963）的研究认为，企业是具有标准操作程序的静态存在，其中，蕴含着许多具备异质性和不易复制性的隐性知识，是企业竞争优势的来源。第二种观点，基于演化理论的动态能力形成与演化。演化理论将企业行为理论加以扩展，在企业能力的理解中引入环境因素，尼尔森和温特（Nelson & Winter，1982）的研究发现，企业发展受到环境变化因素和企业管理"基因"的共同作用。第三种观点，基于资源基础观的动态能力形成与演化。演化理论借助资源基础观得以延伸。根据资源基础观理论，企业是由一系列有价值的、稀缺的、不可复制的和不可替代的资源组成，有利于增强企业适应环境变化的能力，促进企业更好进行价值创造、形成竞争优势（Barney，1991）。第四种观点，基于知识或学习视角的动态能力形成和提升。这一观点认为，组织行为能力的微观基础和提升过程是组织学习。而知识经验积累和组织学习的结果就是产生动态能力。因此，作为动态能力构建的关键因素，组织学习是企业增强动态能力的根本方法，能够对动态能力的形成与演化产生极大的推动作用。第五种观点，基于社会网络的动态能力提升。动态能力形成的基础是企业资源。依据社会网络理论，作为社会网络的构成者，企业与利益相关者建立的社会网络，能够有效推动知识资源在企业间分散与转移，有助于企业获取和整合资源，进而对动态能力的发展与提升产生正向影响。由此可见，在动态能力的形成、演化和提升方面，企业行为视角强调了动态能力的起源。从演化视角可以看出，动态能力惯例演化的本质，资源基础观是构成动态能力产生和发展的基础，组织学习是提高动态能力的重要方式；而从社会网络视角阐明了在动态能力提升发展过程中，企业外部资源和能力的重要作用。综上所述，组织学习是推动动态能力产生与发展的主导机制和主要动力。

蒂斯等（Teece et al.，1997）在研究中指出，动态能力的产生包括三个维度：企业位势、变革过程、演变路径，并将其总结为3P模型。该模型的出发点就是企业对外部环境的感知差异由企业位势的不同决定，差异性的演变促进企业自身惯性和能力的形成，并将其融入企业的多方面中，主要关注点是企业动态能力形成的外在性因素。基于蒂斯的研究，部分研究者以组织内部因素为出发点，研究组织学习在动态能力产生进程中的影响和作用，并推动了动态能力学习机制模型的构建。动态能力的形成普遍是经历组织学习的结果，组织知识的积累和创新推动了动态能力的提升，并促进了组织资源整合、架构调整、流程再造等方面的进步，进而不断提升组织动态能力（Zollo & Winter，2002）。扎赫拉等（Zahra et al.，2006）研究证实，动态能力的产生本质上是组织学习的过程，组织知识的积累就是学习结果，对外部环境变化反应差异由此产生，他们在解释动态能力的驱动力方面，基于知识演进和学习机制两个维度，并最终完成了动态能力的学习机制模型的建立。

综上所述，动态能力理论强调企业要依据不断变化的内外部环境来进行资源和能力的调整，取得竞争优势，以促进持续发展成为现实。大数据时代来临，高科技企业处在复杂多变的环境中，唯有积极应对环境变化，及时实现战略调整，将资源进行快速高效地配置，才能促进自身长远进步。一是动态能力理论强调，企业对自身的资源进行调整时，需要充分考虑环境的变化。一些企业面临自身资源不足且外部资源难以获取的局面，那么其需要面对的环境问题就是资源限制。据此，为对环境变化做出响应，促进创新发展，形成自身竞争优势，企业必须积极获取维持自身经营活动的各种资源。二是动态能力理论主张，为适应多变的环境，企业必须时刻具备快速反应的能力。三是动态能力理论认为，在动态能力演化进程中，学习机制通过组织流程改变、营运例规重塑，最终达到构建和提升动态能力的效果；另外，探索式和利用式学习都会对组织新知识的产生、获取、共享和运用产生积极影响，都是作为组织对外部环境变化作出反应的一项有效活动。

五、制度理论

制度理论具备经济学基础。以诺斯为代表的经济学家将制度定义为：人为设置的，用以约束人类的行为。他认为制度是"游戏规则"，突出效率，并将其划分为正式制度与非正式制度（North，1990）。包括法律、法规和规则等正式制度的约束和标准、文化和道德等约束（North，1990）。制度经济学一方面是从企业活动的"背景"看待制度；另一方面是强调探讨制度制定者、利益集团和经济产出，但对企业层面单个企业战略决策的过程缺乏关注（Peng，2002）

制度理论具备社会学基础。以斯科特为代表的社会学家将制度视作认知的、规则的和规范的结构，突出制度的合法性，是能够为社会活动提供稳定和价值的活动（Scott，1995）。斯科特（1995）从三个层面阐释了制度：规则层面包含法律、法规等，规范层面包括规则，认知层面涵盖文化和道德等。当组织的行为与其所处制度环境的信仰、规则和价值观具有一致性时，我们可以认为组织的行为是合理的、可行的和被接受的，此时的组织具有合法性（Suchman，1995）。迈尔和斯科特（Meyer & Scott，1983）认为，组织的合法性源于与其所处制度环境的一致性，制度涵盖了复杂的规则，企业要获取合法性就必须遵守这些规则。斯科特（1987）研究认为，企业要想获得奖励，就必须将自身的合法性、资源和生存能力加以有效利用，而活动也要依照社会期待的方式进行。因此，从制度角度看来，如果企业的行为遵从其所嵌入的制度，那么企业就可以得到相应回报；在行为违背了制度约束的情况下，企业可能会受到相应惩罚。迪马乔和鲍威尔（Dimaggio & Powell, 1983）认为，若企业处在相同或相似的制度环境下，可能受到来自政府、行业等外部规则、准则、产品质量标准、环境管理等的约束，当企业遵守这些约束时，可能会导致企业的行为和结构具有一致性。但这一角度将制度视为一种既定的外部环境，而并未对制度自身做出有效解释，同时未将不同的制度环境加以比较，侧重于突出企业行为的服从性。

战略管理中的制度基础观。彭（Peng, 2002）研究认为经济学与社会学不是战略管理对制度基础观发展的唯二动力来源，战略管理研究对制度理论的迫切需求在一定程度上来源于产业基础观与资源基础观对企业嵌入环境的忽视。20世纪七八十年代，虽然部分学者强调了组织所处环境的重要作用（Lawrence & Lorsch, 1969），但对环境的多数研究采用了经济学的一些变量，如技术进步、市场需求等（Dess & Beard, 1984），此时，战略学者尚未重视制度视角。在20世纪90年代，随着发展中国家的进步，市场制度对企业发展的影响越发受到学者们的关注（Bruton & Lau, 2008）。发达国家相对平稳的市场环境基于完善的市场制度，但发展中国家不具备完善的市场机制（Mc Millan, 2007）。如今新兴经济体不断进步，许多学者对发展中国家开展的研究转向制度视角（Hitt et al., 2004; Lyles & Salk, 1996; Tong et al., 2008）。奥利弗（Oliver, 1997）研究指出，资源资本和制度资本都是介绍企业竞争优势时不可或缺的要素。综合诸多制度视角的相关研究，继产业基础观和资源基础观后，制度基础观被称作战略管理领域的第三大理论（Peng et al., 2009）。战略管理领域的制度基础观含义是从制度视角进行战略研究，企业在制定战略时除了要考虑行业与企业层面的条件，还需要考虑国家和社会层面的因素（Peng, 2002）。

制度理论基于一个重要前提，就是企业倾向于遵守内外部主流的标准、传统和社会期许，成功的企业获得了支持及需要合法遵守制度约束（Oliver, 1997）。事实上，在谈论制度理论时，我们的潜在假设就是企业有动力或习惯按照制度要求来从事经营活动。彭等（2009）研究指出，在战略管理领域，制度基础观有两个核心观点，一是在既定的制度框架内，由于受到正式和非正式制度的约束，企业和经理会理性地根据利益追求和战略决策制定活动；二是企业行为受正式与非正式制度共同指引，面对正式约束边界不清或无效的情况，非正式制度将在压缩不确定性、提供指引和传递合法性方面产生更大的影响。首先，制度基础观指出企业受到制度的约束，企业的做法、利益追逐与战略决策都要遵照其所处的制度框架；其次，一旦在正式制度中，企业无法寻找到行为根据，那么非正式制度将会约束企业行为。

基于制度视角，企业的经营嵌入在一个由已经确定的准则、价值观，以及人们视作惯例的观念构成的社会体系内，受这种体系约束，企业的经济行为一般是恰当的、被接受的（Oliver，1997）。马光荣等（2015）认为，制度对企业经营的影响，体现在微观层面，即企业经营环境上。事实上，企业所嵌入的正式与非正式制度环境构成了企业的经营环境，正式制度环境包括两大方面：一方面，是法律、行政治理、财政政策等软环境；另一方面，是基础设施、公共设备等硬件环境（马光荣等，2015）。正式制度对嵌入其中的企业有重要的影响，且该领域的研究已十分丰富。

高质量的制度环境不仅作用于个体企业生产效率的提升，而且对全要素生产率提升有正向影响。对于单个企业而言，良好的制度环境可以提高企业内部资源配置的效率，促进企业的生产率提高（Claessens & Laeven，2003）；在企业之间，良好的制度环境对资源在企业间的高效配置有积极作用，而且有助于提高全要素生产效率（马光荣等，2015）。由此可见，无论是单独企业和企业间的资源配置，制度环境都会产生重要影响。

高质量的制度环境有助于提高企业再投资的效率。约翰逊等（Johnson et al.，2002）在对来自世界银行的 5 个国家的企业数据进行研究时发现，高水平的融资环境、产权保护和契约履行有助于企业再投资效率的提升。基于约翰逊等（2002）的研究，卡尔和徐（Cull & Xu，2005）随后也借助世界银行的企业数据研究了中国企业的制度环境，并得到了相同的结论。

企业倾向于逃离低质量的制度环境。李新春和肖宵（2017）以中国企业对外直接投资为研究对象，发现当企业所处地区的市场化水平较低时，会造成以下结果：一是如果企业面临的法制环境欠完善，产权保护欠缺的情形，企业的生存和发展将面临高度不确定性；二是由于政府过多的干预，企业会面临交易成本高和生产效率低的情况；三是当企业所处环境有较低的市场化水平时，企业感受到的正式约束会偏大，从而企业倾向于转向外部投资，将经营活动转移到制度完善的地区。

在对企业行为影响因素的研究中，不可忽视非正式制度，非正式制度与正式制度为互补关系，在正式制度缺失的情况下，非正式制度会发挥作用，成为影响嵌入企业的行为约束。实际研究中，由于非正式制度的内容十分广泛，包含历史传统、风俗习惯和关系等方面的内容，很多学者通常将非正式制度的某一方面作为研究的焦点。胡珺等（2017）在研究非正式制度对企业的影响时，聚焦于家乡的角度。这是因为受我国的传统文化的影响，家乡对于人们的情感有重要影响。目前，这方面的研究在社会心理学和环境心理学领域均有涉及，因此，以家乡认同这一指标代表非正式制度，企业家的家乡认同可以使其更关注自然环境，在企业发展中对环境十分友好，从而抵制对环境造成破坏的发展行为，对环境利益相关者的利益诉求具有敏感性，对于当地的环境治理条约更愿意遵守。家乡认同对正式制度起到了配合和补充的作用。综上所述，企业的环境绩效可以因为家乡认同有所提高。陈冬华等（2013）以宗教指标量化非正式制度，他们研究发现宗教对企业的治理绩效提升有正向作用，例如，若企业处在具有浓厚宗教传统的地区，其违规行为会变少，非标准审计意见会变少，并且在盈余管理方面有较好的抑制效果。此外，作为一种非正式制度，宗教与正式制度可以构成一种互补关系，若一个地区的法律制度更完善，则上述作用发挥得更好。

关系亦是非正式制度的一个方面。首席执行官（CEO）与董事的关系会造成公司价值减损，当处于董事会失察的替代治理机制缺失的情形下，这种削减会更为严重（Fracassi & Tate，2012）。基于中国国情，陆瑶和胡江燕（2014）关注到 CEO 与董事的"老乡"关系，研究指出，"老乡"关系与企业风险水平有正向关系，其具体表现为较高的综合财务风险和激进的兼并行为。若一个地区的关系文化较强，在获取资源时，企业会倾向于采用非市场的行为方式，这将增加企业的实际交易成本（李新春、肖宵，2017）；若企业处于这种环境中，为获取合法性，需采取符合当地的关系文化特征的行为方式，尽可能与相关利益组织建立联系；在企业竞争中，关系文化蔓延，逐渐产生违背道德的机会主义行为，甚至可能滋生违反法律法规等正式制度的权力寻租行为，从而引发制度风险。因此，当企业所处地区关系文化较强时，会谋求向高质量的制度地区转移企业的经营和投资活动，当感受到较强非制度约束时，有较高创新能力的企业更偏好制度逃离。

正式制度与非正式制度都对企业有积极作用。当企业面临的正式制度层面的金融和法制环境不完善，会滋生活跃的寻租活动；同时，活跃的寻租活动会因为非正式制度层面的高水平的权利距离与集体主义而产生（李雪灵等，2012）。制度层面的因素一般是这种非市场的寻租活动的诱因。邹国庆和王京伦（2015）以转型期的中国经济为研究对象，发现存在市场契约报酬和关系契约报酬两种制度激励机制，两者分别与正式制度激励和非正式制度激励相对应，在这种制度体系下，企业家心智的中介作用存在差异，企业的战略决策会出现分化。谢佩洪等（2008）基于制度视角，研究发现处在转型过程中的中国经济，尚未形成成熟的市场，企业倾向于选择适应环境的整合战略，结合市场与非市场战略，这种整合战略的效果通常要大于单独使用任意一种战略。此外，在影响所嵌入企业的同时，制度也与嵌入的企业产生互动，制度或多或少地受企业家活动的影响（李倩和邹国庆，2018；Oliver，1997）。

第三节　高科技企业创新研究综述

近年来，企业创新已成为一个日益重要的课题，引起了金融学、经济学、会计学、营销学、管理学等各学科学术研究者的极大关注，在最近的十年里尤其如此，这可能是因为高质量的专利和引用数据可以通过各种数据库来获得，这些数据可以更好地反映一个国家或一个公司的创新输出。本节将依据企业层面、市场层面、国家和社会层面等高科技企业创新的相关研究成果进行综述。

一、企业层面的特征对高科技企业创新的影响

（一）风险投资对企业创新的影响

高科技企业的创新能力作为一种推动国家经济高质量增长，并长期保持

竞争优势的内在推动力，其产生作用于企业生命周期中的各个阶段。当初创企业步入市场时，由于自身要跨越所在行业内其他企业为其设置的竞争障碍，所以它有较强的动机去投资一些具有开拓性技术和革新性概念的产品来打开市场。然而，由于缺乏成功的历史业绩和相应的资产担保，这些年轻的初创公司将被银行和公共资本投资者拒之门外，使其受到了巨大的融资约束，从而无法有效开展各种与技术创新相关的活动。与此同时，因为民营企业较少受到分散的股东和企业经营者间代理冲突的影响，从而让民营企业有更强的能力来保护自身的商业机密，这就使得这些企业更能承担一些投资期限长、风险高的创新项目。在本节中，我们回顾一些学术研究，这些研究探讨了私营企业融资的一些独特特征，即风险资本如何影响企业创新，以及不同类型股权结构与研发投资和创新成果之间的关系。

科图姆和莱纳（Kortum & Lerner, 2000）研究了1965～1992年涵盖美国制造业在内的20个行业，首次在文献中证明了风险投资与专利申请之间的积极联系。田和王（Tian & Wang, 2014）研究了失败容忍度高的风险投资者能否通过1985～2006年风投支持的首次公开募股（IPO）公司样本来促进创新。他们首先根据过去在投资组合中表现不佳的创业公司的投资模式为样本中的每一家风险投资公司制定了一个新的失败容忍度指标。通过这一指标，他们发现由更能容忍失败的风投投资者支持的IPO公司往往会申请数量更多，并且质量更高的专利，而且这种模式在投资于更高风险项目的公司中表现更好。毛、田和余（Mao, Tian & Yu, 2016）研究了阶段融资的特性，通过对风投基金资助过的上市公司的创新产出进行分析，发现风险投资通过阶段化地给予企业进行融资，可以有效地减轻代理成本、降低企业家阻碍，进而促进了企业创新。但研究也发现，对初创企业施加过多的短期压力可能适得其反。费雷拉、曼锁和席尔瓦（Ferreira, Manso & Silva, 2014）从理论上说明了公有制、私有制结构将对企业创新的相关激励产生不同的影响，其中公有制结构更加适用于对现有的理念进行开发，而私有制更加适用于探索新的概念。费雷拉、曼锁和席尔瓦（2014）表明，企业的技术创新能力与最适用的所有制结构间的关系会随着企业生命周期的发展而产生变化，而且还与开发式创新和探索式创新的模式相关。

阿加瓦尔和徐（Aggarwal & Hsu, 2014）根据1980～2000年由风投投

资的初创生物技术公司的年度面板数据，研究了企业的上市和收购对企业专利申请数量和质量的影响。研究发现，在 IPO（收购）之后，专利数量有所下降（增加）。他们认为这是由于上市意味企业要披露大量的信息以满足合规的要求，从而使企业创新的边际效益率下降，而被其他公司私有化收购，则会披露较少的与创新相关的信息。莱纳、索伦森和思特隆伯格（Lerner, Sorensen & Stromberg, 2011）通过对 472 宗杠杆收购（LBO）交易的数据进行实证研究，发现虽然杠杆收购后，企业专利申请水平并没有显著变化，但在私募股权投资后的几年里，企业开始追求更具影响力的创新，这可以通过专利引用量的数据来证实。阿查亚和徐（Acharya & Xu, 2017）利用 1994 ~ 2004 年大量公共和私营企业的样本数据进行研究，发现在更为依赖外部融资的行业中，公共企业更多地进行研发创新活动，并且申请了更多的专利，且相关专利的影响力普遍高于同类的私营企业。刘、西维利尔和田（Liu, Sevilir & Tian, 2016）研究了企业的收购活动如何影响其后续创新产出，并发现两者之间存在正相关关系。此外，从公告回报率和合并后的长期股票回报率来看，收购现有专利组合较好的创新目标公司似乎更有利于收购方。总体而言，刘、西维利尔和田（2016）关注并购对收购方创新活动的影响，并认为收购创新资产可能是收购其他公司的重要动机。

（二）企业内部特征对高科技企业创新的影响

CEO 作为上市公司最重要的经营决策者，其职能一般是负责配置上市公司的资源、设计战略，并创造利润和财务回报。因而，CEO 的激励机制、管理风格，甚至个人特征都会对企业创新活动的方向、重点和进展产生重大影响。因此，我们首先回顾学术研究，探讨创新与 CEO 的各种特征之间的关系。通过马尔门迪尔和泰特（Malmendier & Tate, 2005），贾拉索和西姆科（Galasso & Simcoe, 2011）提出了一种测量 CEO 是否过度自信的方法，对 CEO 过度自信如何影响高科技企业技术创新的具体路径进行了研究。具体而言，如果 CEO 在股票期权完全授予后持有大量的金钱股票期权，并假设过度自信的 CEO 往往会低估失败的可能性，因此更有可能追求内在风险和不确定性的创新项目。通过对 1980 ~ 1994 年 450 家美国上市公司的抽样调查，他们发现了与上述推测相一致的证据，即被具有过度自信特质 CEO

所管理的公司往往能够申请到更多高被引的专利，而且在竞争激烈的行业中，这种影响更为突出。赫什莱、洛和迪欧（Hirshleifer, Low & Teoh, 2012）在对 1993～2003 年超过 1500 家美国上市公司的研究中发现，首席执行官过于自信的公司回报波动更大，在研发项目上投入更多，产生的专利和专利引文数量更多，创新能力更强。森德、森德和张（Sunder, Sunder & Zhang, 2017）在 1993～2003 年对 1200 名 CEO 进行了 4494 次公司/年度观察，发现 CEO 驾驶飞机的兴趣爱好与其所管理公司的创新活动能力呈正相关关系。特别是，他们发现，由飞行员首席执行官管理的公司会产生更多的专利和引文，表现出更高的创新效率，并追求更多样化和原创的创新项目。库斯托迪奥、费雷拉和马托斯（Custodio, Ferreira & Matos, 2015）将多面手 CEO 定义为在其职业生涯中获得了卓越管理技能的人，并考察这些 CEO 如何影响他们管理公司的创新活动。通过对 1993～2003 年 1464 家公司的 2005 名首席执行官的抽样调查发现，被具有多面手能力的首席执行官领导的公司申请了更多高被引的专利，开展了更多的探索性创新。最后，他们发现，多面手 CEO 推动创新的主要原因是，当创新企业碰巧失败时，这些 CEO 更能容忍失败，因为，他们在劳动力市场的其他方面运用了他们的综合管理技能。贾、田和张（Jia, Tian & Zhang, 2016）关注基于团队的薪酬设计，并考察了高管之间的协同激励对企业创新绩效的影响。在艾德蒙斯、戈德斯坦和朱（Edmans, Goldstein & Zhu, 2013）及布什曼、戴和张（Bushman, Dai & Zhang, 2016）的基础上，他们使用高管薪酬绩效敏感度（PPS）的分散度作为管理团队激励协同因素的代理变量。他们建立了一个模型来估计最佳 PPS 分散度，并使用该模型的残差来捕获与最佳分散度的偏差。然后他们发现，当 PPS 分散度高于最佳水平时，创新绩效会恶化；但当 PPS 分散度低于最佳水平时，绩效下降就消失了。绍尔曼和科恩（Sauermann & Cohen, 2010）采用基于心理学的方法，研究了创新绩效与实际在研发部门工作的员工的各种动机之间的关系。以 1700 多名拥有博士学位的科学家和工程师为样本进行研究，他们发现不同的动机对创新成果的影响不同。与智力挑战、独立性和金钱相关的动机与创新产出呈正相关关系，而与责任和工作保障相关的动机似乎与创新绩效呈负相关关系。此外，他们还发现动机与创新绩效匹配的主要渠道不是研发活动的投入量，而是创新努力的其他维度。桑普拉、苏布兰马尼安和苏布兰马尼安（Sapra, Subramanian & Subramanian, 2014）开发了一个理论模型, 并发现创新与外部收购压力之间存在"U"形关系, 这是由于控制权私人利益与预期收购溢价之间的相互作用而产生的。在他们的模型中, 选择一个更具创新性的项目会增加公司被收购的可能性, 从而增加管理者预期中的失去控制的好处。同时, 选择更具创新性的项目意味着更高的预期收购溢价, 因为它被收购的可能性更大, 而且事后对其质量的评估也更具变数, 这些折中产生了预期的"U"形模式。切曼努尔、孔、克里斯南和余（Chemmanur, Kong, Krishnan & Yu, 2016）研究了企业高层管理团队的人力资本, 并探讨了其如何影响创新活动。他们发现拥有更高质量管理团队的企业既有更大的研发投入（即创新投入）, 也有更大的创新产出（专利和引用）, 并且最高管理团队创新成功的主要渠道是雇佣了更多的具有更好能力的发明家。徐宁和徐向艺（2012）认为, 适当的高管持股比例能够使股东和管理者的利益趋同, 降低代理成本, 有利于企业对高风险和长周期的技术创新活动进行投入; 如果高管持股比例过高, 反而可能会产生管理防御效应, 对企业的技术创新产生抑制效应, 并通过实证数据验证了高管持股比例与企业创新投入之间存在比较明显的倒"U"形关系。朱德胜和周晓珮（2016）发现, 过低的股权集中度会带来"搭便车"的问题, 而过高的股权集中度容易带来"一股独大"的问题, 而此两种问题都会阻碍高科技企业的技术创新投入, 所以企业股权制衡度的大小与创新投入间具有正相关关系。也有一些中外文献对管理者的背景特征与高科技企业技术创新间的关系进行了研究, 比如, 罗思平和于永达（2012）发现, 企业 CEO 或董事的海外工作经历、生活经历能够显著促进企业的技术创新投入。张兆国等（2014）则将管理者的任期进一步区分为既有任期和预期任期, 并发现管理者既有任期与高科技企业技术创新投入间存在倒"U"形关系, 而管理者的预期任期与高科技企业技术创新投入间存在正相关关系。

（三）企业外部特征对高科技企业创新的影响

何和田（He & Tian, 2013）揭示了财务分析师在企业创新方面潜在的负效用。具体来说, 他们发现, 一家公司的财务分析师越多, 该公司产生的专利就越少，而且该公司产生的专利在未来获得的引用也越少。阿吉翁、万里宁和津加莱斯（Aghion，Van Reenen & Zingales，2013）以 1991~1999 年的公司为样本，发现机构所有权与创新成果（如每美元研发费用的引用加权专利数）之间存在整体的正相关关系。布拉夫、蒋、马和田（Brav，Jiang，Ma & Tian，2017）关注的是对冲基金这一特殊类型的活跃机构在创新过程中所起的作用。他们发现，对冲基金积极瞄准的公司能够通过减少研发支出，同时增加创新产出来提高其创新效率。此外，对于创新组合更加多样化的公司来说，对冲基金的积极性对创新的积极影响更为显著。他们还发现，对冲基金获得创新效率收益的主要渠道是创新资源和人力资本的重新配置，这有助于创新的重新聚焦。杨（Yang，2017）通过使用一个新的代表股东—债权人冲突程度的代理变量来研究股东—债权人冲突如何影响企业创新：同一机构投资者（双重持有人）同时持有公司的债务和股权。他发现，拥有双重所有权的公司（股东—债权人冲突较小）产生的专利数量较少，但价值更高，这表明机构双重持股人可以缓解股东—债权人冲突，并抑制过度冒险行为。他还发现管理层激励薪酬对股价波动的敏感性较低是一个合理的渠道。齐（Qi，2016）对更广泛的股东群体进行分析，发现股东干预对管理层创新激励产生了负面影响。她认为，创新可能会导致股价对公司基本面信息的反映不够准确，从而引发股东干预和对经理人的相关惩戒措施。因此，在股东干预的威胁下，企业管理者首先会避免采取创新项目。她发现，与这一假设相一致的是，通过更高的机构所有权和更大的分析师覆盖率，股东干预对创新的负面影响对于股价更为稳定的公司来说并不那么明显。顾、毛和田（Gu，Mao & Tian，2017）在不同的背景下，以相似的方式研究了在违反债务契约的情况下，银行干预对企业创新的影响。首先，他们发现，银行干预对创新数量有负面影响，但对创新质量没有负面影响。其次，他们还发现，创新产出的减少在很大程度上与违规企业的核心业务无关，这实际上有助于这些企业重新调整创新战略，从而提高企业价值。最后，他们发现，上述"重组"效应发生的主要渠道是人力资本的重新配置。弗雷莫和卡茨佩尔茨兹克（Flammer & Kacperczyk，2016）分析了利益相关者导向对创新的影响。为了探索利益相关者导向的外生变化，他们利用美国州一级选区颁布的允许董事会在做出商业决策时考虑利益相关者的利益的法规。他们发现，这些选区法规的颁布会带来更多的创新产出，而利益相关者导向对创新的积极影响在以消费者为导向的、不太环保的行业中更为明显。他们认为，利益相关者导向是通过鼓励实验和提高员工的创新生产力来刺激创新的。

二、市场层面的特征对企业创新的影响

阿吉翁、布罗姆、布伦德尔、格里菲斯和豪伊特（Aghion，Bloom，Blundell，Griffith & Howitt，2005）发现了产品市场竞争与创新之间的倒"U"形关系。首先，他们开发了一个模型，在这个模型中，一个行业的竞争阻止落后的企业追求创新，但却激励那些齐头并进的企业投资于创新项目，这导致了产品市场竞争对创新的非线性影响。其次，他们进行了实证分析，用面板数据检验这一预测，并找到了支持证据。最后，他们发现领导者和追随者之间的平均技术距离随着产品市场竞争程度的增加而增加，当一个行业中有更多的竞争对手时，这种倒"U"形关系更为明显。杨（Yung，2016）提出了另一个原因，为什么在竞争市场中的公司仍然愿意投资于风险高、成本高的创新项目，而不是简单地等待和模仿。在他的模型中，内部融资导致了一种均衡，即所有企业都在等待其他企业先创新，因为创新涉及高昂的投资费用，而通过观察其他企业的创新活动可以获得有用的信息。当企业通过外部融资为其项目融资时，这种均衡就会发生变化，因为融资条件取决于投资者对企业质量的感知，而这种感知可以部分反映在企业的创新活动中。因此，在均衡状态下，质量较高的企业将最有效地带头进行创新，以显示其能力，而质量较低的企业则会等待更长的时间才能进行创新。因此，他的论证为企业的创新努力及市场范围内创新浪潮的一些关键特征提供了部分解释。南达和罗兹－格罗夫（Nanda & Rhodes-Kropf，2013）发现，在过热市场环境（即活跃的风险投资期）获得资金的初创公司更有可能处于创新成果分布的尾部，新创企业在寒冷的市场环境中获得资金，它们的成功与失败严重两极分化。此外，对于经验丰富的风投公司来说，上述结果更为明显。除了股票市场向上市公司或风险资本向私营初创公司提供的股权融资外，债务融资也是创新项目的重要资金来源。因此，越来越多的文献开始研

究银行在借款人的创新决策和结果中扮演的角色，银行是金融中介机构最重要的形式之一，也是最大的债务提供者群体。本弗拉特罗、齐安塔莱利和森博耐力（Benfratello, Schiantarelli & Sembenelli, 2008）在 20 世纪 90 年代使用了大量意大利的公司样本，研究了当地银行业发展如何影响创新。他们发现，银行发展提高了流程创新的概率，尤其是对于高科技行业中更依赖外部融资的小企业而言，但对产品创新没有显著影响。他们认为，固定投资支出对现金流敏感性的降低，可能是小公司更愿意在研发上花费资金的原因。迪克斯和福尔基耶里（Dicks & Fulghieri, 2017）利用不确定性厌恶的概念来解释创新浪潮。在他们的模型中，投资者需要在对成功概率知之甚少的情况下，决定是否资助一个创新项目。结果表明，如果不确定性厌恶的投资者能够同时投资于其他创新项目，那么他们对创新项目的评价会更高。因此，不确定性厌恶使投资者对创新项目的投资具有战略互补性，从而引发创新浪潮。他们还表明，创新浪潮可能从一个行业的一些积极技术冲击开始，然后通过不确定性厌恶的投资者蔓延到其他行业。吴延兵（2007）论证了企业的规模和市场的力量两者对高科技企业技术创新的影响。谢家智等（2014）发现，企业的政治关联能够作为政府向市场传递风险识别的重要信号，企业的政治关联虽然能缓解企业所面临的融资约束，并降低企业市场竞争的压力，但该种作用并没有进一步刺激企业将更多的资源投入创新项目，这可能是由于企业为了建立政治关联而花费了大量的资源，并将更多的生产性资源投入非生产的领域，使企业更加重视短期的利益，对企业的创新活动产生了挤出效应。

三、社会和国家层面的制度特征对企业创新的影响

（一）法律和政策对企业创新的影响

莱纳（2009）分析了过去 150 年中 60 个国家的 177 项主要专利政策的改变对企业技术创新的影响。在对专利申请的总体趋势进行了调整后，他发现这种法律变化对专利产生的负面影响出人意料。为了解释这个结果，他讨论了三种可能性。第一，基于专利的创新措施，可能无法完全捕捉到创新产

出的真实程度。第二，在一些样本国家，可能存在令人困惑的政策变化。第三，经济学家普遍认为专利保护可以鼓励创新行为，这一点可能被夸大了。安同良等（2009）根据企业创新所具有的正外部性，认为政府给予企业的财政补贴和税收优惠能够有效克服高科技企业技术创新活动产生的溢出效应，从而能够推动高科技企业进一步加大研发投入。潘越等（2015）认为，地方司法保护主义会对企业的各类诉讼结果产生干扰，阻碍企业进行创新投入。许治等（2012）发现政府研发补贴具有杠杆效应，会增加企业的研发投入，但企业也会因此对研发补贴产生依赖效应，可能对企业的长期研发投入产生不利影响。方、莱纳和吴（Fang，Lerner & Wu，2017）以我国企业为研究对象，研究了围绕国有企业私有化，知识产权保护如何影响中国企业的创新。他们发现，当国有企业私有化后，其创新产出有所增长，并且在知识产权保护力度更强的地方产出增长更多。相关研究结果表明，知识产权保护对企业的创新有正向激励作用，而这种激励机制在私有化企业中更为突出。布朗、法扎里和彼得森（Brown，Fazzari & Petersen，2013）通过研究1990～2007年32个国家的大量公司样本发现，强有力的股东保护和更好的股票市场融资渠道对创新投资有积极影响，尤其是对小型公司。与此同时，他们没有发现股票市场融资渠道与固定资本投资之间存在联系的证据。另外，信贷市场的发展对固定投资有些许影响，但对研发支出的影响不大。他们的研究结果表明，决定外部股权融资总量的法律规则和金融发展，对投资长期、高风险和创新性项目非常重要。巴塔尔查尔亚、徐、田和徐（Bhatta-charya，Hsu，Tian & Xu，2017）没有关注政府制定的特定规则和政策，而是探讨了政策的不确定性是否会对企业的创新产生影响。他们对43个国家的数据进行了研究分析，发现相较于政策本身，政策不确定性能够在更大程度上影响企业的技术创新。具体而言，他们发现，在政府选举期间，专利申请显著减少，尤其是对于创新密集型产业。他们认为，在政策不确定时期，发明人数量的减少可能解释了他们的结果。贾菲和乐（Jaffe & Le，2015）的一项相关研究使用了2005～2009年新西兰的大量公司样本，以检验类似的研究问题。他们发现，获得研发补贴会显著增加企业申请专利的倾向，但不会影响申请商标的概率。研究还发现，研发支持对新产品和新服务的引进有正向影响，但对工艺创新和产品创新的影响较弱。虞义华等（2018）发现，在市场化程度较高的区域，具有发明家特质的高管，其对企业技术创新的促进作用会相对较弱。辛杰（2014）发现，金融、法律等正式制度尚不健全，且市场化程度较低的区域，非正式制度对企业的技术创新能够发挥更大的作用。

（二）金融市场发展对企业创新的影响

塔德塞（Tadesse，2006）利用 1980～1995 年 34 个国家的 10 个制造业行业组成的小组，比较了以银行为中心的金融体系国家和以市场为基础的国家产业创新成果。他发现，虽然以市场为中心的体制对几乎所有工业部门的创新都有积极影响，但以银行为中心的国家对信息密集型部门的创新贡献更大。他总结说，根据经济的产业结构，这两种不同类型的金融体系对一个国家的创新格局有着不同的影响。徐、田和徐（2014）使用了一个包括 32 个发达国家和新兴国家的数据集来检验金融市场发展对企业创新的影响。通过采用固定效应识别策略，他们发现，在股票市场较为发达的国家，更依赖外部融资的行业和高科技密集型行业似乎更具创新性。相比之下，他们发现信贷市场发展对这些行业的创新成果有负面影响。关于外国直接投资（FDI）的影响，格罗德尼申库、什维纳尔和特勒尔（Gorodnichenko，Svejnar & Terrell，2015）研究了来自 18 个国家的企业层面和行业层面的数据，发现 FDI 和国际贸易对国内企业在新兴市场国家中的创新活动具有强而积极的溢出效应。此外，如果外国直接投资是由经济较发达经济体的企业进行的，这种影响会更大。李、莫什利安、田和张（Li，Moshirian，Tian & Zhang，2016）研究了国际财务报告准则（IFRS）如何影响企业创新，使用了 2001～2009 年 38 个国家超过 14 万个公司年度观察数据的大样本。他们发现，在采用国际财务报告准则后，强制性采用国际财务报告准则公司的创新产出大幅增加。国际财务报告准则所引发的放松财务约束和改善管理层对股价的认知，似乎是两种看似合理的潜在经济机制。

第四章
制度背景分析

高管作为企业的领导者，对企业各类决策的制定和实施具有十分关键的作用。决策的质量对高科技企业这类资金投入高、风险大、周期长的企业而言，事关企业的"生死存亡"。国家实施供给侧结构性改革，这为高科技企业带来了巨大的发展机遇，同时也通过增强市场竞争的方式淘汰了一大批产能落后的企业。如何在机遇与风险并存的环境中抓住机会、占领市场，真正创造出有实用价值的中国高科技产品，是本章重点讨论的问题。

本章通过介绍我国高管特质的代际升级、供给侧结构性改革背景下投资机会大量涌现的现状，以及我国目前的创新绩效水平，引出高科技企业面临的创新产出困境，进而分析得出：在机遇与挑战并存的情境下，高科技企业更应该借助高管的个人特质，识别并抓住投资机会，进而转化为企业创新绩效。

第一节分析了中国情境下高管特质与行为差异，第二节从供给侧结构性改革背景下讨论投资机会的涌现，第三节总结了我国高科技企业的发展历程与创新绩效现状。

第一节　中国情境下高管特质与行为差异

本节主要讨论中国情境下高管特质的代际升级，主要分为三个部分：第一部分是高管能力特质的代际升级；第二部分是高管气质特质的代际升级；第三部分是高管动力特质的代际升级。

一、中国情境下高管能力特质的代际升级

在对中国情境下高管能力特质的代际升级进行介绍之前，应该明确何为高管能力特质，即需要对高管和能力特质的概念进行阐释。

（一）高管能力特质的概念

高管是指企业参与投资决策的重要人员，通常包括 CEO、总经理、副总经理，以及直接向他们汇报工作的高级经理等。高管特质则是指以上成员的个体特质。

能力特质是指那些决定个体预期目标完成效率的特质，比如，机会识别能力、资源整合能力、关系处理能力等。机会识别是创新的开端也是创新的前提，落脚到高科技企业，其创新的本质特征决定了其高管需要具备较强的机会识别能力（何威风，2015）。因此，本节选取投资机会识别能力作为高管能力特质的代理变量，并对其代际升级做出描述。

（二）投资机会识别能力的代际升级

在高阶梯队理论框架下，高管自身经历所形成的能力及认知模式会影响其对投资机会的识别。其中，高管是否具有海外求学及工作经历、高管是否具有技术职能背景等经历对投资机会识别的影响更为深远。

1. 高管海外经历现状分析

首先，在改革开放初期，我国将经济建设作为国家的战略核心，在对国内经济体制进行改革的同时对外开放国内经济，积极引进外国先进技术。在这期间，我国对海外高层次人才采取大力吸收政策，在短时间内充实了我国紧缺的高端人才，加速转变了我国经济增长方式，实现经济的快速转型。

其次，2008 年底，我国制定实施"海外高层次人才引进计划"，简称"千人计划"。目的是引进一批具有创新能力和创业实力的高层次人才，助力实现国家发展战略目标。除了国家政府层面出台人才引进政策，各地方政府也结合当地经济发展需要出台了一些人才引进政策，如北京市出台的"海聚工程"、上海市出台的"3100"工程等。这些政策为我国建设成为创

新型国家吸引人才提供制度保障，同时，国家也进一步完善科研管理体制，以推动高科技行业发展，进一步吸引人才回国开展创新创业项目。这一系列引进海外人才的举措，初步形成了我国人才引进的战略格局。

最后，党的十八大以来，我国开启了双创时代。2012 年 11 月，在党的十八大会议上，习近平总书记提出"择天下英才而用之"的理念①，并强调继续完善海外人才引进体制。让海外人才"来得了、待得住、用得好、流得动"，充分体现了国家层面对海外人才工作的关注，对海外人才的引用要落到实处，真正发挥其自身的价值，进行高质量的创新活动，共同实现伟大的中国梦。

根据国家统计局与全球化智库（CCG）数据显示，1978～2018 年，各类出国留学人员累积达 585.7 万人，其中，365.14 万人毕业后选择回国发展。图 4-1 详细列示了 2000～2018 年的具体留学人员数量，从中可以看出我国出国留学人员及学成回国人员均处于逐年增长的趋势，并且近几年海归回国率基本维持在 79% 左右的水平。通过这些数据可以看出，随着我国政府人才吸引政策的不断出台，成果已十分显著，归国人数由 2000 年的不足万人到 2018 年的大约 52 万人，增长了约 52 倍。

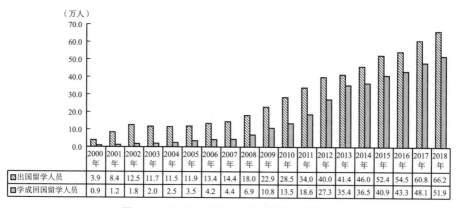

（万人）	2000年	2001年	2002年	2003年	2004年	2005年	2006年	2007年	2008年	2009年	2010年	2011年	2012年	2013年	2014年	2015年	2016年	2017年	2018年
出国留学人员	3.9	8.4	12.5	11.7	11.5	11.9	13.4	14.4	18.0	22.9	28.5	34.0	40.0	41.4	46.0	52.4	54.5	60.8	66.2
学成回国留学人员	0.9	1.2	1.8	2.0	2.5	3.5	4.2	4.4	6.9	10.8	13.5	18.6	27.3	35.4	36.5	40.9	43.3	48.1	51.9

图 4-1 2000～2018 年我国留学人员统计

资料来源：国家统计局官网国家留学生数据（https：//data.stats.gov.cn/；全球化智库官网留学生数据，http：//www.ccg.org.cn/）。

---

① 中共中央编写组.十八届三中全会：《决定》单行本［M］.北京：人民出版社，2013.

图 4 - 2 为 2014～2018 年，我国上市公司中具有海外经历的 CEO 人数①。本部分数据主要来自 CSMAR 数据库，"上市公司人物特征"一栏中"董高监特征文件"部分。从中可以看出，2018 年 CEO 具有海外经历人数为 368 人，相较 2014 年的 201 人增长了 167 人，增长了 83%。对 CEO 具有的海外经历又可细分为海外任职经历、海外求学经历和两种经历兼有这三种情况，从图 4 - 2 可以看出，2014 年时，具有海外任职经历的 CEO 人数仅比具有海外求学经历的 CEO 人数多 9 人，但 2018 年具有海外任职经历的 CEO 人数为 202 人，比具有海外求学经历的 CEO 人数（104 人）多出 98 人，说明近些年企业在选择具有海外经历的 CEO 时，更偏向具有海外任职经历者。

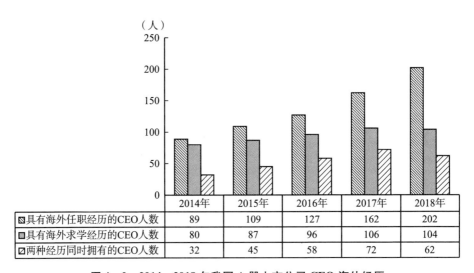

（人）	2014年	2015年	2016年	2017年	2018年
具有海外任职经历的CEO人数	89	109	127	162	202
具有海外求学经历的CEO人数	80	87	96	106	104
两种经历同时拥有的CEO人数	32	45	58	72	62

图 4 - 2　2014～2018 年我国 A 股上市公司 CEO 海外经历

资料来源：CSMAR 数据库。

2. 高管技术职能背景现状分析

表 4 - 1 统计了我国上市公司 CEO 学历情况，根据统计结果显示，上市公司 CEO 具有高等学历人数呈逐步上升趋势。2018 年我国上市公司 CEO 具

---

① 因 CEO 为公司的主要决策者，所以本部分只选取 CEO 的个体特征进行统计，下文不再赘述。

有硕士研究生学历人数为 1421 人，相较于 2014 年的 842 人，人数增加了
579 人，增长率达 69%。我国具有大专学历的 CEO 在 2018 年人数为 297 人
相较于 2017 年的 307 人，增加了 10 人；而 2018 年研究生人数为 1421 人，
相较于 2017 年的 1250 人，人数上涨了 171 人。从中可以看出，我国上市公
司 CEO 队伍正逐渐走向高学历化。

表 4 – 1 　　　　　　　　　我国上市公司 CEO 学历人数统计 　　　　　　　　单位：人

学历	2014 年	2015 年	2016 年	2017 年	2018 年
中专及中专以下人数	56	64	68	89	99
大专人数	258	269	272	307	297
本科人数	806	872	954	1105	1123
硕士研究生人数	842	980	1106	1250	1421
博士研究生人数	175	187	228	248	264
其他（荣誉博士、函授等）人数	3	4	3	4	1
MBA/EMBA 人数	164	199	224	237	233

资料来源：CSMAR 数据库。

二、中国情境下高管气质特质的代际升级

（一）高管气质特质的概念

气质特质是由遗传、生理和心理等因素所决定的特质，对一个人的风格
与节奏起决定作用（Gaglio，2004）。高科技企业的研发活动具有高风险高
收益的特征，高管对于风险的偏好往往会影响其对投资机会的评价，从而影
响企业的实际创新投入。因此，本节选取风险偏好作为高管气质特质的代理
变量，对其代际升级做出描述。

（二）风险偏好的代际升级

我国的国家文化本身具有较低的风险偏好，中华人民共和国成立之初，

我国采取计划经济体制，企业均为公有制企业，吃"大锅饭"状态的员工、管理者均忽视了风险这一概念。但是，随着改革开放的进行，我国经济体制由计划经济向市场经济迈进，民营企业快速发展起来，体制内工作者开始有了走出来的想法。从体制内有保障的工作跨越到未知的体制外，体现出了这一批人的高风险偏好。

首先，在1992年"南方谈话"之后，体制内的工作人员掀起第一批"下海"浪潮。但这一时期"下海"的体制内工作人员多采取停职留薪的方式，以保证他们一旦失败还可以回到原单位继续工作。据可查数据显示，当年有12万名体制内工作人员选择辞职"下海"，1000多万名体制内工作人员选择停薪留职。

其次，党的十八大以来，2013年我国再次出现体制内工作人员"下海"浪潮。此次"下海"浪潮中多为职位较高的厅、处级干部，多被聘任为民营企业的高级管理者。职位较高的体制内工作人员纷纷"下海"投身于不同领域，显示出高管风险偏好的再度升级。据可查数据显示，2010年曾经具有体制内工作的CEO人数为491人，而2016年人数621人，较2010年增加130人①。

另外，年龄也是影响高管风险偏好的一个重要因素。通过分析我国目前上市公司CEO的平均年龄，也可以显示出我国高管风险偏好能力的代际升级。根据表4-2可以看出，2014～2018年，我国上市公司CEO平均年龄基本维持在50岁左右。在2014年CEO年龄大于50岁的人数为1565人，小于50岁的人数为1458人，相差107人，这一差额急剧上涨，在2018年达到743人。另外，最大年龄者为太阳电缆（000230）的董事长兼CEO——李云孝先生；最小年龄分别是航天彩虹（002389）的邵奕兴、*ST宜生（600978）的刘壮超、申科股份（002633）的何建南、超华科技（002288）的梁宏。

除此之外，性别也是影响高管风险偏好的另一重要因素。通过分析我国目前上市公司CEO的性别分布情况，也可以显示出我国高管风险偏好能力的代际升级。根据表4-3可以看出，2014～2018年，我国上市公司中女性CEO占比稳步增加，从2014年的182人增加到2018年的264人，但变化不明显。

----

① 资料来源：国泰安数据库。

表 4-2　　　　　　2014～2018 年我国上市公司 CEO 年龄统计

年龄	2014 年	2015 年	2016 年	2017 年	2018 年
CEO 平均年（岁）	49. 27	49. 59	49. 80	49. 97	50. 39
CEO 年龄＞50（岁）	1565	1743	1963	2228	2491
CEO 年龄≤50（岁）	1458	1547	1637	1778	1748
CEO 年龄最高值	77	78	79	80	81
CEO 年龄最低值	27	27	26	27	27

资料来源：CSMAR 数据库。

表 4-3　　　　　　　　我国上市公司 CEO 性别分布

年份	女性 CEO 人数（人）	男性 CEO 人数（人）	女性 CEO 占比（%）
2014	182	2843	6. 02
2015	191	3100	5. 80
2016	216	3384	6. 00
2017	241	3765	6. 02
2018	264	3977	6. 22

资料来源：CSMAR 数据库。

三、中国情境下高管动力特质的代际升级

（一）高管动力特质的概念

动力特质是指与推动个体朝向目标前进和发展的力量相关的特质，与个体行为动机密切联系。高科技企业进行创新活动的动机在一定程度上决定了创新投入的多少与创新产出的质量，其中，具有企业家精神的高科技企业高管更倾向于承担风险并通过创新来取得公司竞争优势（Miller，1987）。因此，本节选取企业家精神作为高管动力特质的代理变量，并对其代际升级做出描述。

（二）企业家精神的代际升级

企业家精神引领企业的发展，处于不同时代下的企业，其企业家精神也呈现出各自的独特性，同时它是促进企业发展的核心动力。按照我国非公有制经济发展大事记，将企业家精神的发展分为改革开放初期、21世纪初的互联网时代和党的十八大以来的双创时代3个代际。

首先，在改革开放初期，"放权让利"的明显特征，导致企业家精神集中体现在勇担风险、善抓机会、奉献、敬业和节俭5个方面。而此时的法治环境不健全、社会文化规范不明晰、国家创新氛围不浓厚等特点，导致企业家精神较少关注诚信、承担社会责任与创新等方面。

其次，在我国进入21世纪，互联网时代的到来促使企业家紧抓时代机遇，这一时期企业家精神集中体现在创新、善抓机会、勇于突破、与众不同、自我实现这5个方面。且仍旧呈现出与企业家自身密切相关的特征，在此类动力下，企业的创新活动质量较差。

最后，党的十八大以来，我国进入"大众创新、万众创业"的双创时代。此时，企业家精神集中体现在创新、诚信、精益求精、勇于突破、造福社会这5个方面。与以往两个时期的企业家精神相比，此时的企业家精神更关注对他人和对社会的贡献。同时，由于法治环境的完善、社会文化规范的明晰、国家创新氛围的日益浓厚，促使企业家精神更重视诚信、更具有社会责任、更重视创新与学习（见表4-4）。

表4-4　　　　　　　　各个时代企业家精神的关键词　　　　　　　单位：%

关键词	改革开放初期				互联网时代 （21世纪初）				"双创"时代 （党的十八大以来）			
	总体	国有企业	民营企业	外资企业	总体	国有企业	民营企业	外资企业	总体	国有企业	民营企业	外资企业
勇担风险	50	57	50	51	24	28	22	30	18	22	17	22
善抓机会	46	60	40	51	35	30	35	36	21	19	19	24
奉献	42	43	41	28	8	10	9	0	21	15	22	13

续表

关键词	改革开放初期				互联网时代 （21世纪初）				"双创"时代 （党的十八大以来）			
	总体	国有 企业	民营 企业	外资 企业	总体	国有 企业	民营 企业	外资 企业	总体	国有 企业	民营 企业	外资 企业
敬业	41	37	41	43	21	24	21	28	18	25	17	20
节俭	40	34	41	43	5	4	5	4	8	11	8	0
渴望成功	31	28	31	38	25	30	24	28	16	20	15	20
坚韧	29	19	30	34	11	11	11	6	16	19	16	16
诚信	24	18	25	15	29	29	29	23	42	46	42	40
自我实现	21	23	21	21	30	24	31	43	24	20	24	31
勇于突破	18	25	17	26	35	30	35	45	29	32	30	27
造福社会	14	7	14	11	14	15	15	11	28	22	28	27
创新	9	13	9	11	64	64	63	57	56	62	56	60
与众不同	9	8	9	6	31	36	31	38	26	22	25	29
精益求精	8	8	7	4	17	15	17	13	42	38	43	49

资料来源：李兰，仲为国，彭泗清，郝大海，王云峰. 当代企业家精神：特征、影响因素与对策建议——2019中国企业家成长与发展专题调查报告［J］. 南开管理评论，2019，22（5）：4-12，27.

第二节　供给侧结构性改革背景下投资机会的涌现

本节主要讨论了供给侧结构性改革背景下投资机会的涌现。主要分为两个部分：第一部分是供给侧结构性改革制度背景分析；第二部分是在这一制度背景下，中国高科技企业所面临的投资机会。

一、供给侧结构性改革制度背景分析

（一）供给侧结构性改革的提出背景

改革开放40多年来，我国经济高速增长，人民生活水平显著提高。但在高速增长的背后，已经逐渐显露出一些问题。比如，在国际贸易中，我国

产品的比较优势正逐渐丧失；国内的生产力水平无法满足我国消费者的需求；国内生态环境持续恶化等。2012 年我国国内生产总值（GDP）增速开始回落，到 2015 年，降至 6.9%，基本告别了平均 10% 的高速增长模式。这些问题表明，我国经济发展已经步入"新常态"，传统的经济增长模式已不再适应经济发展的需求。

2015 年 11 月 10 日，习近平总书记主持召开了中央财经领导小组第十一次会议，会上提出"着力加强供给侧结构性改革"的观点①，以应对我国经济发展新常态。

（二）供给侧结构性改革的内容

供给侧结构性改革的内容主要包括六个方面：分别是人口政策方面、土地制度方面、金融体制方面、创新驱动方面、简政放权方面与社会服务方面。

第一，人口的增长与经济的增长密不可分，人口既是需求的基础也是供给的基础。2015 年 10 月，我国为应对人口老龄化实施全面二孩政策，结束了长达 30 多年的独生子女政策。

第二，土地制度是国家的基础性制度，其合理性对生产要素及公共产品的供给有着十分重要的作用。2015 年以来，中共中央办公厅和国务院办公厅联合下发《关于农村土地征收、集体经营性建设用地入市、宅基地制度改革试点工作的意见》，并且在全国选取了以北京市大兴区、河北省定州市等为代表的 33 个县（市、区）行政区域进行试点。

第三，金融是我国现代经济发展的重要支柱，作为最重要的要素市场之一，习近平总书记在中共中央政治局第十三次集体学习会议上指出，要深化金融供给侧结构性改革，增强金融服务实体经济能力②。中国人民银行在工作论文中指出，要大力发展资本市场和直接融资比重，增强金融服务实体经济的能力。

第四，创新是发展的第一动力，在经济进入新常态后，要素驱动和投资

---

① 中共中央编写组. 中央财经领导小组［R］. 2015 – 11 – 10.

② 新华社. 习近平主持中共中央政治局第十三次集体学习并讲话［N/OL］.（2019 – 02 – 23）［2021 – 06 – 30］. http：//www. gov. cn/xinwen/2019 – 02/23/content_5367953. htm.

驱动的经济增长模式已不再适用。为此，各地政府纷纷出台关于支持企业创新和发展的政策，比如，大连市政府的"育龙计划"、安徽省的"一市一中心"计划等。

第五，简政放权能够增强市场活力，促进供给质量。为此，国务院取消和下放多项行政审批事项，为企业"松绑"。2020年7月15日，国家发改委发布了《关于支持新业态新模式健康发展　激活消费市场带动扩大就业的意见》，再次强调要继续推进简政放权。

第六，构建社会服务体系，推进配套改革。2019年，国家发改委等18个部门联合发布《加大力度推动社会领域公共服务补短板强弱项提质量促进形成强大国内市场的行动方案》，开放我国改革开放40多年来的国内医疗、养老、教育等服务行业，提高其服务实体经济的能力和水平。

（三）供给侧结构性改革的推进

供给侧结构性改革的推进主要包括两个方面，一是扩大开放，二是产业转型升级。

1. 新一轮扩大开放的主要表现

2018年4月，博鳌亚洲论坛上，习近平总书记发表了题为《开放共创繁荣，创新引领未来》的主旨演讲。演讲中指明，中国将坚定改革开放的道路不动摇，推行开放新举措，如放宽市场准入限制、扩大进口等方式。同年6月，国家发改委便联合商务部共同发布了《外商投资准入特别管理措施（负面清单）（2018年版）》，2019年6月又重新制定了《外商投资准入特别管理措施（负面清单）（2019年版）》，2019年版的外资准入负面清单较2018年版进行了再次缩减。关于服务业、农业、采矿业、制造业等行业均取消了相应外资进入限制，并且继续发挥自贸试验区开放"试验田"作用，取消了外资在自贸试验区水产品捕捞、出版物印刷等领域的限制。

2. 新一轮产业转型升级的主要表现

在2015年供给侧结构性改革提出之后，同年12月，国务院发布了《推进普惠金融发展规划（2016～2020年）》，助力"大众创业，万众创新"的开展。2016年8月，中国人民银行、财政部、国家发展和改革委、环境保护部联合银行业、保险业、证券业三大监督管理委员会发布《关于构建我国绿色金融体系的指导意见》，支持鼓励我国绿色投融资的发展。习近平总书记多次强调金融是国家十分重要的核心竞争力，深化金融供给侧改革，助推科技创新，以此实现我国实体经济的"避虚向实"。此外，众多地方政府针对创新创业人才出台各类扶持政策，为更多的人才创造可以施展的舞台。

二、投资机会的涌现

供给侧结构性改革的根本目的是提高社会生产力水平，在推进结构调整的过程中有大量的投资机会涌现。本部分将根据供给侧结构性改革的六部分内容，来分别探讨其所带来的投资机会。

（一）人口结构调整相关的投资机会

全面二孩政策的施行，为母婴市场释放了大量活力。但随着我国居民日益增长的物质需求，消费者对相关产品和服务质量的要求也在增加。在供给侧结构性改革的大背景下，通过有效的市场竞争，实现优胜劣汰，提高行业集中度，紧抓国内的需求优势，促进孕婴童相关产品和服务的转型升级。

（二）土地制度改革相关的投资机会

我国大部分地区的农业仍旧是以廉价劳动力来获得成本优势，随着我国人口红利的消失，农业的廉价劳动力优势已逐渐消退。在供给侧结构性改革的大背景下，土地制度的改革为农业迈向智能化提供了可能。2020年7月26日，习近平总书记在吉林考察时也再次指出要加快转变农业发展方式。土地制度改革为智能化农业生产方式的引进提供可能①。

（三）金融体制改革相关的投资机会

我国进行金融供给侧结构性改革，通过大力发展直接融资，提高资本配

---

① 新华社. 习近平在吉林考察：坚持新发展理念 深入实施东北振兴战略 加快推动新时代吉林 全面振兴 全方位振兴［N/OL］. (2020－07－24)［2021－06－30］. http：www. gov. cn/xinwen/ 2020－07/24/content_5529791. htm.

置效率，增强其服务实体经济的能力。此举既可以解决部分公司的融资问题，同时也为理财子公司提供了发展机遇。此外，金融机构与人工智能技术、云计算技术、区块链技术、大数据技术的结合，将有利于其更好地识别防控风险，为客户提供更多样化的产品与更优质的服务。

（四）创新驱动战略相关的投资机会

我国实施创新驱动战略，助力实现提高供给质量的目标。在此背景下，为我国科学技术的发展带来了良好机遇。将技术落后且无法满足消费者需求的产品进行淘汰，并通过政策扶持企业创新，以进一步扩大开放的形式增强市场竞争，鼓励企业生产出真正适销对路的产品。在我国大力支持企业创新的背景下，提高自身的学习能力，紧抓学习机会与政策红利，生产出中国的高科技产品。

（五）简政放权改革相关的投资机会

简政放权加快了行政审批的速度，甚至取消了一些事项的行政审批环节。此举为企业开展相关生产经营活动缩短了时间，也为某些领域引入市场机制提供了可能。相关企业由此获得更多的投资领域。

（六）构建社会服务体系相关的投资机会

教育、医疗、养老等服务业领域实行对外开放，引进国外先进的服务体系，为相关公司提供了十分难得的国内学习机会。同时，也为我国的教育、医疗、养老等服务业领域引入了投资。

第三节　中国高科技企业的发展历程与创新绩效

本节主要讨论了中国高科技企业的发展历程及在我国建设创新型国家战略下高科技企业的特点，并通过创新绩效的描述呈现出了我国的创新现状。本节主要分为三个部分：第一部分是中国高科技企业的发展历程；第二部分是在我国建设创新型国家战略下高科技企业的特点；第三部分是我国的创新绩效现状。

一、中国高科技企业发展历程

科学技术是第一生产力，而高科技企业作为其重要的载体，对我国的经济发展有着十分重要的作用。

（一）中国高科技企业的概念

高科技又称高技术（high-technology，Hi-tech），是由美国于 20 世纪 70 年代提出，并于 80 年代广泛流传。美国在《韦氏第三版新国际词典增补 9000 词》中对高科技的定义为：一种使用了尖端仪器或者包含了尖端方法的技术。人们通常认为：高科技是具有人才、知识、技术、资金、风险、信息、产业密集，并且极具竞争性和渗透性，对国家生产力发展和增强国家实力具有重大影响的前沿科学技术。其内涵通常具有一定的动态性，随着时间的推移，技术不断进步与创新，高科技所包含的领域将会不断地被赋予新的内涵。目前，我国重点关注的高科技领域如表 4 – 5 所示。

表 4 –5 　　　　　　　　　　我国重点关注的高科技领域

高科技领域	领域细分
电子信息技术	基础软件；嵌入式软件；计算机辅助设计与辅助工程管理软件；中文及多语种处理软件；图形和图像处理软件；地理信息系统（GIS）软件；电子商务软件；电子政务软件；企业管理软件；物联网应用软件；云计算与移动互联网软件；Web 服务与集成软件
生物与新医药技术	医药生物技术；中药、天然药物；化学药研发技术；药物新剂型与制剂创制技术；医疗仪器、设备与医学专用软件；轻工和化工生物技术；现代农业技术
航空航天技术	飞行器总体综合设计技术；飞行器动力技术总体综合设计技术；飞行器控制系统技术；飞行器制造与材料制造技术；空中管制技术；民航及通用航空运行保障技术；卫星总体技术；运载火箭技术；卫星有效载荷技术；航天测控技术；航天电子与航天材料制造技术；先进航天动力设计技术；卫星应用技术
新材料技术	金属材料；无机非金属材料；高分子材料；生物医用材料；精细化学品
高技术服务技术	共性技术；现代物流；集成电路；业务流程外包；文化创意产业支撑技术；公共服务；技术咨询服务；精密复杂模具设计；生物医药技术；工业设计

续表

高科技领域	领域细分
新能源与节能技术	可再生清洁能源技术；核能及氢能；新型高效能量转换与储存技术；高效节能技术
资源与环境技术	水污染控制技术；大气污染控制技术；固体废弃物的处理与综合利用技术；环境监测技术；生态环境建设与保护技术；清洁生产与循环经济技术
先进制造与自动化技术	工业生产过程控制系统；高性能、智能化仪器仪表；先进制造技术

资料来源：笔者根据资料整理而得。

各国对高科技企业认定的方法各有不同。比如美国将研发比重（研发费用在总产值中的比重和科技人员在总劳动力中的比重）超过3%认定为高科技企业；法国则认为，只有当企业使用标准生产线生产一种新产品，并且拥有一定市场形成新产业时，才被认为是高科技企业。

我国对高科技企业的认定标准为：第一，企业提交认定申请时的注册成立时间为1年以上；第二，企业须通过自主研发、并购等方式，拥有本企业主要产品或服务在技术上的核心知识产权的所有权；第三，企业的核心技术必须包含在我国规定的技术领域规定范围；第四，企业从事研发相关的技术人员不得低于当年职工总数的10%；第五，企业的近三个会计年度的研发费用占同期销售总额的比例须满足相应要求；第六，企业在高新技术产品或服务方面的销售占当期总收入的比重不低于60%；第七，企业的创新能力评价应达到相应要求，并且在提交认定申请前的1年里未发生重大事故和违法行为。

（二）中国高科技企业的产生

我国高科技企业主要产生于四种组织形态，分别是国有企业、转制的科研院所、校办企业和创业型企业。

首先，产生于国有企业这一组织形态的高科技企业主要分布在航空航天技术、国防工业技术、电子信息技术等与国家命脉紧密相关的领域。在航空航天领域的典型代表公司有中国航天科技集团公司、中国航天工业集团公司等；在国防工业技术领域的典型代表公司有中国核工业集团公司、国家核电技术有限公司等；在电子信息技术领域的典型代表公司有中国电子信息科技集团公司、中国普天信息产业集团公司等，另外，以中国移动、中国联通和中国电信为代表的信息通信领域也是我国国有高科技企业的典型代表。

其次，由科研院所转制的高科技企业起初是为解决我国科研体制无法适应科技产业化的问题。自1999年《关于深化科研机构管理体制改革的实施意见》发布以来，到2000年底，我国已完成242家科研院所的转制工作。比如，中国电器科学研究院股份有限公司的前身就是第一机械工业部广州电器科学研究所。

再次，由校办企业转制的高科技企业是我国特定历史时期的产物。在我国改革开放初期，南京大学的尿素酶产品最早投入市场，因此，其也被誉为我国校办企业的先驱者。此后随着校办企业规模越来越大，诸如产权、人事、管理体制等问题逐渐暴露出来，因此，2001年底，以清华大学和北京大学为试点，开始了校办企业的改制。其中，北大方正、东软集团、同方股份等由校办企业转制的高科技企业在市场上取得了瞩目的成绩。

最后，创业型高科技企业是我国教育红利的表现。这些企业的创始人基本上具有两个共同的特点，即经历过系统的学习和具有创业的热情。在互联网行业尤为明显，典型代表为百度、搜狐等公司。

（三）中国高科技企业的发展

我国高科技企业的发展可以分为三个阶段，分别是从中华人民共和国成立初期到1978年改革开放时期的初创阶段，从1978年的改革开放到1988年的开拓阶段，从1988年至今的迅速发展阶段。

在初创阶段，我国重点发展航空和航天技术、原子能技术、计算机技术、半导体技术、自动化技术、无线电技术等。这一时期，我国从事高科技研发活动的主体是各类型科研院所，并未建立高科技企业。

在开拓阶段，我国以重点提高国家经济实力和军事实力为目标，积极发展高科技及其产业化。其中，在1987年由国务院批准通过的《高新技术研究开发计划纲要》（以下简称"863"计划），为我国高科技发展指明了方向。同时，"863"计划也是我国实行科教兴国战略的伟大部署，为我国在高科技领域的发展奠定了坚实的基础。

在迅速发展阶段，我国积极推进高科技实现产业化，由此也诞生了具有现代企业管理规范的高科技企业。在 1988 年 8 月，代表着国家高新技术产业化发展计划的"火炬计划"开始实施，自创办高新技术产业开发区和高新技术创业服务中心两个事项被列入"火炬计划"以来，创办高新技术产业开发区的热情在全国范围内蔓延开来。截至 1991 年，国务院先后批准建立了 53 个高新技术产业开发区，截至 2020 年，全国共有 169 个高新区（含苏州工业园区），在 2020 年科技部火炬中心的年度高新区评价中，北京中关村科技园、上海张江高新园区和广东深圳高新区排在前三位[①]。

在我国市场化改革不断深入与产业结构优化升级的大背景下，高科技企业得到了进一步的发展。如表 4-6 所示，在高科技企业数量方面，已经由 2011 年的 2 万多个企业发展为 2017 年的 3 万多个企业，呈现出逐年递增的趋势；在高科技企业创收能力方面，主营业务收入逐年递增；在高科技企业创新能力方面，有效发明专利数量已由 2011 年不足 10 万件的数量发展到 2017 年的近 38 万件；在高科技企业产品出口方面，交货值在逐年增加，但是高科技企业出口占工业企业出口总值的比重却并未呈现出十分明显的递增趋势。

表 4-6　　　　　　　　2011~2017 年我国高科技企业现状

年份	企业数（个）	主营业务收入（亿元）	有效发明专利数（件）	出口交货值（亿元）	高科技企业出口占工业企业的比重（%）
2011	21682	87527.20	82240	40600.33	45.16
2012	24636	102284.04	115799	46701.09	46.88
2013	26894	116048.90	138785	49285.09	46.23
2014	27939	127367.67	180601	50765.20	45.00
2015	29631	139968.65	241404	50923.13	43.00
2016	30798	153796.33	316694	52444.61	45.21
2017	32027	159375.81	379615	—	—

资料来源：国家统计局（http://data.stats.gov.cn），部分值缺失。

---

① 人民网人民数据.169 个国家高新区，前三个为什么是他们？[N/OL].（2020-2-20）[2021-1-10]. https://nll.mbd.baidu.com/r/w7n8lDNx20? f = cp&rs = 392115544&ruk = ty98019 y7SbPEqxQqykmuA&u = d2de3f3ccd820154.

面对经济新常态，我国开始进行供给侧结构性改革，并越发重视高科技企业的发展。同时，这个时期的高科技企业发展更重视追求低碳化和高端化，例如，2015年巴黎气候大会通过的《巴黎协定》就为我国高科技企业发展提出了更高的发展要求。在新时代背景下，我国科创板的开启为高科技企业搭建了直接融资渠道，进一步助力我国高科技企业的发展。

（四）中国高科技企业发展特点

科学技术是第一生产力，高科技企业作为技术创新的主体，它的发展情况受到了各国的重视。我国为促进高科技企业的发展采取了一系列措施，相比过去我国高科技企业创新能力已有了巨大突破，但与发达国家高科技企业相比，我国高科技企业的研发与应用能力仍相对滞后。纵观我国高科技企业发展历程，其特点如下：

第一，发展速度极高。2000年高科技企业数量不足1万家，2008年就发展到2.5万多家，17年后扩展到3.2万多人（见表4-7），17年的时间里扩展了3倍多。

表4-7　　　　　　　　2000~2018年我国高科技企业发展情况

指标	2000年	2003年	2005年	2008年	2012年	2013年	2014年	2015年	2016年	2017年	2018年
高科技企业数量（家）	9758	12322	17527	25817	24636	26894	27939	29631	30798	32027	—
高科技企业科技人员投入量（人）	—	278017	347125	564887	623249	670222	701439	726983	730681	747310	852467

资料来源：国家统计局（http://data.stats.gov.cn），部分值缺失。

2003年，高科技产业科技人员投入数量为27万多人，2008年就发展到56万多人，10年后扩展到85万多人，15年的时间里扩展了3倍多（见表4-7）。

第二，技术取得阶段性突破。近年来，我国高科技领域迅猛发展，某些产业技术已取得阶段性突破，并走在了世界前列。比如，高速铁路产业技术、特高压输变电产业技术、重型机械产业技术、安防监控产业技术、隧道桥梁产业技术、电子商务产业技术、移动通信产业技术。其中，高速铁路产业技术于 2003 年进入了发展阶段，确立了"技术换市场"的理念，虽起步较晚但发展迅速；2008 年，我国拥有了第一条具有自主知识产权的京津城际铁路；2009 年，高速铁路武广线作为当时全球速度最快的高速列车正式开通，最高时速可以达到 351 千米；2010 年，随着高速铁路京沪线的正式开工，我国在高速铁路技术方面跻身世界先进行列；2016 年，我国在高速铁路郑徐线上完成了两列中国标准高速列车以时速 420 千米的安全交会，标志着中国已全面掌握核心技术。此外，中国也先后与俄罗斯、印度尼西亚等国家先后签订了高速铁路项目，中国高速铁路产业在全球高速铁路市场占据了近 70% 的份额。

第三，核心竞争力不足。据国家统计局公布的数据得知，我国 1999 年高科技产品贸易逆差 128.94 亿美元；自 2004 年以来，我国高科技产品贸易一直处于顺差的状态，并于 2014 年达到最高值 1092.54 亿美元；之后高科技产品贸易差额逐步缩小（见表 4 - 8）。其中，我国高科技企业总体核心竞争力不足是导致这一现象的重要原因之一，表明我国较低的高科技产品供给质量无法再满足消费者的需求。

表 4 - 8　　　　　2004 ~ 2018 年我国高新技术产品进出口金额　　　　单位：亿美元

年份	高新技术产品出口金额	高新技术产品进口金额	高新技术产品贸易差额
2004	1655.36	1614.14	41.21
2005	2182.44	1976.60	205.83
2006	2814.25	2472.98	341.27
2007	3478.25	2869.86	608.40
2008	4156.11	3419.41	736.70
2009	3769.09	3098.43	670.66
2010	4924.14	4126.73	797.41
2011	5487.88	4629.92	857.96
2012	6011.64	5070.78	940.86
2013	6600.81	5579.42	1021.39
2014	6604.90	5512.36	1092.54
2015	6552.12	5480.58	1071.54

续表

年份	高新技术产品出口金额	高新技术产品进口金额	高新技术产品贸易差额
2016	6035.74	5236.21	799.53
2017	6674.44	5840.34	834.10
2018	7468.16	6716.61	751.55

资料来源：国家统计局（http：//data.stats.gov.cn）。

二、中国高科技企业创新绩效现状

创新是高科技企业获取竞争优势的必要途径，在我国建设创新型国家的战略下，高科技企业创新受到了极大的重视与广泛关注。本书通过对我国高科技企业创新投入与创新产出现状的描述，揭示了我国高科技企业的创新绩效。

（一）创新投入现状

创新投入是指企业将资源配置到创新活动上的情况，主要包括物质资本投入和人力资本投入。因此，本书将从物质资本投入和人力资本投入两方面描述我国高科技企业创新投入现状。

1. 物质资本投入

根据国家统计局对高科技企业的分类，我国规模以上各类型高科技企业在新产品开发上面的经费投入情况如表4-9所示。各类型高科技企业新产品开发经费支出金额逐年递增，其中，不同类型的高科技企业在新产品上的开发经费支出差距较大。

表4-9　　　　　2016~2018年我国规模以上高科技企业

新产品开发经费支出情况

单位：亿元

指标	2016年	2017年	2018年
医药制造业高技术产业新产品开发经费支出	497.88	588.60	652.06
化学药品制造业高技术产业新产品开发经费支出	253.20	307.13	355.89

续表

指标	2016 年	2017 年	2018 年
中成药制造业高技术产业新产品开发经费支出	96. 60	101. 62	106. 35
生物、生化制品制造业高技术产业新产品开发经费支出	82. 72	101. 58	108. 39
航空航天器制造业高技术产业新产品开发经费支出	190. 95	—	—
电子及通信设备制造业高技术产业新产品开发经费支出	2274. 18	2619. 81	3085. 54
通信设备制造业高技术产业新产品开发经费支出	1045. 83	1167. 22	—
雷达及配套设备制造业高技术产业新产品开发经费支出	24. 82	—	17. 95
广播电视设备制造业高技术产业新产品开发经费支出	54. 47	62. 82	40. 80
电子器件制造业高技术产业新产品开发经费支出	438. 71	528. 97	623. 65
电子元件制造业高技术产业新产品开发经费支出	291. 27	342. 87	—
家用视听设备制造业高技术产业新产品开发经费支出	157. 96	158. 98	164. 08
其他电子设备制造业高技术产业新产品开发经费支出	108. 08	146. 59	93. 11
电子计算机及办公设备制造业高技术产业新产品开发经费支出	245. 71	285. 30	302. 89
电子计算机整机制造业高技术产业新产品开发经费支出	125. 48	131. 68	141. 73
电子计算机外部设备制造业高技术产业新产品开发经费支出	38. 90	49. 10	39. 72
医疗器械及仪器仪表制造业高技术产业新产品开发经费支出	303. 46	362. 63	396. 72
医疗仪器设备及器械制造业高技术产业新产品开发经费支出	93. 33	109. 24	128. 58
仪器仪表制造业高技术产业新产品开发经费支出	210. 13	253. 39	—

注：高技术产业生产经营情况的数据口径为规模以上工业企业，科技活动及相关情况的数据口径为大中型工业企业。

资料来源：国家统计局（http：//data. stats. gov. cn），部分值缺失。

2018年，各类型高科技企业在新产品开发上的经费支出情况如图4-3所示，其中，电子及通信设备制造业在新产品开发上的经费支出远远高于其他类型的高科技企业，医药制造业和电子器件制造业在新产品开发上的经费支出分别排在第二位和第三位。

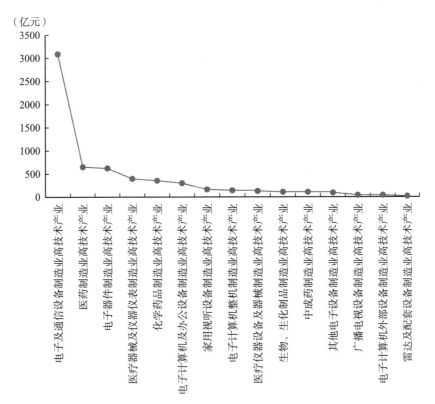

图4-3 2018年我国规模以上高科技企业新产品开发经费支出情况

注：由于2018年部分行业数据无从考证导致缺失，故该部分缺失行业数据未能在本图中体现。
资料来源：笔者绘制。

2. 人力资本投入

公司员工根据职能的不同，可以分为技术、行政、财务、生产、销售等类型，因本部分研究高科技企业创新投入情况，因此，选择企业技术人员作为度量指标。我国大中型高科技企业技术人员投入数量具体见表4-10。其中，电子及通信设备制造业高技术产业技术人员数量最多，2018 年为 53 万多人。

表 4 – 10　　　　　我国大中型高科技企业技术人员投入数量　　　　单位：人

指标	2016 年	2017 年	2018 年
医药制造业高技术产业技术人员数量	130570	121517	125920
化学药品制造业高技术产业技术人员数量	66477	58765	62093
中成药制造业高技术产业技术人员数量	27624	27173	26363
生物、生化制品制造业高技术产业技术人员数量	20107	17713	17505
航空航天器制造业高技术产业技术人员数量	37397	—	—
电子及通信设备制造业高技术产业技术人员数量	416806	436335	532077
通信设备制造业高技术产业技术人员数量	148024	153828	—
雷达及配套设备制造业高技术产业技术人员数量	5770	—	3249
广播电视设备制造业高技术产业技术人员数量	13670	12446	9653
电子器件制造业高技术产业技术人员数量	80484	88222	109587
电子元件制造业高技术产业技术人员数量	85007	83738	—
家用视听设备制造业高技术产业技术人员数量	28632	27136	30748
其他电子设备制造业高技术产业技术人员数量	24113	34778	22800
电子计算机及办公设备制造业高技术产业技术人员数量	49005	57753	65939
电子计算机整机制造业高技术产业技术人员数量	19732	19725	26180
电子计算机外部设备制造业高技术产业技术人员数量	9178	10823	9548
医疗器械及仪器仪表制造业高技术产业技术人员数量	86292	85798	93551
医疗仪器设备及器械制造业高技术产业技术人员数量	20715	21256	26158
仪器仪表制造业高技术产业技术人员数量	65576	64542	—

注：高技术产业生产经营情况的数据口径为规模以上工业企业，科技活动及相关情况的数据口径为大中型工业企业。

资料来源：国家统计局（http：//data. stats. gov. cn），部分值缺失。

2018年，各类型高科技企业科技人员投入情况如图4-4所示，其中，电子及通信设备制造业的科技人员投入数量远高于其他类型的高科技企业，医药制造业和电子器件制造业的科技人员投入数量分别排在第二位和第三位。

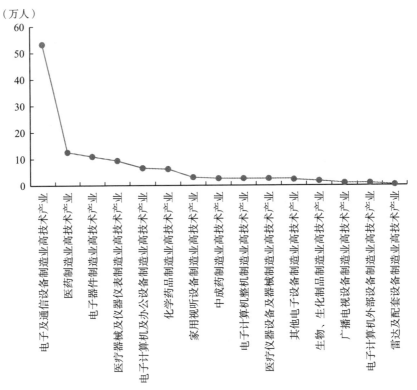

图4-4 2018年我国大中型高科技企业技术人员投入数量

注：由于2018年部分行业数据无从考证导致缺失，故该部分缺失行业数据未能在本图中体现。
资料来源：笔者绘制。

(二) 创新产出现状

创新产出是企业进行创新活动的最终成果，主要表现为企业所获得的专利授权量和新产品的销售收入。因此，本书将从专利授权量、新产品销售收入和创新效率三个方面描述我国高科技企业创新产出现状。

1. 专利授权量

根据国家统计局的专利分类标准，主要包括发明专利、实用新型专利和外观设计专利三种类型，针对高科技企业而言，主要涉及发明专利，因此，本书主要考察我国高科技企业所拥有的有效发明专利情况（见表4-11）。

表4-11　　　　我国大中型高科技企业有效发明专利拥有量　　　单位：件

指标	2016 年	2017 年	2018 年
医药制造业高技术产业有效发明专利数	37463	41673	45766
化学药品制造业高技术产业有效发明专利数	16441	17649	19729
中成药制造业高技术产业有效发明专利数	10225	10617	11979
生物、生化制品制造业高技术产业有效发明专利数	5746	6302	6915
航空航天器制造业高技术产业有效发明专利数	6852	—	—
电子及通信设备制造业高技术产业有效发明专利数	224917	267016	295182
通信设备制造业高技术产业有效发明专利数	135458	151479	—
雷达及配套设备制造业高技术产业有效发明专利数	1568	—	1007
广播电视设备制造业高技术产业有效发明专利数	4747	7804	3535
电子器件制造业高技术产业有效发明专利数	39170	52769	56524
电子元件制造业高技术产业有效发明专利数	17967	22419	—
家用视听设备制造业高技术产业有效发明专利数	7990	9127	12133
其他电子设备制造高技术产业有效发明专利数	7885	10510	8626
电子计算机及办公设备制造业高技术产业有效发明专利数	14506	20696	25348
电子计算机整机制造业高技术产业有效发明专利数	5088	7940	10872
电子计算机外部设备制造业高技术产业有效发明专利数	3527	5048	5500
医疗器械及仪器仪表制造业高技术产业有效发明专利数	30104	37388	44272
医疗仪器设备及器械制造业高技术产业有效发明专利数	10860	12234	16928
仪器仪表制造业高技术产业有效发明专利数	19244	25154	—

注：高技术产业生产经营情况的数据口径为规模以上工业企业，科技活动及相关情况的数据口径为大中型工业企业。

资料来源：国家统计局（http://data.stats.gov.cn），部分值缺失。

2018 年，各类型高科技企业有效发明专利拥有情况如图 4 - 5 所示，其中，电子及通信设备制造业所拥有的有效发明专利数量远高于其他类型的高科技企业，电子器件制造业和医药制造业有效发明专利拥有数量分别排在第二位和第三位。

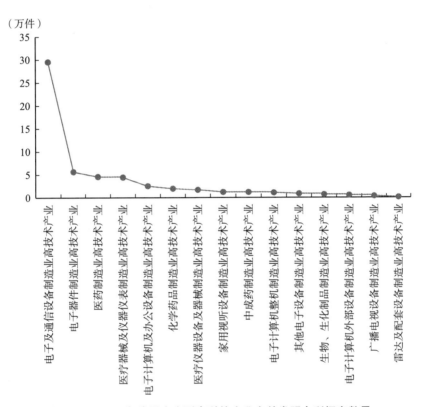

图 4 - 5　2018 年我国大中型高科技企业有效发明专利拥有数量

注：由于 2018 年部分行业数据无从考证导致缺失，故该部分缺失行业数据未能在本图中体现。
资料来源：笔者绘制。

2. 新产品销售收入

新产品是指全新产品或者比原产品有了明显改进的产品，时效为自投产之日起一年以内的产品。新产品销售收入代表了一个企业创新的市场效果，具体数据如表 4 - 12 所示。

表 4-12 我国规模以上高科技企业新产品销售收入 单位：亿元

指标	2016 年	2017 年	2018 年
医药制造业高技术产业新产品销售收入	5422.76	5713.25	6367.04
化学药品制造业高技术产业新产品销售收入	2862.91	3037.10	3570.88
中成药制造业高技术产业新产品销售收入	1303.79	1309.28	1223.21
生物、生化制品制造业高技术产业新产品销售收入	580.71	623.55	646.93
航空航天器制造业高技术产业新产品销售收入	1533.66	——	——
电子及通信设备制造业高技术产业新产品销售收入	31820.65	35983.68	40342.04
通信设备制造业高技术产业新产品销售收入	15430.64	16738.93	——
雷达及配套设备制造业高技术产业新产品销售收入	202.41	——	78.75
广播电视设备制造业高技术产业新产品销售收入	488.43	545.79	472.80
电子器件制造业高技术产业新产品销售收入	5285.42	5974.23	7130.16
电子元件制造业高技术产业新产品销售收入	3947.83	4799.52	——
家用视听设备制造业高技术产业新产品销售收入	3102.69	3593.88	3164.46
其他电子设备制造业高技术产业新产品销售收入	1126.33	1595.22	877.06
电子计算机及办公设备制造业高技术产业新产品销售收入	5464.12	6734.25	5782.46
电子计算机整机制造业高技术产业新产品销售收入	3642.18	4620.76	3711.76
电子计算机外部设备制造业高技术产业新产品销售收入	614.97	803.75	616.16
医疗器械及仪器仪表制造业高技术产业新产品销售收入	2501.43	2750.82	2777.70
医疗仪器设备及器械制造业高技术产业新产品销售收入	462.83	509.61	710.98
仪器仪表制造业高技术产业新产品销售收入	2038.61	2241.20	——

注：高技术产业生产经营情况的数据口径为规模以上工业企业，科技活动及相关情况的数据口径为大中型工业企业。

资料来源：国家统计局（http://data.stats.gov.cn），部分值缺失。

2018 年，各类型高科技企业新产品销售收入情况如图 4 - 6 所示，其中，电子及通信设备制造业新产品销售收入远高于其他类型的高科技企业，电子器件制造业和医药制造业新产品销售收入分别排在第二位和第三位。

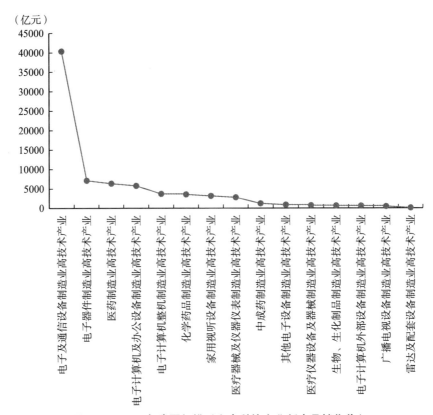

图 4 - 6　2018 年我国规模以上高科技企业新产品销售收入

注：由于 2018 年部分行业数据无从考证导致缺失，故该部分缺失行业数据未能在本图中体现。
资料来源：笔者绘制。

3. 创新效率

创新效率是指企业将创新投入转化为创新产出的能力，本书以第 T 年新产品销售收入和第 T - 1 年新产品开发经费支出的比值来衡量。具体如表 4 - 13 所示。

表 4-13　　　　　　　　我国高科技企业新产品创新效率

行业	2017 年新产品开发经费支出（万元）	2018 年新产品销售收入（万元）	新产品创新效率（%）
医药制造业高技术产业	5886028	63670361.4	10.82
化学药品制造业高技术产业	3071338.2	35708805.2	11.63
中成药制造业高技术产业	1016220.9	12232102.6	12.04
生物、生化制品制造业高技术产业	1015844.5	6469297.4	6.37
航空航天器制造业高技术产业	—	—	—
电子及通信设备制造业高技术产业	26198103.5	403420429.7	15.40
通信设备制造业高技术产业	11672207.8	—	—
雷达及配套设备制造业高技术产业	—	787454.8	—
广播电视设备制造业高技术产业	628185.9	4728003.8	7.53
电子器件制造业高技术产业	5289720.3	71301572.1	13.48
电子元件制造业高技术产业	3428736.6	—	—
家用视听设备制造业高技术产业	1589756.9	31644581.6	19.91
其他电子设备制造业高技术产业	1465835.9	8770610	5.98
电子计算机及办公设备制造业高技术产业	2853013.4	57824579.1	20.27
电子计算机整机制造业高技术产业	1316832.5	37117574.5	28.19
电子计算机外部设备制造业高技术产业	491045	6161621.6	12.55
医疗器械及仪器仪表制造业高技术产业	3626278.1	27776987.8	7.66
医疗仪器设备及器械制造业高技术产业	1092395.4	7109768.5	6.51
仪器仪表制造业高技术产业	2533882.7	—	—

　　注：高技术产业生产经营情况的数据口径为规模以上工业企业，科技活动及相关情况的数据口径为大中型工业企业。

　　资料来源：国家统计局（http://data.stats.gov.cn），部分值缺失。

　　2018 年，各类型高科技企业新产品创新效率情况如图 4-7 所示，其中，医药制造业新产品创新效率高于其他类型的高科技企业，化学药品制造业和中成药制造业新产品销售创新效率分别排在第二位和第三位。

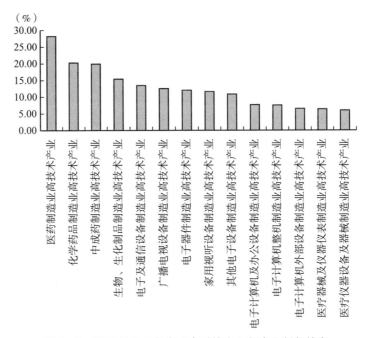

图 4-7   2018 年我国各类型高科技企业新产品创新效率

资料来源：笔者绘制。

第五章
差异性高管特质、投资机会对高科技企业创新绩效的影响机理

本章为全书的核心内容之一，主要回顾并梳理差异性高管特质、投资机会分别对高科技企业创新绩效的影响相关研究，同时，探讨差异性高管与投资机会影响企业创新绩效的内在机理。

第一节 差异性高管特质对高科技企业创新绩效影响的研究综述

大量研究表明，董事会（Eisenberg et al. , 1998；王建琼和何静谊，2009）、管理者激励（Johnson & Greening, 1999；杨俊和谭宏琳，2009）、股权结构、市场竞争（Eisenberg et al. , 1998）、政府规制（Gardberg, 2010；Gainet, 2010；周中胜等，2012）、社会力量（Kjaer, 2005；冯照桢和宋林，2013）等因素，都会对企业绩效产生一定的影响。有研究表明，高管个人体现的一些特质某种程度上可以被理解为：高管们的认知水平不同，从而做出带有个人特色的价值取向和选择，从而对企业的各种决策及绩效产生影响（Fernández – Kranz & Santaló, 2010）。

由于越发白热化的市场竞争与日新月异的技术进步，高科技企业亟须探寻出各种可能的发展机会，这是企业获得持续性创新和长久性竞争优势的必经之路（Benner & Tushman, 2003）。企业挖掘探索式创新（explorative innovation）时，高管通常被认为会面临更大的压力、困难和挑战。一方面，高管需要做出克服组织惰性的决策，使过去难以突破的资源和技术窘境获得新的发展机会（Szulanski，1996）；另一方面，组织中的成员可能具有认知困境（collective blindness），组织成员（包括高管）可能较难从快速变化的环境中提炼自己的认知，从而捕捉新的发展机会。可以说，在快速变化的环境中，高科技企业很容易被其他企业和其他技术所替代，因此，企业必须不停地抓住新的机遇，不断创新获得持续性竞争优势。

现实的管理实践中，企业所有权与控制权相分离，高管拥有企业的管理控制权，因此，高管是影响企业决策和绩效的最重要因素之一。1984 年，汉姆布瑞克和梅森最先提出高层梯队理论，之后的学者们也渐渐开始关注管理者人口背景特征对企业绩效的影响。大量国内外研究表明，高管的性别、学历、年龄、教育背景水平、任期时间等人口统计学特征对企业绩效（徐细雄、刘星，2012）、企业战略（Petersen，2009）、企业创新（Crocker，1989）、企业避税（Dyreng & Maydew，2010）、企业投资（姜付秀等，2009）、企业风险承担（吴能全、曾楚宏，2005）、会计稳健性（张兆国等，2011）、内部控制（池国华、郭菁晶，2015）等方面，都会产生相应的影响。综上所述，企业行为选择中总会打上高管人口背景特征的烙印。

一、差异性高管特质对高科技企业创新绩效影响的国外相关研究

（一）基于高阶理论的研究综述

高阶理论（upper echelon theory）是组织管理学中最经典的理论之一。1984 年，汉姆布瑞克和梅森的研究奠定了该领域的理论基础，他们认为人具有有限理性，这种情形下组织的绩效在一定程度上反映了高管的特征与特质，组织领导者（即企业高管）由于自身具有独特的属性与特质，或者说这些属性和特质的集合对企业所面临的情境与环境做出一系列高度个性化的决策与判断，这个过程可以看作决策者（高管）个人的行为影响企业的整个绩效与方向，高阶理论依照"特征—行为—绩效"这个逻辑框架，将高管的个人特质、行为选择、心理特点等纳入组织或企业绩效整个过程的理论

研究与推演。早期研究者在聚焦高管特质这部分研究时，仅关注到了人口统计学的特征（Hambrick & Mason，1984），后期学者渐渐将行为金融学等关注人的心理特征的理论引入研究高管特征的框架中，例如，和米勒斯基（Hmieleski et al.，2012）的研究。高阶理论关注的是企业管理者（高管）的特征，将企业可以被视作一个多层面的系统，该系统融合了个体、团体、部门和组织等（陈晓萍等，2008），这种高管的特征从系统中个体的研究直接反映了整个企业的整体绩效（Hambrick，2007），现有研究已经很深入地探讨了高管的个人特征与企业绩效的关系，如领导风格与组织学习（Garcia - Morales et al.，2006）、企业绩效（Hmieleski et al.，2012；Ensley et al.，2006）的关系，都为高阶理论的发展与应用提供了支持。

1. 高管年龄

研究表明，不同的年龄阶段反映出个体不同的成长环境、不同的社会阅历，这导致高管成员具有不同的价值观和态度，对做出不同选择有着重要影响（Wiersema & Bantel，1992）。例如，较年长的高管团队成员往往趋于保守，由于脑力和体力的下降，会表现出保守行为，减少研发（Child et al.，1974）。年长的高管所做出的决策也往往具有稳健倾向。而较年轻的高管往往更倾向做出有冒险性质的决策，他们的风险偏好往往更强（Wiersema & Bantel，1992），这种对待风险态度的差异很可能会导致团队冲突。高科技企业具有高成长性、强创新性的特点，这种背景之下，年长的高管大多具有较年轻高管更加丰富的管理、工作，以及应对各类风险的经验与能力，但是在制定战略决策方面，则显得相对保守、因循守旧。此时，就凸显出年轻高管在做决策和把握机遇时，更具有创新性和冒险精神，这种特质在一定程度上更利于高科技企业的成长，更能推动企业的创新绩效。

2. 高管性别

许多研究表明，女性高管可以显著提升企业的创新绩效（Khan & Vieito，2013）。首先，女性高管的出现，打破了高管团队只有男性的传统，男性高管与女性高管共存的高管团队较性别单一的高管队伍可以从更多角度看待问题、思考问题，兼具男性思维与女性思维的高管团队从根本上提高了企业的创造力与创新力，使企业高管可以做出更多的创新决策，从而提高企业的创新绩效的可能（Khan & Vieito，2013）。其次，高科技企业中，女性高管的加入在某种程度上迎合了"经济结构变革"的时代背景。高科技企业大多是以服务和技术支撑获得竞争优势的团体，而新经济模式下，女性诸如重视情感、乐于合作、提倡共赢、强调尊重理解等性格特征无疑迎合了时代背景下对于管理的诉求，使女性高管更顺应时代需求、更容易获得外部资源的支持，有利于女性高管进行创新决策。德兹索（Dezso，2008）的研究表明，在创新密集型产业中，女性高管的特质对企业创新绩效影响尤为明显，女性高管比例的提高对企业创新绩效有显著的正向影响。这其中的原因可能是女性高管的一些特质能够在纷繁的市场环境下，仍然具有较强的组织解读能力与认知能力，面对技术的快速变化和客户需求的快速变化，企业能够通过新兴理念充分理解外部竞争环境，并及时产生更多灵活的解决方案（Nadkarni & Barr，2008）。

通常情况下，女性比男性更加敏感和谨慎（Ryan et al.，2016），也正因为这个原因，当企业处于业绩波动或者业绩下滑时，天性谨慎、不持乐观精神的女性高管由于区别于男性高管的独特认知方式，会自行创造一些消极的信息，并纳入整个评估体系，因此，更容易捕捉和认识到风险与消极的信号，也因此，她们可能会预判企业将要发生的衰退的行为，做出相应的防御措施。相较男性而言，女性管理者可能会敏感地将这种业绩波动或者下滑判断为威胁来临的信号（Musteen et al.，2011）。从高科技企业自身特点来看，正是因为其技术创新的高度不确定性使高科技企业具有很大的失败风险，需要高管具有很强的心理素质，包括对于失败的承受能力、持之以恒的耐心，以及足够的资源才有可能获得创新活动的最终成功。研究表明，高管的性别会影响其风险的容忍程度、风险识别与认知能力，从而影响企业的各类创新决策行为。女性高管往往具有更强的风险规避意识，不愿承担风险，具有较低的风险容忍能力，正因此，女性高管更倾向做风险系数较低的决策和战略行动（Khan & Vieito，2013；Hambrick & Mason，1984）。

3. 高管任期

汉姆布瑞克（1991）认为，随着高管任期的增长，他们会更加注重自己的经营模式，而缺乏创新。贾（Jia，2017）发现高管任期的延长会导致董事会活力下降，这就直接造成管理层及时自我更新的能力下降，无法追赶上整个行业与科技的发展，大大影响了企业的创新效率与创新质量。研究表明，任期时间越长，高管的薪酬就会越高，这时候的高管就会考虑非薪酬因素，从而增加研发投入。经济人的假说认为，高管长期任职就容易导致他们缺乏创新的动机，不愿对现有的战略进行改革，但他们预期的任期时间越长，他们就会更加看重自己的声誉效应，因而高管会做出加大对企业研发投入的决策。

达顿和邓肯（Dutton & Duncan，1987）认为，高管任期的多元化有助于企业捕捉更丰富的信息，实现合理的分析和决策，从而提高企业创新决策的质量。现有的关于经理人任期是否对企业创新活动具有影响的研究还没有形成统一的共识和结论。其中，造成这种现象的最主要原因就在于创新指标选择的多样性。然而，不管是 R&D 投入还是 R&D 产出，在不同的制度和市场环境下，对企业的影响是不尽相同的。因此，选择合适的创新指标具有非同一般的意义。根据执行力理论，高管任期会显著影响组织惯性。随着高管任期的增长，高管的知识积累程度、社会经验和业务能力都有了很大的提高。他们掌握了更多关于公司经营的内外部信息，专家地位日益巩固，在对技术创新方面做出正确的投资决策是十分有利的。

4. 高管教育水平

史密斯等（Smith K G, et al., 1994）认为，教育水平的提高可以为高层管理团队提供更加多样化的信息来源，帮助高管更深层次地分析和理解这种现象，进而提高其战略决策和组织绩效的质量，而达伦巴赫等（1999）利用半导体和原金属行业面板数据进行研究，实证结果显示，高管教育水平与企业创新绩效之间并不存在显著的相关关系。卡米洛－奥尔达斯等（Camelo－Ordaz et al., 2005）认为，高层管理团队的专业背景的异质性越强，其对于外界各种信息的解读和分析能力就会越强，对于企业或者组织在复杂的环境中保持持续竞争力十分有利。教育和职能背景的异质性对于企业或者组织来讲，有助于提供更为专业的技能指导和更为广泛的社交网络，这一系列的优势可以增强企业整体对环境的认知和信息收集的能力（Amazon，2006），并进一步促进整个高管团队针对外部环境、对组织或者企业做出更高质量、更有助于企业长远发展的决策。高层管理团队的决策对组织是否能创造更高的绩效起着至关重要的作用。史密斯等（2004）认为，教育水平各异的高管团队能够为决策行为带来多样性的思路，这有助于提高企业决策的整体质量，因为较低学历水平的高管更多地会从经验中处理问题；而较高学历水平的高管在处理问题时，更多的则会基于理性分析。通过比较不同产业类型的企业，可以发现，对于高技术企业而言，它的创新产出更多的是受高管教育水平的影响，而对于非高新技术类型的企业而言，它们的创新程度更容易受到高管团队的教育异质程度影响。

（二）基于行为金融理论的研究综述

除了前面论述的人口学具有的一些特征外，还存在一些更深层次且不易观察到的特征，如高管的过度自信、乐观程度、智力水平等。这些较为隐性的特质事实上更深刻地影响着人们的各种行为和决策。国外学者对于诸如过度自信这一特质是否会令管理者高估自己的水平，得出的结论不一。在一个自然实验中，摩尔和基姆（Moore & Kim, 2003）发现，人在处理较为简单的问题时，通常会高估自己的实际水平，但是却在处理复杂问题的时候，低估了自己实际处理问题的水平。但是学界还存在一些不同的声音，索尔（Soll, 1996）发现，要处理的问题越是复杂，人的过度自信程度在这个时候就体现得越明显。究其原因，就是人和人在衡量过度自信方面存在不同的标准。现有研究表明，乐观者通常具有较高的创新能力和资源获取能力。首先，因为乐观的人更喜欢新的想法和新的体验，因此，他们就对挫折和失败的容忍程度体现得更高；其次，由于乐观者大多善于交际，因此，他们的人际圈通常更广，更容易获得多元化的资源。布莱克威尔等（Blackwell et al.，2007）的研究将智力这一概念分为智力可塑性观和智力固态观两个维度，并且发现具有智力可塑性的人在新鲜事物面前更好学，更喜欢学习新的知识和新的技能，因此，他们在面对挫折时通常不会过于消极，而更愿意采取积极的行为。然而，这类人在努力或时间流逝后，相应技能却得不到提高时，会表现出更多的消极行为。

二、差异性高管特质对高科技企业创新绩效影响的国内相关研究

（一）基于高阶理论的研究综述

我国对于高阶理论的研究相对较晚。目前，我国对高阶理论的研究主要

有两类：一类是将高管特质作为同质性指标，研究高管的年龄、性别、任期、教育水平等指标对于企业研发投入和企业绩效的影响；另一类是将高管特质作为异质性指标，研究高管职业背景异质性、高管年龄异质性等对于企业研发投入与创新绩效的影响。

1. 高管年龄

尽管部分国内研究者认同国外学者关于"年轻高管更有利于高科技企业的创新绩效"，如李卫宁等（2015）认为，较为年长的高层管理者在做决策时更容易表现出优柔寡断的特点，更倾向于制定一些较为保守、风险较小的战略决策，从而影响企业的创新发展。但是也有学者持相反的观点，他们认为我国正处于经济转型期，很多创新机制也并不完善，与年长的高管相比，年轻高管通常在组织创新和市场应变方面表现出更强的能力和潜质，但是他们有一个最明显的弱点就是对中国市场环境的考量不够成熟。另外，魏立群和王智慧（2000）认为，企业经营管理对市场应变和组织创新的依赖程度低于传统的关系网络和管理者的经验判断。因此，具有良好社会关系、人脉基础、市场经验的高管体现出独特的优越性。

2. 高管性别

在我国知识产权保护较弱的背景下，女性高管与生俱来的"强烈的风险避险倾向"会对企业研发投资活动产生一定的影响，尤其是高新技术企业的研发投入和研发产出（陈宝洁，2015）。雷辉（2013）通过对中小上市企业进行研究，发现女性高管在面对可能存在风险的时候更倾向于规避风险。

3. 高管任期

与国外经典文献类似，我国对于高管团队任期是否带来创新绩效的结论同样出现了分歧。有学者认为，高管团队成员的任期不仅反映了个人对企业的贡献和认可程度，也同时反映了企业成员对整个企业文化和对企业经营战略的理解（刘胜富、任静，2015）。肖婷等（2013）的研究首先认同了高层管理者的任期对企业创新绩效影响的正向作用，但李晓青（2012）通过对董事会认知对企业价值的影响进行了实证研究，研究创新战略的中介作用，发现了高层管理团队任期与创新绩效呈现非常明显的负相关效应。究其原因，主要是由于高管的进入时间各有不同，因此直接导致他们对组织的认知也不一样，即进入时间越长，越容易保守，从而影响创新决策；进入时间越短，在处理问题时，越不受固有或显性或隐性规则的约束，越有可能做出创新决策。

4. 高管教育水平

目前，我国关于高管教育水平的研究主要集中在团队异质性的分类和产生的影响，其中教育背景异质性一般可分为高管团队教育水平的异质性和高管团队教育专业的异质性，这两类异质性分别与组织绩效都产生一定程度的影响，相关研究也对这两个方面进行了非常详细的阐述。即高管团队教育水平的不同，会直接影响其对于问题思考的广度和深度，而信息获得的来源和渠道也不尽相同。这种情形下，组织就可以获取更加丰富、更加全面的资讯，提升企业整体的分析问题和解决问题的能力（黄越等，2011）。

（二）基于行为金融理论的研究综述

易靖韬等（2015）发现，过度自信的高管往往低估风险、高估自身能力，这对企业创新绩效的提高有着非常显著的积极影响，郝颖、刘星和林朝南（2014）基于我国高管的数据，实证分析了过度自信与投资水平的关系。研究结果表明，过度自信的高管更容易导致公司投资决策中的低效及过度投资。我国的创新绩效一般从两个方面进行衡量，即创新投入和创新产出。许多学者从创新投入来度量创新绩效，研究高管过度自信对创新绩效的影响。王善辉（2013）基于行为金融理论，运用年度利润预测来度量高管过度自信这一特质，并通过 R&D/主营业务收入衡量技术创新投入。研究结果显示，高管过度自信这一特质显著增加了企业整体创新投入，但这种正相关关系只存在于高科技企业和国有企业中，而在非高新技术企业和非国有企业中却不显著。林慧婷等（2014）基于 2007～2012 年上市公司的数据为样本，运用利润预测法对高管过度自信进行计量，并以研发支出/期末总资产作为创新投资的替换变量，研究高管的过度自信是否对创新投资能够产生影响。研究结果表明，不确定的风险下，高管过度自信通常具有较强的冒险精神，能够降低企业研发投资的不确定性风险带来的影响，过度自信的高管其实更容易发现机会，提高创新绩效。

三、差异性高管特质对高科技企业创新绩效影响的国内外文献评述

与传统的经济学理论不同，高管特质的研究还引入了包括社会学、心理学等一些跨学科的理论基础。现有关于高管特质的研究大多是基于高层梯队理论和行为金融学理论来解释，但这两个路径只提出了高管特质是否能够影响企业决策和组织绩效，至于其中的作用机理还需要涉及心理学、社会学等领域的理论支持。此外，在现有的研究中，很多外部环境的因素常常被忽视，这就导致研究结果受到质疑。我国的制度设计与欧美国家和市场环境大相径庭，对于个体特征的挖掘是否对企业创新决策有影响，势必要考虑外部环境的制约。国内外文献之间存在着较高的重叠度，在很大程度上忽视了环境因素所导致的结果，因此，在我国知识产权保护较为薄弱的背景下，许多研究成果与国外不同。直接借鉴国外的研究结论，并不能真正称为中国背景下高管创新绩效特征的研究。此外，现有研究中也存在严重的内生问题，即企业创新是否选择了具有某种特质的管理者，或者管理者的特质是否对企业产生影响，这些问题一直没有得到很好的诠释。综上所述，未来研究应更多地借鉴心理学和社会学等领域的理论成果，立足于中国特殊的制度背景，利用前沿的大数据和人工智能技术，进一步完善管理者特质和企业创新活动方面的研究。本书结合高阶梯队理论和行为金融理论探讨高管的特质，此外，还参考社会学领域的理论成果，探究管理者特质对创新活动影响的内在逻辑，以弥补现有研究的不足。

第二节　投资机会对高科技企业创新绩效影响的研究综述

随着我国创新型国家战略的实施和相关政策的出台，高科技企业的投资机会随之增多，投资机会与高科技企业创新投资的研究也逐渐成为理论和实务界关注的重点。

投资机会的存在是高科技企业创新投资的前提，但是直至最近对投资机会的研究才成为理论界关注的重点（Short et al.，2010）。特别是在管理学领域中，投资机会一般会与创业机会或成长机会混用（Shane et al.，2000；王鲁平，2010）。主流文献一般从三个角度对投资机会或创业机会进行界定（Doty et al.，1994；Short et al.，2008）：一是基于社会资源理论、非均衡理论或实物期权理论等，秉承机会发现观认为，机会来源于动态外部环境中的某一变化（Hmieleski et al.，2008），也就是说投资机会或创业机会是客观存在并可以被发现的；二是基于社会认知理论、经验学习理论等，秉承机会构建观认为，机会是由"人"主观创造并开发的，人的心理状态、思维方式（Gaglio，2004）、学习方式（Corbett，2005）等是其创造机会的前提；三是结合上述两个观点，在认知理论基础上认为，投资机会或创业机会是人通过社会网络与外部环境互动的结果（De Carolis et al.，2006；Sarason et al.，2006）。

一、投资机会与高科技企业创新绩效的国外相关研究

（一）机会发现观下的投资机会与创新绩效研究综述

持机会发现观的学者认为，投资机会尽管潜伏在客观环境之中，但是却不是无端显现出来的，而是被决策者（管理者）发现出来的（Korsgaard et al.，2016；Shane，2012）。机会发现派的学者认为，投资机会就像科学家在实验中发现新的实验结果一样，存在于外界客观环境之中，不依赖于决策者（管理者）（Dutta & Crossan，2005）。机会发现观的研究主要强调了外界环境对机会发现的各种因素的影响（De Carolis & Saparito，2006）。管理者可以通过信息搜寻、对市场的敏锐感知带来的一系列反应，以及对先验知识的运用等方面识别出潜在机会（Ardichvilia et al.，2003；Kirzner，1997；Shane，2000）。尚恩和文卡塔拉曼（Shane & Venkataraman，2000）在研究中指出，所有的机会都是广泛存在的，决策者或管理者在任意时间、任意地点都可以寻找并发现机会，并且创造价值。但同时，也有研究者认为，机会来源于非均衡的市场属性，例如，资源没有得到充分利用的情形下，具备某

些素质的决策者或管理者就能发现出一些潜在的市场、创新或投资机会（Ardichvilia et al. , 2003）。

1. 基于社会资本理论研究综述

皮埃尔布迪厄（Bourdieu P，1977）在自己的研究中挖掘出了社会资本的概念及含义，此后，社会资本理论得到了各领域学者的热烈讨论与深入研究。最初，社会资本的概念仅仅用来指个人、团体、组织等实体所包含的社会关系。后经詹姆斯科尔曼（Coleman J S，1990）、罗纳德伯特（Burt R S，2000）等多位学者对于社会资本理论的研究与发展（Lin & Burt，2001），目前，该理论中对于社会资本的诠释主要包含了三个层面：第一，社会资本作为整个社会关系网络中的一个重要组成部分，对于提升个人行动力和能力做了重要理论铺垫；第二，社会资本植根于社会关系网络的建立；第三，社会资本为决策提供了具体的行动依据，其带来的丰富社会资源（罗家德，2012）也大大提升了行动效率。社会资本理论的核心在于：个体间通过频繁的社会网络产生的交集可以获取丰富的信息，包括各种市场信息和商业信息，而这些信息往往对于机会的识别起到了至关重要的作用（Larson，1992），有助于决策者和管理者激发更多创意性的想法和想法背后的创造性及可行性（Kogut & Zander，1992），并提升了决策者和管理者自身的知识域与经验值（Dyer & Singh，1998），最终得到的结果就是提高识别潜在商业机会的概率（Semrau & Werner，2014）。另外，由于社交关系网发展的广泛性，大幅度缩减了信息的收集整理时间，并有效降低了相应的成本和代价（Semrau & Werner，2014）。同时，也有利于提升企业提炼有效信息并识别机会的效率。机会识别能力的构建对于企业从外部环境中发现创新机会和商业机会来讲至关重要，因而，具有较高机会识别能力的高管和决策者无疑可以帮助企业提升创新效率、提高企业创新成功率（陈震红和董俊武，2005）。企业机会识别能力尤其可以提升企业的创新绩效：一方面，较强的机会识别能力意味着企业可以通过各种外界渠道搜索新知识和新信息（陈震红、董俊武，2005），包括分析顾客需求、竞争者技术发展战略、供应商行动等（芮正云等，2016）；另一方面，较低的机会识别成本对推动企业，特别是高科技企业创新进程，具有重要意义。

2. 基于非均衡理论的研究综述

柯兹纳（Kirzner，1997）认为，机会来源于非均衡市场环境中发现却被疏忽的事物，因此，机会不能在企业家缺少日常知识的情况下产生出来，而是从企业家对存在于经济中信息不对称的敏感性中产生出来。一些研究者基于经济学的非均衡理论和研究发现，机会的存在为客观现象（不同于机会识别，机会识别是一个主观现象），"信息不对称"是机会可能存在的最主要原因，不对称的信息能够催发出一部分未知领域被发现（Shane et al.，2000）。柯兹纳（1999）认为，机会的确是客观存在的，且不以人的主观意志为转移。但同时，也造成了不同的人对机会的"警觉性"与"利用性"的能力各有不同，从而出现了创业者这个群体，其警觉性与利用性皆强于没有发现创业机会的群体。柯兹纳把市场理解为一个由企业家所驱动的、由于竞争性而存在的、各方不断相互协调的过程。自此，非均衡理论脱离了古典经济学对于均衡状态关注较多的研究范式。柯兹纳（2009）认为，企业家之所以进行创业，其出发点就是由于非均衡状态所致，警觉性强的企业家可以发现之前未被发现的机会，并对其进行挖掘，在将商业机会进行实践的过程中，非均衡市场状态渐渐趋近于均衡市场状态。这不同于企业家通过突破一般均衡而实现自己的创业实践，达到不均衡的状态。这是持柯兹纳观点与持熊彼特观点进行机会发现研究的最本质区别。柯兹纳（1999）认为，决策者或管理者对机会具有不同寻常的、先天的"机敏性"，能注意到非均衡状态下存在的、不同于均衡状态的一些特质，从而识别创业机会、投资机会。在识别了有价值的和新颖的创新或投资机会后，具有风险承担性的管理者便会在进行创新决策和行动时，表现出乐于不断地投入资源来开发高风险且能够带来高回报的创新型业务，不断地通过冒险来开发新的机会（Shane et al.，2000），利用新机会的潜在价值实现企业的创新绩效激增。

3. 基于实物期权理论的研究综述

以布莱克和舒尔斯（Black & Scholes，1973）、迈尔斯（1977）等研究者为代表的实物期权理论（real options）的核心思想是，实物期权类似于金融看涨期权，不可逆的实物投资机会是投资者在一定时间范围内付出的执行成本，从而将投资机会转化为有价资产。另外，迈尔斯（1977）认为，公司的投资机会就是看涨的实物期权，其市场价值分为两个部分：一部分是有形资产，另一部分是可行使投资机会的实物期权。基于实物期权理论，居伦和伊昂（Gulen & Ion，2016）认为，由于企业投资的不可逆性和择时能力，等待未来投资机会具有实物期权价值。而宏观层面的经济政策的不确定性，提高了企业继续等待的价值，增加了企业当前投资的机会成本，最终导致其选择减少当前投资。斯梅茨（Smets，1991）用实物期权博弈的方法，分析存在其他竞争对手的情况下直接对外投资的问题。她认为当企业进入完全竞争的市场时，将分享与竞争对手共同的投资机会中的实物期权。迪克西特和平狄克（Dixit & Pindyck，1994）认为，由于投资成本不可逆，净现值法（NPV）模型需要进行修改，即当期望现金流的净现值超出投资成本和持有该投资期权的价值总和时，才开始投资（Zhao X & Lu X，2010）。由此可以看出，相较于其他理论，实物期权理论更加深入地探讨了投资机会而非将创业机会与投资机会混为一谈，并且通过"量化"的思想丰富了投资机会的相关理论。根据实物期权理论，机会开发是投入资源以获取未来投资机会，并在权衡当期收益和期权收益后，决定在行权点到来时执行增长期权的过程（Choi et al.，2008），这个行权点被认为是投资机会开发的最佳时点。

（二）机会构建观下的投资机会与创新绩效研究综述

不同于柯兹纳的"机会警觉"理论，管理研究者认为，各种机会的本质是"机会创造"。现代进化认知论大师坎贝尔（Campbell，1974）在《卡尔·波普尔的哲学》一书中提到，"个体知识的构建是一系列重复实验和行动的错判和自我矫正的过程"，具体来说，机会的本质就是决策者对未知领域的感知和行为的融合；机会尽管客观存在于环境之中，但是由于人们缺乏对机会的正确认知及有效行动力，此时可以等同于机会不存在。个人特质并不是能够把握住机会的决定因素，只有真实的发生行动，才能创造机会；只有成功开发出机会的经验，才能支持决策者不断进行创新和创造机会。熊彼特（1934）认为，机会是由人的主观创造力触发而形成的，具备独特创造力的人才有可能识别出机会。如果说机会发现观下强调的是机会的识别，那么机会构建观下更多的则是侧重于机会开发，这是一个在机会识别后发生的阶段（Tumasjan & Braun，2012），两者存在着本质上的区别。格雷瓜尔和谢帕德（Grégoire & Shepherd，2012）认为，在机会识别阶段和机会开发阶段用到的认知过程存在区别，机会识别是一个在决策者或者管理者运用个人创造力产生创意，然后付诸行动将创意开发成一个可践行的商业机会的多阶段过程（Dimov, 2007）。如果没有对机会进行开发，机会的识别就不能够落实，从而形成切实可行的市场行为。因此，在投资机会的识别阶段，机会识别的数量越多，机会开发阶段所消耗的资源就会越多。在这种情况下，机会开发的绩效就会下降（Gielnik et al., 2012）。识别出外部市场机会以后，就需要企业进行内部研发、测试等商业化层面的投资，企业需要在关键创新投资问题上做出快速、高效、正确的战略决策，这些决策对于企业最终利用机会、创新成功至关重要（Teece, 2007）。第一，企业进行内部资源的整合和重构，可以帮助企业更新创新意识（Marsh & Stock, 2006），因此，这对推动企业创新进程具有十分重要的意义（Teece, 2007）。第二，企业进行内部资源整合和重构，有利于企业增强应对外部市场带来冲击的柔性和协调性（Zhou & Wu, 2010），进而加速推动企业创新和发展。第三，丹尼尔斯（Danneels, 2008）认为，通过增强企业资源整合和重构，可以帮助企业加强企业内部头脑风暴和民主决策的形成，因此，巩固企业在建设性冲突中做出最优选择的能力。综上所述，机会构建观下强调的企业对于各类机会（包括投资机会）的利用能力越强，创新绩效越高。

（三）机会构建观与机会发现观融合下的投资机会与创新绩效研究综述

结合上述两个观点，德卡罗利斯（De Carolis, 2006）等在认知理论的基础上认为，各类机会（包括投资机会）是人们通过社会网络与外部环境互动的结果。随着上述二元分立机会研究范式的不断深化与发展，学者们开始寻求新的方式来融合"发现观视角"和"创造观视角"的研究。一些研究认为，机会的发现与机会的创造相互包含；而有些学者认为，机会创造是机会发现的一个特例（Eckhardt & Ciuchta, 2008）；还有学者认为，机会发现仅是机会创造的一个特例（Luksha, 2008）。同时，还有研究从机会发现与机会创造的互补性与同时性视角进行深化，阿尔瓦雷斯和巴尼（Alvarez & Barney, 2007）就在研究中展现了这两种分析方法虽然具有互补性，但是如果是同一个机会，将不会同时兼具发现或创造双重属性。尽管从现实主义层面出发，机会的识别可以在"机会创造观"下解释清楚，但是也不可否认，机会是客观存在的（Ramoglou & Tsang，2016）。巴雷托（Barreto，2012）则认为，创业是机会形成的第三种机制。目前，社会资本理论研究的不断深化与发展，使学者们渐渐挖掘出网络规模对资源获取显现出来的边际效用递减规律（Coleman，1990）。此后学者们不断反思递减效用，并且在研究中嵌入外部社会关系网，但是社会关系网带来的规模效应对于社会资本与机会识别之间的复杂关系解释力有限，因此，学者们逐渐聚焦于探讨社会关系网络的强弱程度。

网络强度的定义指的是网络联系的紧密程度，主要分为两种：强关系与弱关系。强连带优势理论下，强关系强调关系紧密；而弱连带结构洞理论相较于强关系，更强调关系的疏离性。强弱关系分对机会识别有着较强的解释性，但是最根本的分歧在于：密切的关系有利于人与人之间的财、物、信息的流动，因此，强关系可以确保这些信息的流动质量及来源的可信度（Coleman，1990），并且紧密的关系更有助于人与人之间信任关系和互惠关系的形成（Krackhardt，1995），大大提升了信息传播的效率，减少收集、筛选、比对、过滤各种复杂信息的时间和精力（Hansen，1999），从而提升各类机会识别的概率（Burt，2000）。而弱连带结构洞理论则认为，弱连接更易形成分散的结构洞，相比聚焦一对一的强关系，可能会因传递冗余信息等带来资源的浪费，弱关系更易高效、低成本传递各种异质信息，而机会识别在很大程度上取决于低成本条件下，异质性信息的数量和效率，而非各类信息的总量（Burt，1992）。因此，从弱连结结构洞理论视角下来讲，弱关系更有利于各类机会（包括投资机会）的发现与识别，并具有获取时间短、成本低、次数少、渠道广等特质。因此，弱关系下，企业的创新绩效在很大程度上与组织的学习能力有关。因为在弱关系中，组织内部的学习能力越强，获取信息的能力就越强，企业的创新绩效就越高。

二、投资机会与高科技企业创新绩效的国内相关研究

我国学者对于投资机会的起源同样存在以上两种不同的看法，即"发现观"和"创造观"（毕先萍、张琴，2012）。关于这两种不同的看法，

学术界一直进行着激烈的争论，并致力于完善其分析方法和分析体系（斯晓夫等，2016）。然而，还有一些学者将看似矛盾的两种观点整合到统一的框架中，认为机会创造观和机会发现观是可以互相转化的（彭秀青等，2016）。

（一）机会发现观下投资机会与创新绩效的研究综述

1. 基于社会资本理论

王朝云（2010）在研究以往文献的基础上，将机会的内涵界定为创建新商业或开创新事业的有利通道和恰当时机。可以说，各类信息是机会识别过程中最重要的资源，是经过将诸如人力资源、知识学习、商业市场、社会网络等信息资源提炼加工后，形成的有价值的数据资源。对于那些拥有庞大社会网络关系资源的管理者来说，社会关系的广泛带来与各种人往来的社会交往经验，因此，可以获取丰富的异质信息资源（张玉利等，2008）有助于机会的发现。国内学者从资源整合的视角来分析各类机会识别从影响因素到识别过程的整个影响机理，并推证出不同的识别模式对于机会的识别、开发，甚至价值的提升的过程机制，从而得到不同企业绩效的结论。国内大量学者通过考察社会资本对识别创业机会的内在逻辑关联，分析出创业经历对机会识别与利用的影响，构建出社会资本、创新创业经验、机会识别间交互影响的效应模型，通过对典型案例的分析，归纳出组织社会网络对于机会识别的重要影响路径（刘杰、郑风田，2011）。类似研究还有张青和曹尉（2010）、陈文婷和何轩（2008）等学者，对社会资本理论下的机会识别展开了深入研究，该研究主题已经逐渐成为国内学者研究的热点问题。

信息资源已经成为机会识别过程中和创新研发过程中重要的组成部分，是企业中，特别是高科技企业至关重要的无形资产。拥有丰富"社会资源"的企业家由于具备收集信息资源、利用和传递信息资源、掌握专业知识等能力而成为企业识别机会提升绩效的主要优势。一方面，优秀的企业家之所以拥有丰富的社会网络资源，并且不断维持自身社会网络优势，巩固与其他资源拥有者保持广泛的交往和联系关系，主要是因为企业家可以将社会网络积累的资源优势变现。另一方面，企业家或者管理者由于利益驱动动机，会不断自发获取社会网络资源优势，即"社会网络资源"有助于企业的创新绩效大幅提升。企业家在一定程度上可以理解为：为企业发展和运营，与具有各种"社会资源"的人交往，这些"社会资源"本质上就是企业家发现机会、利用机会过程中，做出各种决策的基础。拥有这些"社会资源"，不但可以降低投资者信息收集成本和融资成本，为企业融资提供了多样化的路径，还有助于企业实现分散投资风险的目的（侯世英、宋良荣，2020）。许多研究表明，多元性风险投资组合对于企业的创新绩效可以产生倒"U"形的影响。

2. 基于非均衡理论

有学者在非均衡理论下，对于创新机会的产生和利用过程同样进行了相应解释。研究认为，一旦信息等资源未被充分使用，即未达到最佳使用状态，就会有创新、商业机会存在的可能性（赵文红、李垣，2004）。各类机会的识别不应当仅仅是发生于偶然状态下，而应是存在于特定时间下，管理者、企业家主动搜寻并识别他所搜集的独特信息，通过对内在信息进行加工使之外在化，从而真正完成识别机会的全过程。这个过程可以理解为企业家们经过更新生产流程，开拓新业态等行为实现机会的利用过程，使资源得到更准确高效的配置。非均衡理论下，不平衡的资源分配状态总使企业家关注未被发觉的环境要素，通过将非均衡向均衡状态的过渡，完成机会的识别过程，并采取相应实践行动顺应经济社会的发展，进而提高企业绩效。

我国基于实物期权理论探讨投资机会的研究起点较晚，且数量较少，靳庆鲁等（2010）对于从权益价值估值理论拓展到企业实物期权投资决策的实证研究，引起相关领域的普遍关注。靳庆鲁等（2012）基于中国货币政策，验证了企业管理层投资灵活性对于企业投资决策及期权价值的重要意义。

（二）机会构建观下的投资机会与创新绩效研究综述

陈运森和谢德仁（2012）的实证研究揭示出上市公司的独立董事们具备的社会网络位置特点：网络中心度较高的独立董事由于在社会关系网络中处于较为核心的位置，因此带来了更多获取投资机会信息的渠道和提高了信息获取的效率，从而使更为及时、准确的消息流通成为可能，进而提高企业投资效率。

（三）机会构建观与机会发现观融合下的投资机会与创新绩效研究综述

目前，尽管国内外学者对于社会网络的强度与企业创新绩效之间的影响已经进行了广泛的论述，但是得到的研究成果还有待佐证，尚未细致梳理出社会网络强度与企业团队成员间知识转移的影响机制，从而未得出对企业创新绩效的影响（蒋天颖，2013）。蔡宁等（2007）在研究中论述了社会网络强度与技术创新模式的耦合性，研究结论得出，弱关系网络借助低成本和低信息冗余度的优势有助于搜索、收集异质性信息，因此，正向促进企业进行探索式创新；而强关系网络有利于收集、传递复杂性较强的知识和信息，有助于企业进行利用式创新。还有大量的实证研究表明，网络强度对产业集群竞争优势有着显著的正向促进作用，这种集群竞争优势包括集群企业的技术创新能力和组织学习能力（闫莹、陈建，2010）。另外，关于社会网络强度与集群企业间知识转移的关系研究，学者们也就知识转移的类型进行了深入的研究，例如，王晓娟（2007）在研究中指出，由于社会网络强度各异，集群网络内传递的知识类型也有所不同。具体来说，基于弱网络关系的交易关系中，企业之间的知识转移主要以公共知识为主；相反，基于强网络关系的交易中，集群企业间网络关系密切，更容易形成信任感和互惠意识，因此，他们之间更倾向于传递一些私人知识为主的信息。由此可以看出，社会网络关系的强弱对企业创新绩效影响众说纷纭，但是总体来讲，学者们更认同弱关系对于集群间知识转移与创新绩效的正向影响，因为弱关系结构洞理论秉承了格拉诺维特（Granovetter，1973）对于弱连接的理论阐述，弱网络关系更有助于信息渠道畅通，将关系网络比作"桥"，解释对知识转移的促进机制（王晓娟，2007）。尽管强关系更有利于增强双方信任感并能加强合作意识，但由于强关系中存在大量冗余、重复甚至无效信息的传递，造成交流的重叠和浪费（林润辉，2004）。但是对于知识转移是否带来负面影响，尚存许多不确定性，毕竟强关系真实的带来了一些组织间更频繁、深入的交流。总体来讲，企业间知识转移带来创新绩效正向影响的过程中，强关系和弱关系所起的具体作用是不同的，弱关系有利于信息的广泛传播和流动，而强关系则更针对特定群体内资源和信息的交换。无论是强关系还是弱关系，都将对企业间的知识转移和创新绩效产生影响。

第三节　差异性高管特质与投资机会对高科技企业创新绩效的影响机理分析

一、基于高阶理论的差异性高管特质与投资机会对高科技企业创新绩效的机理分析

现有文献在研究差异性高管特质、投资机会与高科技企业创新绩效的关系时，很少同时讨论差异性高管与投资机会同时发生变化时，高科技企业创新绩效受到的影响；相关文献一般都蕴含投资机会是由人（即高管）识别而来的前提，因此，本书着重研究差异性高管特质对于既有投资机会识别产生的影响，继而为高科技企业带来不同程度的创新绩效。其中，差异性高管特质综合了高阶理论中人口统计学的分类方法与行为金融学中基于心理认知的分类方法；投资机会主要指对于固有投资机会的识别水平，因此，主要从机会发现观的视角进行研究。

从人口统计学角度出发，差异性高管特质主要表现在高管年龄、性别、教育水平和任期时间这四个维度，分别探讨其对于投资机会的交互影响。投资机会的识别程度提高意味着投资效率的提升、收益的提高等，作为高科技企业必然也会大大促进创新绩效，带来资源与效率的协同发展。

（一）高管年龄与投资机会影响高科技企业创新绩效机理分析

巴克和穆勒（2002）认为高管年龄越大，通常出于降低企业经营风险的考虑，越不愿采取创新的决策。他们有意识地降级自己对于外界投资机会识别的程度，同时意味着企业技术创新能力与创新绩效的降低。国内研究者也得出相似的结论，在研究上市银行的高管特质时，发现高管的年龄对于企业的创新能力具有显著的负相关效应，随着年龄的增加，高管越发倾向规避风险而采用固有的经营方式，这种行为会伤害企业技术创新能力。而弗勒德（1997）则认为，高管除了明确识别投资机会并进行决策以外，有着丰富的

管理经验或者年纪较大的高管对于企业则意味着管理创新能力与绩效的提升。也有学者将创新细分，曾德明等（2016）认为，随着高管年龄的增大，其对于企业的定位与前景更加明确，同时，对于各种决策带来的风险也就具有更强前瞻性的优势，但是研究发现，这些优势对于利用式创新影响不大，但对于影响高科技企业长期生存的探索式创新作用较为强烈。总体来讲，这部分研究倾向于年龄的增大会减少风险较强的投资机会，因此降低创新程度，但是对于风险较小的投资机会，相较于年轻高管而言，由于年长高管具有更丰富的经验与商业嗅觉，其投资机会识别程度将会更高，因此，会正向影响企业的创新绩效。

（二）高管性别与投资机会影响高科技企业创新绩效机理分析

巴伯等（Barber et al.，2001）发现，女性高管通常会选择风险更低的投资，对于一些风险较高的投资机会她们会规避选择不去识别，因为她们相较男性高管，更加厌恶财务风险，这一特质严重影响了女性高管在做财务决策时的判断。黄和吉斯真（Huang & Kisgen，2013）认为，女性首席财务官（CFO）所在的企业发生并购频率较低。由于 R&D 投资具有较高的风险性，多数女性高管的风险厌恶特征会驱使她们减少创新投入，从而降低企业整体创新绩效。

但是，仍有研究表明，女性在企业中成为高管的过程是十分艰辛的，不管是在任何文化背景下，都可能会有以男性为主导的企业文化或者向男性倾斜的公司政策等（Oakley，2000），"玻璃天花板"是女性高管珍惜现有职位、带领企业走出困境的"鞭策"。此外，很多研究明确揭示出女性在进入高级职位时，远比男性需要付出更多的精力与努力（卿石松，2011），也需要比男性花费更多的心思、具备更多的软实力才能跻身高层。"人们更害怕失去而不是得到"这一心理（Abdellaoui et al.，2007）在女性高管身上表现得更加彻底，更具说服力。"玻璃悬崖"效应意味着，一旦女性高管在管理过程中表现出绩效不能得到提升，她们将很快面临被男性取代的风险，而被替代的女性高管获得同样工作机会的概率将更低，难度也会更大。相反，如果女性高管带领面临危机的企业成功逆袭，获得了显著的积极效应，她们的声誉就会迅速提高，女性高管的领导能力也会得到整个团队的认同和重视

（Glass & Cook，2013）。因此，女性将比男性面临更多的困难和障碍。在这个过程中，女性高管必然要突破固有的观念和意识，勇于把握机遇，大胆进行创新投入和企业改革。从这个角度来看，女性高管可能会给企业带来积极的创新绩效。一些研究人员在向商界人士发放了调查问卷，并以此作为研究样本，揭示女性领导力的积极作用。结果表明，女性高管在其工作情境中具有强大的偏向男性的行为意识，很多情况下她们需要化身成为男性化的女性领导者，这时候她们才能真正被他人认可。因此，性别对投资机会的影响逐渐变得模糊，对公司创新绩效的影响基本相同。

（三）高管教育水平与投资机会影响高科技企业创新绩效机理分析

国内外研究结论基本一致，即"高管教育水平与投资机会识别程度呈现显著的正相关关系"。蒂豪尼等（2000）认为，公司高管教育水平越高，该公司对于投资机会的把握越准确，因而投资效率越高，这是因为高管的学历与企业多元化发展呈现显著的正相关关系，企业高管的受教育程度越高（学历越高），其对事物的认知能力也就越强，在企业发展的过程中越能够捕捉、摄取到对于企业发展有价值的信息或者资源，为企业制定更加符合自身发展的战略规划，这其中自然不能缺少对于财务战略的把控和决策，因此能正向促进企业投资效率。同时，蒂豪尼等（2000）的研究中还指出，高管的学历水平越高，他们对于企业分散风险的能力与他们国际化水平也会越高，因此，越可以正向促进企业的创新能力。沃利和鲍姆（Wally & Baum，1994）的研究中表明，硕士学历的高管具有更强的信息处理与分析能力，这种能力赋予他们相较于低学历高管更容易接受技术的变革与创新，技术作为最强生产力和最核心竞争力的背景下，高学历的高管则更具有竞争力（Doms et al.，2010）。卡梅洛等（Camelo et al.，2010）认为，高管团队的教育水平对于企业创新绩效具有促进作用。高管的经验知识与机会识别有着直接关系，经验知识不仅包括高管自身教育水平、教育背景等因素带来的专业知识功底深厚，还包括长期任职积累的职业经验。研究发现，一个机会的存在时间是十分短暂的，而高科技企业由于科技的易逝性，其投资机会存在的时间就更加短暂。这就需要管理者，特别是高科技企业的高管对各类机会正确、及时地把握。企业的高管通过对经济发展趋势的分析来发现新的机会，如果企业高管的自身知识水平较高，那么企业呈现出来的面貌就是具有创造力的，可以这么说，企业高管拥有某一行业越多的知识和信息，其机会警觉性就会越高，越能发现机会。对于机会本身来讲，其出现和消失的时间很短，需要企业的决策者能够及时发现并付诸实践，这就需要企业高管具有丰富的经验和知识，能够对机会进行系统的识别，让这些资源的特定组合能够发挥足够的商业价值。

但是，也有部分研究持相反的观点，他们认为高层次学历水平的高管并不能作为促进企业创新绩效的原因之一（Gottesman et al.，2006；Buyl et al.，2011）。国内学者张慧等（2005）的研究中发现，金融行业中的高管学历与创新绩效正相关关系明显，但是工业、原材料等其他七大领域中的这种关系并不明显，原因可能在于创新作为一种长期行为，有可能其投入产出在一定时间内并不能呈现完美的正相关关系，甚至可能表现出一种抑制作用。

（四）高管任期与投资机会影响高科技企业创新绩效机理分析

综合国外研究，对于高管的任期是否可以促进其机会识别程度，从而提升他们所在企业的创新绩效的说法不一：一部分学者认为，随着高管任期时间的增长，他们就会形成一种对于公司管理的惯性思维，运用固守成规的方式方法管理公司。在这个过程中，他们容易失去对工作的热情与激情，不愿意接受新鲜事物与业务，失去变革意识，不愿意对于潜在的机会进行投资或者投入，于是降低的技术创新程度极大限度地限制了企业的创新绩效。托马斯等（1991）也认为，任期较短的高管具有更强的产品和市场创新意识。但是还有一部分学者持反对的观点，他们认为高管任期越长，越有利于他们识别潜在的机会，从而提高企业的创新绩效。刘运国和刘雯（2007）进行的实证研究结果表明，高管任期正向影响企业技术创新程度，并且与创新投资投入强度显著正相关。因为技术创新具有很强的"双高"特点（高风险、高收益），并且由于前文所述创新投资往往是一个缓慢呈现收益的过程，也就是说不能够在短期内获得收益与利润。因此，高管在其任期足够长的基础上，才会选择进行创新投入与创新投资的决策，从而间接影响企业的创新绩效。

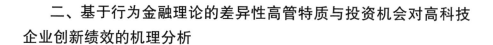

二、基于行为金融理论的差异性高管特质与投资机会对高科技企业创新绩效的机理分析

基于行为金融理论，在公司治理的整个过程中，高管人员往往不能永远保持理性，高管们往往存在着"过度自信""风险规避"和"高管短视"等一系列的心理效应。这些心理特质事实上与高管的职能背景等人口统计学特征存在着密不可分的关联（Fraser & Greene，2006）。高管的任职背景、管理经历等都会引发人们有着特定的习惯和风险的偏好，因此，他们各异的投资行为可能呈现出不同的效应。以往研究表明，高管团队的职能背景可能会影响企业整体的投资水平（许罡，2018）。与具有营销、财务、审计等背景出身的高管相比，掌握生产技术的高管往往更具创新能力和创造能力。当市场的技术基础成熟，且前景被看好时，他们具有更强的冒险意识，敢于尝试，更愿意增加产品和技术创新的投资（Finkelstein，1992），因而有研究发现，拥有生产技术的知识型高管所在比例较高的企业，R&D 投入和创新投资水平较高（Daellenbach et al.，2010；文芳和胡玉明，2009），相应企业的长期创新投资强度也会较高，有容易过度投资的倾向。企业如果存在创新投资水平过高的现象，就会产生投资过度的趋势，对企业绩效会产生两种完全相反的影响：从企业的短期效应出发，当前投资的回收期长，就会产生较高的不确定性，而且与此同时占用的资金、人员等企业资源过多，这必然会给企业的正常经营带来一定程度的影响，但也可能是由于价格溢出有限，加之高昂的开发成本，必然对企业当前的利润率和产出率产生了负面影响（郭斌，2006）。从企业的长期业绩和成长性来说，创新投资可能带来的收益和溢出效应十分显著，既能创造新的利润增长点，带来较高的持续现金收入，又能帮助企业建立新的业务板块，扩张速度大大提升，企业的开发能力和市场价值随之提升（Sougiannis，1994；梁莱歆和张焕凤，2005）。因此，可以发现，企业创新投入水平在高层管理团队的职能背景对企业创新绩效之间可能起到了中介作用。高层管理团队中，"职能管理"背景成员较多的企业，投资创新的意愿相对较弱，有助于规避投资风险，减少不确定性，因此其短期业绩相对较好。在"一体化"背景下，成员较多的企业，其创新投资意

愿更为频繁，R&D 活动和对创新投资的更大趋势。这些企业虽然短期业绩相对较差，但长期业绩和发展能力相对较好。

（一）高管过度自信与投资机会影响高科技企业创新绩效机理分析

贾拉索和西姆科（2011）首次将管理者的"过度自信"引入企业创新行为的研究中，试图揭示企业创新意图的来源及其对创新结果的影响；此外，他们还提出了"职业关注模型"，揭示出创新活动的成败结果将直接对管理者人力资本的价值造成影响。企业创新的成功可以体现出高管对风险是否具有足够的承受能力和决策能力，而创新造成的企业失败会给高管带来一种"能力低下"的自我暗示信息。研究表明，过于自信的管理者具有相对较高的风险承受能力，他们会对自己的能力和投资某个项目可以获得的预期收益进行高估。因此，他们在追求创新方面更加大胆与自信，渴望通过正确把握投资机会，获得更高的创新绩效，从而实现自身的利益回报。换言之，该理论预测过度自信的管理者会大胆把握投资机会，促进企业创新。然而，随着后来研究的深入，管理者过度自信的研究结果与企业的实际情况存在差异。研究表明，经理人的过度自信心理会带来负面的经济后果（Shefrin，2001；Malmendier & Tate，2005），而现实中，大量企业仍雇佣过度自信的管理者（Goel & Thakor，2008）。究其原因，只要企业创新绩效的快速提升带来的一系列效果能够激励高管，过度自信的管理者对创新绩效的促进作用就会抵消其他决策失误和不足，从而呈现出正向的总体绩效提升。翟淑萍（2015）认为，过度自信这一特质会使企业高管更加愿意尝试创新行为。毕晓方等（2016）的研究结论表明，高管的过度自信倾向越大，财务冗余越多，企业进行创新活动的可能性就越大。

过度自信来自认知偏差。大量心理学文献研究认为，人们普遍存在着过度自信的倾向。过度自信的人会高估自己现有的知识水平和能力（Daniel et al.，2004），却低估自己预测出现偏差（何诚颖等，2014）及遭遇风险无法克服，甚至彻底失败的可能性。葛瓦利斯等（Gervaris et al.，2002）相信，过度自信是一种认为自己的知识的准确性高于事实的信念。通常，大多数人会产生偏离实际的、积极的自我评价。一般来说，他们认为自己的能力和前途会比别人好。作为企业的高级管理者，他们会根据自身的教育背景、经验和能力产生过度的自我评价，更倾向于相信心理学，这一点已经被作为企业的高级管理人员的阿里克等（Alicke et al.，1995）的实验研究证明了。在我国，受"君为臣纲"的传统文化的影响，企业高层管理人员由于身份、地位的不同，容易出现过度自信的现象。基于过度自信的盛行，近年来，学术界越来越关注管理者自身特征，尤其是过度自信对企业发展的影响。研究发现，过度自信的高管更容易导致公司投资决策中的低效过度投资行为（郝颖等，2005）和低质量的并购行为（Malmendier & Tate，2008）。

在我国传统文化思想的熏陶下，由于身份地位的差距，促使高管产生过度自信的倾向更大。基于过度自信心理的普遍存在，近年来，学术界越来越关注管理者自身特质，尤其是过度自信对企业发展的影响。研究发现，过度自信的高管在公司投资决策中更可能引发低效率的过度投资行为（郝颖等，2005），也会产生低质量的并购行为（Malmendier & Tate，2008）。

相信过度自信是一种认为自己知识的准确性高于事实的信念。通常，大多数人会产生偏离实际的积极的自我评价。一般来说，他们认为自己的能力和前途会比别人好。作为企业的高级管理者，他们会根据自身的教育背景、经验和能力产生过度的自我评价，更倾向于相信心理学，这一点已经被阿里克（1995）等证明。

虽然过度自信的高管会给企业带来投资效率低下、低质量并购等一系列不良影响，但是关于高管过度自信与创新绩效之间的关系，学术界还没有达成一致结论。近年来，在创新形势的驱动下，创新已成为企业，特别是高科技企业在复杂市场环境中生存的关键要素，作为一项特殊的投资活动，创新具有很强的不确定性和战略性，高科技企业的高管为了凸显自己的能力，通常更愿意进行此类风险性活动，但其创新活动结果往往存在不确定性。尽管许多学者的观点均认为高管过度自信有利于企业的创新发展，但也有一些学者持相反态度，例如，杰佛瑞（Jeffrey，2012）通过研究指出，过度自信的高管会做出非理性的决策，而这些决策会导致公司效益低下；潘清泉（2017）认为，即使过度自信的高管能够增加企业的创新投入，但对企业绩效却表现为负相关关系，因而企业仍不愿意雇佣过度自信的高管。

（二）高管风险偏好与投资机会影响高科技企业创新绩效机理分析

投资高收益往往伴随着投资高风险，这是投资管理理论的普适性观点。在公司内部，如果具备了足够的物质激励，高管更愿意担负风险较高的投资项目，这样在企业研发投资和各类专业化经营的过程中，高管也会更加注重创新管理手段的应用，从而使企业在创新活动中逐渐获取长期竞争优势和收益等创新绩效，针对高管风险承担与企业创新绩效的关系研究，国内外学者的观点却不尽相同：

西蒙（2003）认为，如果高管具有较强的风险承担能力，那么他就会高度忍受创新过程中面临的风险和强烈的不确定性，更有自信去加大创新投资项目的规模，继而会跟随外部市场变化，主动引入新的科学技术和知识。布里托尔（Brettel，2011）认为，高管人员如果能够承担项目投资管理的较大风险，那么就会积极寻求和掌握创新的关键节点，对公司创新绩效有极大促进作用。张峰和杨建君（2016）以国内非上市（国有、民营和三资企业）股份制企业作为样本，验证了高管承担投资管理风险能力的大小，在第一大股东战略干预和公司创新绩效之间呈中介传导效应。

休斯等（Hughes et al.，2006）发现，高管风险承担负向作用于企业创新绩效；还有学者研究发现，创业导向中的风险承担行为越高，企业的创新绩效越低，伴随着创业导向中风险承担行为的提高，公司整体的失败率也会提高。

莫雷诺（Moreno，2008）等认为，没有任何一家公司愿意无限制承担过高的投资风险，而是会承担限定范围内的风险，因此认为非线性影响应该是高管风险承担作用于企业创新绩效的关系。董保宝（2014）以收集问卷的形式，分析了我国东北部地区重要城市高科技企业的首席执行官、正副总经理等核心高管，以及高级管理人员工商管理硕士学员，发现倒"U"形的非线性关系充分说明企业高管对于风险承担的态度与企业创新绩效之间的关系，并且机会能力在这中间发挥了中介传导作用，受限于风险规避态度或者过度冒险态度的高管，常常表现出较低的绩效水平。

综上所述，关于高管风险承担与企业创新绩效的关系尚且存在分歧。观点包括正相关、负相关和倒"U"形的非线性关系，并且暂时没有一种观点占主导优势。企业如果想要正确识别投资机会、提高投资效率，就必须承担相应的投资项目所带来的高风险，特别是以技术价值高且易逝性强的高科技企业，其高管必须具备能够承担风险的能力，才能带领企业进行创新项目的研发投资。因此，高管风险承担水平很大程度上决定了高科技企业是否选择识别投资机会进行创新投入。从代理理论解释路径出发，这就要求抑制高管的道德风险来降低代理成本，设计相应的激励机制，包括薪酬激励、股权激励等来提高风险承担能力，以推动高科技企业的创新能力。但是现在的高管薪酬模式难以有效解决代理问题，并且严重制约了高管风险承担能力和创新发展的积极性，容易造成高管短视，从而制约企业整体的自主创新能力和研发水平。因此，完善激励机制显得至关重要。

（三）高管短视与投资机会影响高科技企业创新绩效机理分析

高科技企业的创新绩效是其对创新产出的刻画，而创新产出不仅受研发投入的影响，还受到研发效率的影响。首先，基于委托代理理论的论述，管理者和企业本身存在利益分歧，管理者往往会以自身利益最大化的原则进行投资决策（Jenson & Meckling，1976）。从这个角度看，管理者具备短视的倾向时，可能伴随着道德风险和逆向选择的问题，而不遵循企业最优投资决策。此外，创新活动的收益和成本在时间上是不匹配的，一般来说，需要在商品市场化之后才能获得收益，而研发付出的高成本可能会拉低当期的业绩表现（李璐、张婉婷，2013）。为了避免创新项目可能会带来的损失，短视倾向的高管会更加青睐短期内拉升股价的项目（Laverty，2004）。所以，高管在具备短视的心理和倾向之后，可能会将有限的资金投到周期短、超额回报的项目上，导致企业创新投入和创新绩效降低。其次，根据 X 效率理论，绩效是伴随着努力程度而不断变化的，而个人的努力程度取决于企业内部的管理与协调性（Leeibenstein，1966），具有短视倾向的高管，目的是提高短期财务绩效来获得薪酬、声誉等奖励，发自内心寻找企业变革和创新的能力较弱，不利于形成研发投入的决策[①]。此时的研发投入将会成为被动的选

---

① X - 效率最早由莱宾斯坦（Leeibenstein）在 1966 年发表的论文《一般 X - 效率理论与经济发展》中提出，X - 效率指"除规模和范围影响之外的所有技术和配置效率，是关于整合技术、人力资源以及其他资产来生产给定的管理水平的测度"。

择，投资放在创新项目上的精力也会相应减少，能够提供的信息和配套资源也有限，创新绩效和创新效率大打折扣。因此，当高管具有短视倾向时，即使进行了研发投资，但其努力程度不够同样会使企业的创新绩效降低。

综上所述，可以看出，高科技企业投资机会的识别主要取决于高管这类"人"的因素，因此，探讨其对于创新绩效的影响，离不开基于人口统计学的高阶理论和基于人口心理学的行为金融理论的深入挖掘。因此，本书主要从管理者的角度出发，着重讨论高管的心里感知和行为模式对于高科技企业创新绩效的影响，主要分为以下三个部分：其一是基于高阶理论框架下，差异性高管特质、投资机会对企业创新绩效的影响。这一部分甄选出三篇论文探讨企业高管人口学特征，包括企业高管职业经验、职能背景甚至海外背景对于企业发展过程中投资机会的识别，以及资源配置对企业创新绩效的影响。其二是基于行为金融理论框架下，差异性高管特质、投资机会对企业创新绩效的影响。这一部分同样甄选出三篇论文探讨企业高管对于机会感知的心理学特征，包括过度自信和对市场环境、金融环境的风险特质，探讨高管的创新投资行为或风险承担与应对行为对于高科技企业创新绩效的影响。其三是投资机会对于企业创新绩效带来的影响研究。这一部分主要探讨市场化因素对于企业高管决策的影响，从而激发企业创新行为的研究。

第二部分：实证部分

第六章
海归高管对高科技企业创新绩效的影响

近年来，随着制度完善和经济繁荣，我国人才回流呈扩大趋势。与此同时，政府为促进人才队伍建设，吸纳优秀人才，积极实施海外高层次人才引进政策。本章在这样的背景下，研究了海归高管对高科技企业创新绩效的影响。基于知识基础观和社会资本理论，本章对七大高科技行业进行了实证检验，发现：（1）海归高管比例与高科技企业专利申请量显著正相关，同时，与企业主营业务收入增长率也呈显著正相关；（2）在不同高科技行业中，海归高管对企业专利申请量的作用不同；（3）与具有海外学习背景的高管相比，海外工作背景的高管更有经验和能力识别投资机会，从而促进高科技企业专利申请量的提高；（4）相比于担任其他职位的海归高管，担任关键职位的海归高管能掌握投资机会决策的话语权，促进高科技企业创新绩效的提高。本章的结论为政府人才引进政策和高科技企业吸纳管理者决策提供了依据和参考。

第一节 引言

一、研究背景与研究意义

伴随制度完善和经济繁荣，我国人才回流呈扩大趋势，大量留学人才和移民形成"归国潮"。据统计，截至2016年底，海外人才归国率达79.4%，中国留学归国人数达到265.11万人，其中，相当比例的海归人才流向企业，其中，不乏高科技企业。国家制定的国际人才引进计划在此起到了重要作用。我国自2008年12月起实施了"海外高层次人才引进计划"（简称"千人计划"），强调人才是跑出中国创新"加速度"的核心关键，鼓励海外留学人员回国创新创业，并拓宽外国人才来华绿色通道。

此外，在企业层面，高层管理者作为决策的制定者，在企业创新活动上，他们的知识和社会资本会对企业决策的制定产生重大影响。海归高管的专业知识和管理技能有助于提升企业投资效率，与具有国际化视野的海归高管相比，"本土"高管在识别投资机会、开发新产品方面更有优势。有学者（Tour A D L，2011）提出，很多规模大、技术优的企业都由海归创办或担任高管，海归在产业发展和技术进步过程中扮演了重要角色，在这样的背景下，回国的海归人才进入企业后能否实现社会期望，在企业发展、产业创新中发挥作用，有必要引起学界的探讨，并用经验数据进行检验。本章的研究结果将为国家的"引智"行为提供参考依据。

二、相关概念界定

本章参考以往的研究，并结合中国实际情境和数据的可获得性，在高管界定方面，本文以各公司年报中披露的高层管理者为准，具体包括：总经理、董事长、副总经理、总裁、担任管理职位的董事会成员和监事会成员、财务总监、董事会秘书等。与此同时，参考刘（Liu X，2010）的定义，本章通过限定海归主体的科学和工程背景，将海归高管界定为：具有海外工作或学习经历的同时具有科学和工程背景的高管。在创新绩效的界定方面，本章参考陈劲（2007）的研究，将创新绩效界定为："实施技术创新后，技术创新活动产出的成果绩效，包括技术产出和经济产出。"技术成果将通过技术产出如专利申请数等反映，而直接经济成果则将通过经济产出包括新产品利润率和新产品销售率等反映。

本章在界定高科技企业时，基于证监会2012年行业分类、国家统计局《2016年中国高技术产业统计年鉴》中对高科技企业的五种分类，以及《国家

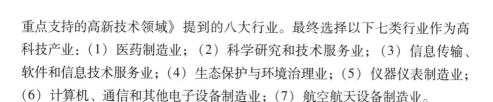

重点支持的高新技术领域》提到的八大行业。最终选择以下七类行业作为高科技产业：（1）医药制造业；（2）科学研究和技术服务业；（3）信息传输、软件和信息技术服务业；（4）生态保护与环境治理业；（5）仪器仪表制造业；（6）计算机、通信和其他电子设备制造业；（7）航空航天设备制造业。

三、研究创新点

本章创新点体现在以下几个方面：首先，基于社会资本理论和知识基础观，本章构建了高科技企业海归高管影响企业创新绩效的理论模型。其次，在研究的样本范围上，本研究样本涵盖了七大高科技行业，具有横向比较的优势，丰富了关于海归高管的研究。最后，以往大多研究把海归高管作为整体，缺乏对海归高管细化分类的关注。本章将按职位进行分类，尝试将海归高管分为担任关键职位的海归高管（担任 CEO/董事长的海归高管）和担任非关键职位的海归高管（担任其他职务的海归高管）。与此同时，将海外背景类型分为海外工作背景和海外学习背景。本章拓展了对海归高管特征的研究，丰富了高管背景对企业创新的研究视角。

第二节 文献回顾及假设提出

一、海归人才的相关研究

（一）海归对区域经济、技术的影响

宏观层面的研究中，海归积极发挥知识溢出效应，作为技术转移的重要渠道，对技术进步、产业结构升级和产业内其他企业技术进步，以及区域经济发展产生影响。李平和许家云（2011）研究发现，海归对不同区域的技术进步均产生重要作用，但是贡献程度不同，他们通过门槛检验，发现海归的溢出效应存在门槛特征。海归对本国产业带来技术转移，知识溢出效果明显，同时这一效果会受到产业发展阶段的影响。

(二) 海归对企业发展的影响

不少学者将关注点放在海归对企业发展的影响上，研究海归创业者及高管对绩效、风险承担、企业社会责任、投资机会识别、国际化进程等多个层面的影响。宋建波（2017）的研究结果显示，海归高管相比其他高管在风险承担和应对上具有更高的意识和能力，他们将获取到的信息充分融入其判断中，提高会计判断和估计的准确性，进而能够帮助公司对投资机会进行更准确、更快速的评估，提升投资决策能力和风险承担水平。文雯（2017）基于高阶梯队理论，认为具有海外背景的高管在企业社会责任理念的认同和国外社会责任的实践上更具优势，因此，回国后能提高投资机会决策的稳健性和可靠性，提高企业的社会责任。在研究海归与企业绩效时，大部分学者主要围绕海归的社会资本优势、知识优势进行分析论证。如戴（Dai O，2009）对中国 353 家中小高科技海归创业企业展开调研，发现海归创业者与本土创业者相比较，具有商业知识和投资机会把握的优势，并更具有国际创业视角。詹内蒂（Giannetti M，2015）也得出了海归积极作用的结论。

二、企业创新绩效影响因素的相关研究

影响企业创新绩效的外部因素包括制度、市场、产业等因素。如李玲等（2013）通过深市 359 家中国企业 2008~2010 年的数据，研究发现制度环境越完善，越利于企业创新，这在一定程度上解释了中国产业化创新缺乏的原因。

企业层面影响创新绩效的研究包括：有研究表明，企业规模和创新产出总量具有正向关系（于君博，2007）。同时，有研究表明，企业的知识吸收能力（李贞，2012）和社会资本（戴勇，2011）能够促进企业创新绩效。高管层面影响创新绩效的研究包括：有研究发现，高管政治关联导致了较低的研发投资强度，进而导致了较低的创新绩效（罗明新，2013）。基于高阶梯队理论的视角，用人口统计学特征来表现不同的管理者特征，如高管性别（曾萍等，2012）、教育（肖挺等，2013）和职业经历（王雪莉等，2013）等，但是海归高管的研究中却少有涉及其不同职位的，所以本章将海归高管的不同职位纳入分析，具有一定理论价值。

三、海归和企业创新绩效的相关研究

有关海归和创新绩效的研究屈指可数，且主要从知识的角度，少有将知识和社会资本同时纳入分析框架的。首先，在国外关于海归与企业创新绩效的研究中，大部分围绕知识溢出进行分析。刘（2010）研究发现，两种人力资源移动能够带来知识溢出效应，并助力创新绩效。菲拉托切夫（Fila-totchev I，2011）也对海归带来的外部知识溢出推动创新的观点表示赞同。其次，国内相关研究有从高阶梯队理论切入的，如宋建波（2016）、刘凤朝（2017），探究海归带来的高管团队异质性对创新的影响；也有学者从知识、社会、投资机会、人力资本角度开展有关海归高管和创新的研究。

通过以上三部分对海归及创新绩效的研究回顾，不难看出相关研究现状：首先，在海归高管研究方面，大多是基于知识溢出的视角或高阶梯队理论展开探讨，少有将知识和社会资本同时纳入分析框架的文献。高阶梯队理论虽然从整体视角解释了海归高管对企业绩效的影响机理，但是没有对个体海归影响企业创新绩效的机理进行深入分析。其次，现有研究中，关于高管特征对企业创新的影响研究涉及高管不同的职位特征，但是海归高管的研究中却少有涉及其不同职位，所以本章将海归高管的不同职位纳入分析具有一定价值。最后，从收集到的文献来看，不少关于海归高管影响企业创新的研究样本基于单一高科技产业，因此，我们有必要分行业检验海归高管的作用，对不同行业的高科技企业样本展开研究。

第三节　理论基础与研究假设

一、理论基础

（一）知识基础观

资源基础观（RBV）将企业看作一系列独特资源和能力的集合，它们

是企业持久竞争优势的源泉（Barney J，1991）。

知识基础观（KBV）由资源基础观发展而来，认为企业的价值创造活动依赖于知识（Grant R M，1996；Liebeskind J P，1996），异质性的知识基础和能力能决定企业持续竞争优势和优异绩效。因此，知识是最重要的战略资源，企业通过依靠知识协同其他资源建立竞争力，从而不断成长（Spender J，1996）。KBV强调能力和知识活动的区别，以及它们的内生性或外生性。知识嵌入在包括组织文化和身份、政策、例行、文件、体系和员工之中。异质的专业知识是企业重要的战略性资源，能帮助企业形成有持续性的竞争力。知识基础观认为，企业担任的主要角色就是将知识应用到生产产品和服务的过程，而整合不同个体之间知识的能力则是企业独特的优势。

基于知识基础观，高管从国外获取的知识影响了企业的知识基础，为企业的创新活动提供了国外的技术和科学支持。

（二）社会资本理论

社会资本理论是在1916年首先被提出的，于20世纪七八十年代被引入社会领域，并在管理学界得到运用。林（Lin N，2001）的研究指出，社会网络中的各种信息资源必须通过直接或间接的社会关系来获取。社会资本理论强调全球化经济下的隐性知识的引出和人际关系。具体来讲，社会关系强调资源和社会资本获取之间的联系，它是难以被模仿的且对企业发展有重大意义（Dai O，2009）。企业外部社会资本是指存在于外部的、用于获得外部稀缺资源的社会关系网络。企业能够通过外部社会资本获得市场和技术信息（Tsai W，1998），减少包括实施、决策、搜索和讨价还价在内的交易成本（Maskell P，2000），推广创新活动的成果（杜海东等，2013），形成创新壁垒（陈守明，2012）等。

除此之外，员工之间的、员工与高管之间的、高管之间的和部门之间的、推动内部交流、部门协作的内部关系网络则属于企业内部社会资本。一方面，企业内部社会资本可以提高内部沟通协调的频率和效率（丁安娜，2012），在形成良好人际关系的同时降低内部交易成本和信息交流失真程度（Maskell P，2000）。另一方面，内部社会资本也通过交流互动，促进知识共享和转移。佩里－史密斯（Perry-Smith，2006）的研究表明，员工创新受到信息交流和团队内部沟通的正面影响，从而能够影响企业创新绩效。

二、研究假设

基于知识基础观，海归高管通过海外的学习和工作，获得了技术、管理等方面的知识和技能，更有能力甄别投资机会并具备创新意识和全球化思维，更加注重保护技术成果，这些都为他们回国后在就职企业中积极实施创新活动提供了支持，并带来创新绩效。技术领域的海归尤为突出，因为他们通常因为在发达国家经历的科学和技术培训而获得更优的技能和知识（Li H，2012）。此外，有研究认为，接触过发达经济体管理培训的人员可以改善新兴经济体企业在公司治理和管理上的落后，而这正是阻碍其发展的原因之一（Anwar S T，2008）。

社会资本理论强调，在全球化情境中，产生于人际关系和社会网络的知识和商业性是企业的优势，它具有难以复制性（Dai O，2009）。萨克森（Saxenian，2005）认为，海归高管与本土高管相比，与海外技术网络具有更密切的联系，这种联系促进了技术信息的流动。海归高管可以利用海外网络关系，及时抓住投资机会，他们具有优先掌握前沿技术信息、商业动态等优势，可以促进高科技企业创新绩效。

基于以上分析，本章提出以下假设：

H6－1：海归高管比例越高，高科技企业创新绩效越好。

在海外相关领域工作的海归，相对于仅在海外接受教育的海归，其海外的商业工作经历与国际商业网络的发展有关（Dai O，2009），加深高管对生产流程、先进的管理制度的理解，丰富高管的管理经验，从而更好地把握投资机会。本书推断，具有海外工作背景的高管比具有海外学习背景的高管更能促进企业的创新绩效。

职位水平的划分有高低之分，CEO 和董事长担负着制订和实施战略决策的使命，CEO 的个人特征对企业制定和执行决策有着深远影响（Meyer，1991）。所以当海归高管具有 CEO 或董事长身份时，其决策权更大，背景特征和风格更能得到彰显，凭借着自身的高职位和决策权，其对投资机会的选择及其他创新决策更能够轻松实现，因此对创新的影响更大。

通过上述对有着不同职位水平和海外背景的海归高管的分析，我们提出以下假设：

H6-2：与具有海外学习背景的高管相比，具有海外工作背景的高管对高科技企业创新绩效的促进作用更大。

H6-3：担任关键职位海归高管与担任非关键职位海归高管相比，更能促进高科技企业创新绩效。

第四节　研究设计

一、实证方法

（一）样本选取

本章初始选取样本期间为 2011~2016 年，先后在沪深上市的属于航空航天器及设备制造业，计算机、通信和其他电子设备制造业，生态保护与环境治理业，信息传输，医药制造业，软件和信息技术服务业，科学研究与技术服务业和仪器仪表制造业七大行业的高科技企业。由于海归高管对企业创新绩效的影响存在滞后性，因此，因变量采用滞后一期的数据，即 2012~2016年。本书剔除了 ST 和 *ST 的上市公司和没有公布 2012~2016 年专利申请数据的公司，样本数为 737 家上市公司，观测值（企业—年份）为 3685 个，自变量和控制变量时间跨度为 2011~2015 年，因变量时间跨度为 2012~2016 年。

（二）数据来源

本章数据可分为三大类：高管团队信息、企业财务信息等基本数据和企业创新绩效。数据的获取及筛选过程如下：首先，本文在筛选海归高管时同时满足三点，一是"高管"选择自公司年报公布的高层管理者（在国泰安数据库上显示为"是否是高管团队成员"）和董事长。二是具有科学或工程背景。以下三点满足一点即可：①其职称满足工程或研究序列；②高管具有生产、研发或者设计的职能背景；③高管简历中披露其专业含有科学、技术类相关专业。三是具有海外学习或海外任职经历。其次，公司基本信息来自公司治理模块，高管的性别、职务、海外背景、职能、专业、高管团队人数、专利等信息来自国泰安数据库。最后，本章还查阅了巨潮资讯等网站，以印证已有信息和补充高管背景的空缺信息。

（三）模型设定

本章设定了 3 个模型以检验 3 个假设。通过模型一检验海归高管对创新绩效的影响，通过模型二检验海归高管的不同海外背景对创新绩效的影响，通过模型三检验海归高管的不同职位对创新绩效的影响。

$$Innovation\ Performance_{i,t} = \alpha + \alpha_1 returnee_{i,t} + \sum_{k=1}^{10} \alpha_{k+1} control_{i,t,k}$$
$$+ industry + year + \varepsilon \qquad (6-1)$$

$$Innovation\ Performance_{i,t} = \beta + \beta_1 returnee\_work_{i,t} + \beta_2 returnee\_study_{i,t}$$
$$+ \sum_{k=2}^{10} \beta_{k+1} control_{i,t,k} + industry + year + \varepsilon$$
$$(6-2)$$

$$Innovation\ Performance_{i,t} = \gamma + \gamma_1 returnee\_core_{i,t} + \gamma_2 returnee\_other_{i,t}$$
$$+ \sum_{k=2}^{10} \gamma_{k+1} control_{i,t,k} + industry + year + \varepsilon$$
$$(6-3)$$

二、变量测度

（一）被解释变量

在本章中，企业创新绩效是被解释变量。考虑到专利产出是技术创新成果的主要形式，本章以专利产出来衡量企业的创新绩效，同时考虑到专利三部分，即发明专利、实用新型专利、外观设计在创新的难度、程度和价值方面有所不同，本章基于余泳泽等（2013）的研究，将发明专利、实用新型专利、外观设计分别以 0.5、0.3、0.2 的比重，加权求和加上 1 后取对数，得到代理变量 *inno*（见表 6 - 1）。

表 6 - 1 变量定义

项目	指标	符号	备注
因变量	创新绩效	*inno*	ln（0.5 发明专利 + 0.2 实用新型专利 + 0.3 外观设计专利 + 1）
		sr	主营业务收入增长率
自变量	海归高管比例	*returnee*	海归高管人数/高管团队人数
	海外工作比例	*returneework*	当年度企业具有海外工作背景的海归高管人数/高管总人数
	海外求学比例	*returneestudy*	当年度企业具有海外求学背景的海归高管人数/高管总人数
	关键职位海归高管比例	*returneecore*	当年度企业海归高管中担任 CEO、董事长人数/高管总人数
	非关键职位海归高管比例	*returneeother*	当年度企业除董事长、CEO 外，其他海归高管人数/高管总人数
控制变量	高管平均年龄	*tmtage*	高管团队平均年龄
	高管平均学历	*tmtedu*	1 = 中专及中专以下，2 = 大专，3 = 本科，4 = 硕士研究生，5 = 博士研究生，6 = 其他，然后加总求平均值
	高管团队规模	*tmtsize*	高管团队人数
	女性高管	*female*	女性高管人数/高管总人数
	公司规模	*size*	ln（员工总人数）
	现金持有水平	*cash*	以资产负债表列示的货币资金经总资产调整
	总资产周转率	*turn*	营业总收入/总资产
	成长性	*growth*	本期营业总收入/上期主营业务总收入 − 1
	总资产净利润率	*ROA*	净利润/总资产余额
	资产负债率	*lev*	总负债/总资产
	年度控制	*year*	根据考察年度构建哑变量
	行业控制	*industry*	根据企业所处地区构建哑变量 1

资料来源：笔者整理。

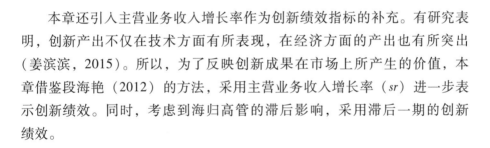

　　本章还引入主营业务收入增长率作为创新绩效指标的补充。有研究表明，创新产出不仅在技术方面有所表现，在经济方面的产出也有所突出（姜滨滨，2015）。所以，为了反映创新成果在市场上所产生的价值，本章借鉴段海艳（2012）的方法，采用主营业务收入增长率（*sr*）进一步表示创新绩效。同时，考虑到海归高管的滞后影响，采用滞后一期的创新绩效。

　　（二）解释变量

　　本章分别从总体和特征层面来衡量解释变量海归高管。在总体层面，本章采用海归高管占高管总人数的比例（*returnee*），综合反映海归高管比例的高低对企业创新绩效的影响。特征层面则包含了海外背景类型和海归高管职位特征。依据海外背景类型设置变量海外工作比例（*returneework*）和海外求学比例（*returneestudy*），其中，海外工作比例用具有海外工作背景的海归高管人数除以高管总人数来衡量，海外求学比例用具有海外学习背景的海归高管人数除以高管总人数来衡量。依据海外高管职位特征设置的变量有：关键职位海归高管比例（*returneecore*）和非关键职位海归高管比例（*returneeother*），依据宋建波等（2017）的研究，本章分别用当年度企业海归高管中担任总经理或董事长的高管人数和当年度企业中除董事长/CEO外，其他海归高管人数除以高管总人数。

　　（三）控制变量

　　本章的控制变量分别包括企业层面和高管层面。除此之外，本章对行业类型（*industry*）和年度（*year*）也进行了控制。本章选择了如下控制变量：高管团队规模（*tmtsize*）（孙海法，2006）、高管平均学历（*tmtedu*）（王德应，2011）、高管平均年龄（*tmtage*）（文芳，2009）和女性高管比例（*female*）（曾萍，2012）。企业层面的控制变量有现金持有水平（*cash*）、企业规模（*size*）、成长性（*growth*）、总资产周转率（*turn*）、总资产净利润率（*ROA*）和资产负债率（*lev*）。

第五节 实证结果

一、描述性统计分析

表 6 - 2 展示了全样本下解释变量、被解释变量和控制变量的描述统计结果，表 6 - 3 总结了分行业解释变量、被解释变量的描述性统计结果。我们可以看出，2012～2016 年专利申请量的全行业平均水平是 1.955，仪器仪表制造业、计算机通信其他电子设备制造业、航空航天器及设备制造业的专利申请量高于全样本平均水平。2011～2015 年海归高管比例在全行业的平均水平是 0.033，科学研究与技术服务业和医药制造业的海归高管水平低于行业平均水平。计算机、通信和其他电子设备制造业在七大行业中的专利申请量的平均水平最大；医药制造业，信息传输、软件和信息技术服务业最小专利申请量的平均水平。从表 6 - 2 来看，专利申请量和主营业务收入增长率的标准差均较大，说明不同行业的创新绩效水平差异较大，验证了分行业检验具有实际意义。

表 6 - 2　　　　　　　　　　　　描述性统计

变量类型	变量名称	平均值	标准差	最小值	最大值
因变量	*inno*	1.955	1.331	0.000	8.083
	sr	0.419	4.253	-0.907	167.646
	returnee	0.033	0.078	0.000	0.667
	returneecore	0.012	0.047	0.000	0.500
自变量	*returneeother*	0.020	0.056	0.000	0.444
	returneework	0.120	0.325	0.000	1.000
	returneestudy	0.086	0.281	0.000	1.000
	turn	0.558	0.510	0.000	12.373

续表

变量类型	变量名称	平均值	标准差	最小值	最大值
自变量	*lev*	0.335	0.201	0.031	0.896
	size	21.436	1.059	16.161	27.145
	cash	0.266	0.181	0.000	0.993
控制变量	*tmtsize*	7.926	2.810	2.000	25.000
	tmtage	46.288	3.709	33.667	60.500
	tmtedu	2.663	1.150	0.000	4.667
	female	0.159	0.147	0.000	0.800
	ROA	0.087	2.007	−3.994	108.366
	growth	0.206	0.425	−0.485	2.771

资料来源：笔者整理。

表6-3　　　　　　　　　　　分行业描述性统计

行业	变量	平均值	标准差	最小值	最大值
航空航天器及设备制造业	*inno*	2.29	1.36	0.00	5.68
	sr	0.29	1.23	−0.27	10.05
	returnee	0.03	0.09	0.00	0.56
	returneecore	0.01	0.03	0.00	0.17
	returneeother	0.02	0.07	0.00	0.44
	returneework	0.05	0.22	0.00	1.00
	returneestudy	0.08	0.27	0.00	1.00
计算机、通信和其他电子设备制造业	*inno*	2.50	1.43	0.00	8.08
	sr	0.30	1.13	−0.91	20.80
	returnee	0.04	0.08	0.00	0.67
	returneecore	0.01	0.05	0.00	0.33
	returneeother	0.02	0.06	0.00	0.43
	returneework	0.13	0.33	0.00	1.00
	returneestudy	0.11	0.31	0.00	1.00

续表

行业	变量	平均值	标准差	最小值	最大值
生态保护和环境治理业	*inno*	1.93	0.86	0.00	3.93
	sr	0.80	2.45	−0.57	16.34
	returnee	0.05	0.10	0.00	0.40
	returneecore	0.03	0.08	0.00	0.40
	returneeother	0.02	0.04	0.00	0.17
	returneework	0.04	0.21	0.00	1.00
	returneestudy	0.12	0.33	0.00	1.00
信息传输、软件和信息技术服务业	*inno*	1.53	1.23	0.00	6.25
	sr	0.66	7.12	−0.73	167.65
	returnee	0.03	0.08	0.00	0.60
	returneecore	0.01	0.05	0.00	0.50
	returneeother	0.02	0.06	0.00	0.40
	returneework	0.14	0.34	0.00	1.00
	returneestudy	0.07	0.26	0.00	1.00
仪器仪表制造	*inno*	2.09	1.02	0.00	4.03
	sr	0.15	0.22	−0.71	0.87
	returnee	0.04	0.11	0.00	0.50
	returneecore	0.02	0.09	0.00	0.50
	returneeother	0.02	0.05	0.00	0.29
	returneework	0.08	0.27	0.00	1.00
	returneestudy	0.09	0.28	0.00	1.00
医药制造业	*inno*	1.54	1.05	0.00	4.85
	sr	0.38	3.99	−0.69	107.07
	returnee	0.02	0.06	0.00	0.40
	returneecore	0.01	0.03	0.00	0.25
	returneeother	0.02	0.05	0.00	0.40

续表

行业	变量	平均值	标准差	最小值	最大值
科学研究和技术服务业	*inno*	1. 95	1. 19	0. 00	4. 11
	sr	0. 23	0. 95	− 0. 57	7. 80
	returnee	0. 02	0. 06	0. 00	0. 29
	returneecore	0. 01	0. 04	0. 00	0. 29
	returneeother	0. 01	0. 03	0. 00	0. 13
	returneework	0. 10	0. 30	0. 00	1. 00
	returneestudy	0. 05	0. 23	0. 00	1. 00

资料来源：笔者整理。

二、相关性分析

表 6 – 4 是变量相关性分析结果，自变量海归高管比例（*returnee*）、非关键职位海归高管（*returneeother*）、海外工作背景（*returneework*）、海外学习背景（*returneestudy*）与专利申请量（*inno*）的相关系数分别为 0.057、0.052、0.116、0.097，且均在 1% 水平上显著；关键职位海外高管（*returneecore*）与申请量（*inno*）的相关系数为 0.032，且通过了 10% 的显著性检验。自变量与主营业务收入增长率（*sr*）的系数为正，但是没有通过显著性检验。本章的 H6 – 1 部分通过验证，即海归高管比例与企业创新绩效成正相关关系。同时，通过各变量进行方差膨胀因子检验所得 VIF 最大值是 1.32，可以看出各变量之间不存在多重共线性。

表 6 –4　　　　　　　　　相关性分析结果

变量	1	2	3	4	5	6	7	8
inno	1	—	—	—	—	—	—	—
sr	−0. 013	1	—	—	—	—	—	—
returnee	0. 057 ***	0. 016	1	—	—	—	—	—
returneecore	0. 032 *	0. 01	699 ***	1	—	—	—	—

续表

变量	1	2	3	4	5	6	7	8
returneeother	0.052 ***	0.014	0.800 ***	0.130 ***	1	—	—	—
returneework	0.116 ***	0.014	0.738 ***	0.411 ***	0.679 ***	1	—	—
returneestudy	0.097 ***	0.014	0.723 ***	0.502 ***	0.581 ***	0.464 ***	1	—
turn	0.096 ***	0.021	− 0.027	− 0.033 *	− 0.01	− 0.007	− 0.024	1
lev	0.035 *	0.502 ***	− 0.062 ***	− 0.056 ***	− 0.039 **	− 0.040 **	− 0.050 ***	0.157 ***
size	0.463 ***	0.134 ***	0.039 **	0.026	0.032 *	0.085 ***	0.053 ***	0.127 ***
cash	− 0.065 ***	0.024	0.041 **	0.047 **	0.017	0.022	0.03	− 0.160 ***
tmtsize	0.252 ***	− 0.046 **	− 0.024	− 0.098 ***	0.049 ***	0.163 ***	0.055 ***	0.060 ***
tmtage	0.002	− 0.033 *	0.035 *	0.033 *	0.021	0.017	0.025	0.069 ***
tmtedu	0.034 *	0.03	0.235 ***	0.168 ***	0.185 ***	0.199 ***	0.230 ***	− 0.119 ***
female	− 0.129 ***	0.02	− 0.026	− 0.043 **	0	− 0.041 **	− 0.037 **	− 0.064 ***
ROA	0.022	0.046 **	− 0.006	− 0.004	− 0.006	− 0.006	− 0.006	− 0.009
growth	− 0.011	0	− 0.012	− 0.008	− 0.011	− 0.011	− 0.01	0.214 ***

注：*** 、 ** 、 * 分别表示在1%、5%和10%水平上通过显著性检验。
资料来源：笔者整理。

三、回归结果分析

相关系数检验只能初步探明海归高管与创新绩效的相关性，我们需要进一步的回归分析来探究其具体的相关关系。本节首先，检验了全行业海归高管与企业创新绩效的关系，然后将工作背景和海外学习背景对企业创新绩效的影响进行了检验，其次，检验了高管不同职位对创新绩效的影响；最后，对七大行业分组检验 H6 – 1。

（一）海归高管与企业创新绩效

根据模型（6 – 1），对海归高管与创新绩效进行回归检验。海归高管比例（*returnee*）与企业创新绩效（*inno* 和 *sr*）的回归结果显示在表 6 – 5 的（1）列、（2）列。在控制了女性高管（*female*）、高管平均年龄（*tmtage*）、高管团队规模（*tmtsize*）、高管平均学历（*tmtedu*）、公司规模（*size*）、总资产周转率（*turn*）、现金持有水平（*cash*）、成长性（*growth*）、资产负债率（*lev*）、总资产净利润率（*ROA*）、行业（*industry*）和年份（*year*）后，得出模型的 R^2 分别为 25.5% 和 8.1%，说明模型（6−1）的拟合效果较好，变量的选择具有合理性，具有解释力度。在模型（6−1）中，*returnee* 的回归系数是 0.637，且在 5% 的水平上显著；*returnee* 和 *sr* 的回归系数是 0.571，且在 10% 的水平上显著。以上结果说明，海归高管人数占比与高科技企业创新绩效具有显著正相关关系，H6−1 得到验证。

表 6 − 5　　　　　　　　　　　　海归高管与创新绩效

变量	*inno*	*sr*	*inno*	*sr*	*inno*	*sr*
	（1）	（2）	（3）	（4）	（5）	（6）
returnee	0.637 ** (2.20)	0.571 * (1.67)	—	—	—	—
returneework	—	—	0.244 *** (3.05)	0.125 (0.59)	—	—
returneestudy	—	—	0.067 (0.95)	0.047 (0.19)	—	—
returneecore	—	—	—	—	1.083 ** (2.18)	1.078 ** (1.99)
returneeother	—	—	—	—	0.574 (1.43)	0.286 (0.61)
turn	0.118 *** (2.69)	− 0.147 * (− 1.73)	− 0.002 (− 0.05)	− 0.112 (− 0.82)	− 0.002 (− 0.05)	− 0.065 (− 0.87)
lev	0.066 (1.15)	0.203 (1.15)	0.066 (1.14)	5.644 *** (33.59)	0.068 (1.16)	0.054 (1.16)
size	0.604 *** (25.00)	− 1.511 *** (− 7.67)	0.508 *** (22.98)	− 0.464 *** (− 7.10)	0.508 *** (23.01)	− 1.484 *** (− 7.28)

续表

变量	*inno*	*sr*	*inno*	*sr*	*inno*	*sr*
	（1）	（2）	（3）	（4）	（5）	（6）
cash	0. 351 ***	− 0. 206 ***	0. 369 ***	2. 670 ***	0. 367 ***	− 0. 203 ***
	（2. 61）	（ − 4. 88）	（2. 69）	（6. 55）	（2. 67）	（ − 4. 64）
tmtsize	0. 043 ***	0. 100	0. 055 ***	− 0. 004	0. 059 ***	0. 144 *
	（5. 18）	（1. 27）	（6. 48）	（ − 0. 16）	（7. 01）	（1. 75）
tmtage	− 0. 042 ***	− 0. 057 ***	− 0. 031 ***	0. 020	− 0. 031 ***	− 2. 620 ***
	（ − 6. 72）	（ − 7. 56）	（ − 5. 01）	（1. 08）	（ − 4. 96）	（ − 7. 58）
tmtedu	0. 071 ***	0. 051 **	0. 073 ***	0. 096	0. 082 ***	0. 137 ***
	（3. 50）	（2. 08）	（3. 50）	（1. 54）	（3. 94）	（2. 91）
female	− 0. 674 ***	− 0. 297	− 0. 498 ***	0. 535	− 0. 503 ***	− 0. 213
	（ − 4. 44）	（ − 1. 63）	（ − 3. 22）	（1. 16）	（ − 3. 25）	（ − 1. 16）
ROA	0. 045 ***	0. 060 **	0. 037 ***	0. 112 ***	0. 037 ***	0. 039
	（4. 12）	（2. 04）	（3. 41）	（3. 36）	（3. 41）	（1. 31）
growth	0. 000	0. 005	0. 000	− 0. 000	0. 000	0. 001
	（0. 78）	（1. 21）	（0. 77）	（ − 0. 16）	（0. 71）	（0. 46）
Constant	− 9. 660 ***	3. 598 ***	− 1. 024 ***	− 0. 073	− 1. 083 ***	10. 879 ***
	（ − 17. 75）	（7. 45）	（ − 3. 02）	（ − 0. 07）	（ − 3. 20）	（8. 19）
Year	Fixed	Fixed	Fixed	Fixed	Fixed	Fixed
Industry	Fixed	Fixed	Fixed	Fixed	Fixed	Fixed
Observations	3685	3685	3685	3685	3685	3685
R^2	0. 255	0. 081	0. 236	0. 297	0. 234	0. 078

注： *** 、 ** 、 * 分别表示在1% 、5% 和10% 水平上通过显著性检验，括号内数据为 t 值。
资料来源：笔者整理。

（二） 海外学习背景、海外工作背景与企业创新绩效

根据模型 （6 - 2）， 对两种不同类型海外背景与创新绩效的关系进行回归检验， 海外工作背景和海外学习背景与企业创新绩效的回归结果通过表 6 - 5 的 （3） 列、 （4） 列显示。 通过 （3） 列的 R^2 为 23. 6% ， （4） 列的

R^2 为 29.7%，我们可以看出模型（6－2）的拟合度较好。在将专利申请（$inno$）作为被解释变量的回归中，海外工作背景（$returneework$）的回归系数是 0.244，p 小于 0.01，而海外学习背景（$returneestudy$）的回归系数是 0.067，不具有显著性。在将主营业务收入增长率（sr）作为被解释变量回归时，海外工作背景（$returneework$）的回归系数是 0.125，海外学习背景（$returneestudy$）的回归系数是 0.047，且两者都不显著。综合（3）列、（4）列的结果来看，相比海外学习背景，海外工作背景与企业专利申请量的正相关关系更为显著。H6－2 得到部分验证。

（三）关键职位海归高管、非关键职位海归高管与企业创新绩效

根据模型（6－3），我们需要检验海归高管不同职位类型与创新绩效的关系。担任关键职位海归高管（$returneecore$）和担任非关键职位海归高管（$returneeother$）与企业创新绩效的回归结果通过表6－5 的（5）、（6）列显示。两个回归方程的 R^2 分别为 23.4% 和 7.8%，说明统计模型能够较为可靠地拟合观测值，有较好的拟合水平。

观察表6－5 中结果发现，在将专利申请量和主营业务收入增长率分别作为创新绩效的度量因素时，担任关键职位海归高管的回归系数分别为 1.083（$p < 0.05$）和 1.078（$p < 0.05$），说明关键职位海归高管对企业创新绩效有显著促进作用；而非关键职位海归高管的回归结果分别为 0.574 和 0.286，均不显著，说明非关键职位海归高管对企业创新绩效没有显著促进作用。对比以上结果可以看出，与担任其他职位的海归高管相比，担任 CEO/董事长的海归高管更能促进企业创新绩效。H6－3 得到验证。

（四）分行业回归结果

由于我国不同高科技产业的发展水平不同，因此应该分行业考虑海归高管对企业创新绩效的作用。为了检验不同行业的海归高管实际发挥作用的差异，本章分行业回归检验海归高管与企业专利申请量的关系。分行业检验的结果如表6－6 所示，通过分析可以看出，在生态保护环境治理业和医药制造业中，海归高管对专利申请量的促进作用较为显著，信息传输、计算机、软件和信息技术服务业、通信和其他电子设备制造业次之；在仪器仪表制造

业和航空航天制造业和科学研究、技术服务业中，海归高管未对专利申请量产生明显的促进作用。造成上述结果的原因可能是我国航空航天器及设备制造业与国外的先进水平差距较小，尽管海归高管在国外接受了教育或者相关领域的工作经历，但是高管海外背景能给国内已有的先进技术带来的提升空间有限。另外，我国的技术服务业仍处于发展初期，市场主体不健全、市场法规和监管体制有待完善。在这种环境下，海归高管可能面临"水土不服"的问题，影响其作用的发挥。

表 6 - 6 分行业检验结果

变量	航空航行业天器及设备制造业	计算机、通信和其他电子设备制造业	生态保护和环境治理业	信息传输、软件与信息技术服务业	仪器仪表制造	医药制造业	科学研究和技术服务业
returnee	0.662 (0.34)	1.423 ** (2.14)	3.143 *** (2.95)	1.247 * (1.71)	−0.518 (−0.54)	2.316 *** (4.10)	0.419 (0.37)
turn	1.501 ** (2.47)	0.147 (1.21)	0.241 (1.47)	−0.115 (−1.46)	−0.333 (−1.11)	−0.088 (−1.52)	9.114 (3.69)
lev	0.100 (0.08)	0.493 (1.42)	−0.042 (−0.21)	1.442 *** (3.82)	0.623 (0.68)	0.091 (1.30)	9.878 (1.63)
size	0.009 (0.05)	4.390 *** (12.86)	0.055 (0.31)	0.332 *** (4.62)	0.784 *** (3.92)	0.486 *** (13.66)	6.108 (3.79)
cash	−1.102 (−0.42)	0.714 ** (2.12)	0.943 (1.14)	0.873 *** (2.93)	−0.222 (−0.30)	0.364 (1.61)	20.432 (3.93)
tmtsize	0.246 *** (4.39)	0.086 *** (4.30)	0.157 *** (3.29)	0.556 *** (3.18)	−0.007 (−0.14)	0.030 ** (2.46)	−0.763 (−2.36)
tmtage	−0.001 (−0.03)	−0.023 * (−1.75)	0.028 (0.45)	−0.002 (−0.14)	−0.065 * (−1.94)	−0.056 *** (−5.38)	−1.054 (−3.34)
tmtedu	0.079 (0.48)	0.025 (0.30)	−0.166 (−1.12)	0.158 (1.49)	0.673 ** (2.50)	−0.016 (−0.56)	−0.417 (−0.74)
female	3.349 (1.66)	−0.146 (−1.36)	−0.780 (−1.07)	−0.213 ** (−2.00)	0.700 (0.95)	−0.516 ** (−2.32)	36.648 (3.74)

续表

变量	航空航行业天器及设备制造业	计算机、通信和其他电子设备制造业	生态保护和环境治理业	信息传输、软件与信息技术服务业	仪器仪表制造	医药制造业	科学研究和技术服务业
ROA	3.945 (0.54)	2.760 *** (2.67)	0.013 (0.95)	2.042 ** (2.34)	−0.037 (−0.23)	2.952 *** (5.61)	−75.903 (−2.94)
growth	−0.002 (−0.46)	0.000 (0.52)	0.013 (0.71)	0.002 (1.16)	−0.087 (−0.17)	0.001 (0.71)	−0.885 (−4.21)
Constant	−1.254 (−0.50)	−6.708 *** (−8.21)	−0.389 (−0.15)	−7.855 *** (−5.63)	−1.401 (−0.58)	0.123 (0.22)	1.983 (0.14)
Year	Fixed	Fixed	Fixed	Fixed	Fixed	Fixed	Fixed
R^2	0.320	0.394	0.554	0.191	0.430	0.312	0.980

注：*** 、** 、* 分别表示在1%、5%和10%水平上通过显著性检验，括号内数据为t值。
资料来源：笔者整理。

第六节　结论与展望

通过以上研究得出如下结论：第一，资本市场信息不对称程度可以通过知识产权保护水平的提高得到缓解，这有助于促进资本市场的进一步完善，并提高我国资本市场的活跃程度。第二，企业信息不对称程度的降低，可以改善高科技企业的资本结构、增加企业对于股权资本的吸引力，并降低企业的财务风险；能够有效促进企业拓宽融资渠道、提升融资能力。第三，信息不对称是知识产权保护水平影响高科技企业资本结构的中介变量，知识产权保护水平的提高对于改善资本市场、提升企业融资能力有重要作用。政府部门可以通过提高知识产权执法力度，健全完善知识产权保护的执法体系来降低资本市场信息不对称的程度、完善我国的资本市场，进而帮助高科技企业缓解甚至解决其融资难题，从而促进我国高新技术产业的发展，加快我国创新型国家的创建步伐。

第七章
CEO职业经验对高科技企业创新绩效的研究

引言

一、研究背景与研究意义

近些年来，中国企业在创新方面的能力不断提高。企业内外都表现出对于创新活动的极高热情。而 CEO 个人会对企业投资机会选择、决策效果产生很大影响。企业发展以人为载体，作为企业重要的决策执行者的 CEO，他们是否以及如何影响企业创新绩效呢？对于 CEO 的研究结论也会应用在一些理论的扩展中，例如，高阶梯队理论（John et al.，2016）。本章将关注点聚焦于像 CEO 这样"简单纯粹且影响不断加大"的研究对象，关注在我国高科技企业中，这一类重要人物对于高科技企业赖以为继的创新绩效的影响，提出本章的研究问题：（1）高科技企业中 CEO 所具有的职业经验深度和广度是否有助于提升企业创新绩效；（2）在我国企业目前的资本结构下，其是否对 CEO 职业经验与高科技企业创新绩效关系产生一定影响。

本章基于知识基础观和高阶梯队理论，对企业知识的重要载体——CEO 如何影响高科技企业创新绩效进行探讨，从 CEO 具有的职业经验这一类隐性知识出发，研究其是否对企业投资机会把握和创新绩效提升产生影响，以及从代理问题的视角考查了知识转移过程中的情境因素——债务资本是否会对前述影响产生分化。而理论界有关 CEO 个人特征与企业创新关系的研究，较少从知识转移的路径进行探讨，本章意在充实 CEO 影响企业创新的解释路径，并且增加研究结果的适用性。从现实背景出发，本章的研究结果对于高科技企业如何培养善于识别投资机会、对企业创新绩效有突出影响的 CEO，提供了借鉴可能。

二、研究内容与相关概念界定

（一）研究内容

本章以技术密集为特点的高科技企业作为研究对象，探讨哪些因素会影响其至关重要的创新产出。本章以 CEO 个人职业经验这一类隐性知识作为切入点，分析承载于企业关键角色上的职业经验是否会提升高科技企业的创新绩效，并且将 CEO 职业经验从深度和广度细化为 CEO 在任时间和 CEO 职能经历多样性两方面，以期能够增厚该领域的现有研究。但是知识由人向企业转化的过程中存在风险，依据委托代理理论，代理人相对于委托人更倾向于风险规避，从而偏好风险较小的投资机会，因此需要进行一定程度的激励和约束，使风险偏好趋于一致，在当前中国企业的资本结构下，债务资本这种外部治理因素是否会对两者关系产生影响，是本章需要更进一步探究的问题。

（二）研究方法

本章在研究过程中采用的研究方法主要为文献回顾法和实证分析法。在文献梳理方面，主要通过回顾 CEO 职业经验深度和广度领域相关的理论和文献，首先，对 CEO 职业经验和企业创新绩效进行了概念界定；其次，对现有文献进行梳理总结，提炼现有研究进展；最后，在对理论梳理后提出本章的研究框架和假设。在实证分析中，首先选取合适的代理变量进行概念的度量，随后确定数据来源、研究样本与所应用的模型，在这一部分的最后对主要变量进行了描述性统计和相关性分析，并根据已建立的模型进行多元回归分析，为了研究结果更加稳健，进行稳健性检验后得到最终结论。

（三）创新点

本章的创新点在于：首先，以 CEO 职业经验为切入点，研究 CEO 职业经验对企业创新绩效的影响，增加了高管个人特质与公司创新绩效关系领域的研究，并且对于希望通过创新获得长期回报的股东而言，可以解答什么样的 CEO 更利于公司发展；其次，研究了企业债务的调节作用，发现短期负债和长期负债均对 CEO 职业经验深度与企业创新绩效之间的关系起到正向促进作用，说明企业负债确实在缓解代理问题方面发挥了一定作用，增加了CEO 将所积累的知识、能力应用于投资机会选择和企业创新的信心和勇气，尽管这种激励更多的是约束型激励；最后，本文以高科技企业为研究对象，这一类企业所处的产业环境竞争激烈、技术变化迅速，而且相应的制度法规也在逐渐完善，面临诸多投资机会，针对这一高速成长群体的研究细化和丰富了现有领域有关 CEO 个人特质与企业创新关系的研究。本章对于高科技上市公司如何安排 CEO 在任时间、选择具有怎样职业背景的 CEO 有一定的启示和指导作用，为实现 CEO 职业经验与企业创新绩效配置更佳提供了决策依据；并且展现了债务治理在我国的发展和应用现状，为将来更加完善债务治理的制度设计提供了现实依据。

第二节　文献综述

一、CEO 职业经验的相关研究

组织中的关键角色所发挥的作用是不容忽视的，而在战略管理领域中，一个基本的研究共识是高管在公司战略形成中扮演着主导的角色。鲍德里奇和伯纳姆（Baldridge & Burnham，1975）发现，在组织中的位置和角色对于组织的创新行为存在一定影响，进而根据焦亚和奇蒂佩迪（Gioia & Chitti-peddi，1991）的描述，CEO 是根据企业设置的战略决策和计划来承担责任，并且指挥行动来实现这些计划的人，因而 CEO 在企业中是一个不能忽略的重要存在。

张和拉贾戈帕兰（Zhang & Rajagopalan，2010）以 193 名在 1993～1998 年离职的 CEO 为样本进行研究，发现首先，CEO 既可以来自本公司，也可以来自同一行业的其他公司，甚至是不同行业的公司；其次，战略变革与企业绩效的关系呈倒"U"形，而这种倒"U"形关系在 CEO 来源不同时，其形状也不相同，在 CEO 任期超过 3 年后，外部聘用的 CEO 可能会进行更大规模的战略变革，对于企业业绩会有较大程度的负面影响。原因可能在于外部聘用的 CEO 和内部提拔的 CEO 拥有不同类型的经验，内部提拔的 CEO 通过在本公司先前的任职经历积累了特定的知识及技能，在筛选投资机会、进行战略选择等方面，他们会沿袭之前的文化和惯例，而外部聘用的 CEO 则拥有相对新颖的知识和技能，他们希望自己对公司业绩有所贡献和突破（Harris & Helfat，1997）

二、CEO 职业经验与企业创新绩效的相关研究

（一）CEO 职业经验深度与企业创新绩效

汗布里克和福富（Hambrick & Fukutomi，1991）最早从职业生命周期的角度将管理者的任期划分为授命上任的适应期、探索改革的试用期、形成风格的模式选择期、全面强化的融合期和僵化阻碍的异常期五个阶段。CEO 职业生命周期的不同阶段，管理者的认知刚性、工作兴趣、信息来源渠道、努力程度等均存在一定的差异。在进一步验证 CEO 处于职业生命周期的异常期时，是否存在投资短视行为时，发现 CEO 在其任期最后几年，对于投资机会选择的倾向会发生明显变化，即确实减少了重大持续性研发项目的支出，以此来提高短期绩效（Dechow & Sloan，1991）。格里姆和史密斯（Grimm & Smith，1991）对 27 家铁路公司的 855 名经理进行研究后也发现，在面对多变的环境要素时，年轻且缺乏经验的高管有更大的倾向发动战略变革。大多数国外学者研究发现，高管在任时间越长，越不愿意改变现状（Hambrick et al.，1993；Miller，1991）。卡奇尔（Cazier，2011）的研究也

支持上述观点，他认为 CEO 在任时间越长，越习惯应用自己的方式管理企业，即使外部环境逐渐变得不利于企业生存和发展，他们也不愿进行大幅度的战略变革；并且当 CEO 接近离任或退休时，更有强烈的动机规避风险较大的投资机会，压缩研发投资，以保持企业现有绩效。

（二）CEO 职业经验广度与企业创新绩效

CEO 职业背景与 CEO 任期都属于 CEO 先前已积累的经验，但不同点在于 CEO 职业背景一般用来表征其经验的丰富性，代表着 CEO 对某一个或几个领域有更广泛和专业的理解；CEO 任期则表明其在企业和行业所积累经验的深度，两者从不同角度说明了 CEO 的先前经验。谢恩和文卡塔拉曼（Shane & Venkataraman，2000）指出，人们已经拥有的信息指导着机会识别，而这些信息来源于人们特殊的生活经历，这些经历形成了每个人独有的"知识走廊"，但经历具有随机性，由此导致某些不能体验这种经历的人对机会"视而不见"。谢恩等（2000）对澳大利亚的经济研究后发现，企业家的先前经验对其创新投资机会的识别有正向影响，并且在一系列深入的案例分析后，他验证了后续很多机会的识别其实仅由单一的创新引发的结论，再一次印证了 CEO 先前经验对于企业把握投资机会、进行创新的积极深远影响。

三、CEO 职业经验、企业负债与企业创新绩效的相关研究

（一）企业负债治理效应的相关研究

对于企业负债治理效应的研究，国外学者指出，银行这类债权人有动机和能力监督和控制企业活动。利兰和派尔（Leland & Pyle，1977）发现，债权人会对潜在债务人进行有效筛选，并且对实际债务人进行监督，以此降低信息不对称和逆向选择问题，并最终降低代理成本。施蒂格利茨和维斯（Stiglitz & Weiss，1981）主张控制管理层的有效机制是由银行和其他贷款者组成的外部债权人，而不是传统的股权持有者。此后的研究则更加严谨，通过考虑多类控制变量和工具变量，排除了反向因果关系，也发现企业的外部

债权对创新活动有明显的正向作用（Ayyagari，2011）。

（二）三者关系的相关研究

通过对文献的梳理，发现学者对于 CEO 职业经验与企业创新绩效及企业负债与企业创新绩效这两类关系的研究相对较多，但是较少将三者结合起来研究其关系。因此，本章将加入企业负债这一情境因素，考虑 CEO 职业经验与高科技企业创新绩效的关系，将企业负债作为两者关系应用的边界条件，以期能够在 CEO 职业经验与企业创新绩效和企业负债与企业创新绩效两类关系的研究中建立关联，整合到一个框架内进行研究，丰富现有领域的内容。

第三节 理论分析与研究设计

一、理论基础

（一）知识基础观

知识基础观认为，实现企业创新的重要战略资源是知识，是其知道什么而非拥有什么（Gray & Meister，2004），而企业中的缄默知识是其核心创新能力的来源。企业作为知识处理和整合系统，其发展以人为载体，通过两种方式获得，一种方式是企业内部个体所具有的知识，以及在此基础上通过整合、应用和创新产生的新知识；另一种方式是企业通过与外部其他组织进行互动，从外部获取重要隐性知识，以及在此之上被吸收消化后的重新组合和扩散，形成企业特定的文化环境。在这个过程中，企业中个体的知识架构、价值观和思维方式也在发生改变。

（二）高阶梯队理论

高阶梯队理论建立在西蒙（Simon，1957）有限理性的基础之上，认为高管对于现实的建构是他们个人倾向的一种反映，最终形成了他们的战略选择（Carpenter et al.，2004），并且这些抉择对于企业绩效有着深远的影响。而高管的个人倾向主要由两种类型的个人特质形成，即心理特质和可观察到的经历。其中，高管个人经历相对于心理特质可能会有更多的"噪声"；而可观察到的经历或特征，主要为年龄、任期、职能背景、教育水平和社会经济地位等人口统计学特征。而对于这些经历如何影响企业最终业绩的解释，主要遵循"经历—认知—行为—企业绩效"这一路径，即这些经历经过原先的认知和价值观的审视，通过有限理性的选择和解释，重新塑造和影响他们的价值观和认知模型，整合后形成他们对于投资机会识别和运用的行动，最后行动的效果反映在企业绩效上（Hitt & Tyler，1991）。

（三）委托代理理论

从科斯提出企业理论开始，管理者对于企业决策的影响一直受到广泛关注。经典的委托代理理论认为，需要从激励和约束两方面降低管理者风险规避的程度。其中，激励主要是指对管理者进行与业绩挂钩的薪酬或股权激励（Holmstrom，1979；Jensen & Murphy，1990）；而约束主要分为董事会、监事会所发挥的内部约束（Hillman & Dalziel，2003；Westphal，1999）、机构投资者和债权人的外部约束（Hoskisson et al.，1994），以及外部制度环境产生的监管约束（Diestre & Rajagopalan，2012）三个方面。基于委托代理理论，公司治理要素的相关研究对于前两方面的探讨较为丰硕。

二、CEO 职业经验与高科技企业创新绩效

CEO 职业经验的深度和广度也属于 CEO 自身的传记特征，属于 CEO 的职场身份标记。本章将从 CEO 职业经验的深度和广度两方面来分析其与高科技企业创新绩效之间的关系。

（一）CEO 职业经验深度与高科技企业创新绩效

CEO 职业经验深度在很大程度上影响着 CEO 的行为和决策。

CEO 在任职初期，对行业和企业的认知还处于模糊状态，因此，在

CEO 任职初期，企业的创新绩效可能并不会明显提升。而随着 CEO 在任时间逐渐增长，其对公司的市场和已经建立起来的网络更加熟悉，在公司层面上拥有了更丰富的独特知识（Hambrick et al. , 1993），对于行业环境和市场发展趋势，以及企业自身所具备的优势有更加独到的见解。并且其前期所激发的企业创新也逐渐带来可见的成果，更有助于其识别和把握有利投资机会，从而使企业创新绩效增加。CEO 在解决问题时，效率会更高，会将更多的精力用于对企业至关重要的创新活动上。因此，本章的第一个假设为：

H7 - 1：CEO 职业经验深度与高科技企业创新绩效之间存在正相关关系。

（二）CEO 职业经验广度与高科技企业创新绩效

笔者认为，CEO 职业背景的丰富性对于企业创新绩效的影响，可以从以下两方面来解释：一方面，丰富的职业背景表征了 CEO 的心理特征是追求动态、变化的，而不是倾向于稳定和渐进的，他们对于试验和未知保持着开放的心态，更容易接受差异和风险，倾向于选择创新的投资机会，因而，他们会更愿意通过创新来增加企业未来的业绩表现，而不是固守住当前的"江山"；另一方面，CEO 职业背景的丰富也在塑造着 CEO 的信息加工处理过程、认知方式和决策思维等，这种丰富性不仅增加了 CEO 的知识储备，使他们在面临投资机会决策时可以应用先前的问题解决方式，而且因为有更加开阔的知识面，他们在面对动态环境时有更强的适应能力，这两方面因素使他们更加"游刃有余和临危不惧"（Crossland et al. , 2014），并且他们在有关研发和市场方面多元化的职业背景也更使其对于技术创新和市场的趋势有更深刻的见解，有利于其把握投资机会。在此情形下，CEO 会提供更多的创新方案及多样化的视角，以增加企业的创新倾向。因此，本章的第二个假设为：

H7 - 2：CEO 职业经验广度对于高科技企业创新绩效有积极的影响。

（三）企业负债对 CEO 职业经验与高科技企业创新绩效关系的调节作用

企业负债可以分为短期负债和长期负债，相较于长期负债，短期负债对削弱 CEO 的私利挖掘动机的影响更加强烈，因为背负偿还借款的压力，CEO

对于业绩的提升有更紧迫的需求，因此，在投资机会的选择上更加激进，将在已有创新投入的基础上，提高企业的创新效率，进而提高创新产出。

熊彼特（1990）认为，企业家天生拥有突破、创新的心态，但是在企业这种只有有限资源的组织中，需要权衡各方面因素，CEO 仅凭着自己职业经验的深度和广度并不能保持长期的创新热情。而从长期负债所起到的外部治理效应看，由于长期负债期限较长且资金成本相对股权成本低廉，降低了 CEO 在进行创新活动时对于资金是否充足稳定的担心，从而更利于其把握投资机会。另外，长期负债需要企业定期还本，因而减少了 CEO 可支配的自由现金流，抑制了其过度投资，使其能够真正投入有效率的创新活动中。因此，长期负债作为外部的一种治理手段，既能够激励 CEO 将资金投入稳定的创新活动中，也约束其减少非效率的创新活动（王满四、徐朝辉，2018），这两方面促使 CEO 将其自身所具有的职业经验应用于企业创新机会识别、决策执行，以及提高管理效率上，促进企业创新成果更快展现。由此提出本章的第 3 组假设：

H7 – 3a：企业负债对于 CEO 职业经验深度与高科技企业创新绩效的关系存在正向调节作用。

H7 – 3b：企业负债对于 CEO 职业经验广度与高科技企业创新绩效的关系存在正向调节作用。

三、研究设计

（一）解释变量

本章的解释变量为 CEO 的职业经验深度（*Tenure*）和职业经验广度（*Funback*）。CEO 职业经验深度。根据研究假设，本章的 CEO 职业经验深度以 CEO 既有任职时间界定。企业中职能背景主要分为生产、研发、设计、人力资源、管理、市场、金融、财务和法律 9 类。本章的研究目的是探讨职业背景的丰富性对于创新的影响，即职业背景数量的多寡对于企业创新的影响，因为前两类职能主要面向市场和研发，其与企业创新活动有更强的相关性，因此，以成为 CEO 之前的有关输出和转换这两类职能背景数量代理

CEO 职业经验广度。

（二）被解释变量

本章的被解释变量为企业创新绩效（*Inno*），采取专利申请量来作为创新绩效的代理变量。

（三）调节变量

本章的调节变量为企业负债，根据前面的研究假设，按照债务期限将企业负债具体分为短期负债（*STD*）和长期负债（*LTD*），分别用流动负债和长期负债与总资产的比值来代理短期负债和长期负债。

（四）控制变量

企业创新绩效除了受到 CEO 职业经验深度和广度的影响，还受到企业规模、企业存续时间、总资产报酬率和董事会规模这些企业层面因素和 CEO 年龄的个人因素影响。因此，本章选择以下因素作为控制变量。

1. 企业规模（*Size*）

在创新活动中，企业规模会影响创新决策审批、执行的效率，以及技术转向的灵活性。因此，本章将企业规模作为控制变量之一，并且采用企业年末总资产的自然对数（吴超鹏、唐菂，2016）作为度量方式。

2. 企业存续时间（*Age*）

一般认为，企业存续时间与企业规模存在正相关关系，因此，将企业存续时间也加入模型，以每一研究年份减去企业创始年份来进行衡量（吴超鹏、唐菂，2016）。

3. 总资产报酬率（*ROA*）

总资产报酬率表明企业的盈利能力，企业创新需要持续稳定的现金流投入，而企业的盈利能力越强，对于创新活动的投入越能够保持，总资产报酬率以每年净利润与当年期末总资产比值代理。

4. 董事会规模（*Board*）

根据以往研究发现，董事会与 CEO 之间存在着权力博弈，董事会人数可以在一定程度上表征董事会权力的大小，董事会规模越大，对于企业创新决策的影响越大。因此，本章以董事会人数作为董事会规模的代理变量。

5. CEO 年龄（*CEOAge*）

CEO 年龄也在一定程度上影响 CEO 职业经验的积累，而年龄也可能会影响 CEO 在创新活动上的风险偏好，因此，将 CEO 年龄也作为控制变量之一。

四、数据来源和样本处理

本章根据《战略性新兴产业分类（2018）》、中国证券监督管理委员会《上市公司行业分类指引》（2012 年修订）对沪深两市上市企业进行筛选，最终涉及新一代信息技术产业、高端装备制造产业、新材料产业、生物产业、新能源汽车产业、新能源产业、节能环保产业、数字创意产业、相关服务业共 9 大领域，726 家样本企业。

之后从国泰安（CSMAR）和万得（Wind）数据库取得上述企业 2012 ~ 2017 年的财务数据、公司基本情况、治理结构、董监高个人情况，以及专利申请量等数据。但由于从创新投入到专利产出需要一定时间，因此，使用滞后一期的创新绩效，最终研究样本期间为 2013 ~ 2017 年。利用电子表格（Excel）剔除数据缺失和上市不足 1 年，以及资不抵债的样本后，最终取得 2242 个观测值。为减少极端值对回归结果的影响，利用 Stata14.0 在进行回归分析前对于模型中的连续变量进行了 99% 水平的缩尾处理。

五、回归模型设计

首先，验证 CEO 职业经验与高科技企业创新绩效的关系，考虑到时间和行业所代表的宏观经济和中观环境因素对于创新绩效的影响，因此，在模型中同时纳入了时间和行业的固定效应，最终使用以下模型来检验 H7 - 1 和 H7 - 2。

$$Inno_{i,t} = \beta_0 + \beta_1 Tenure_{i,t-1} + \beta_2 Age_{i,t-1} + \beta_3 ROA_{i,t-1} + \beta_4 Board_{i,t-1}$$
$$+ \beta_5 CEOAge_{i,t-1} + Year + Industry + \varepsilon \qquad (7-1)$$

$$Inno_{i,t} = \beta_0 + \beta_1 Funback_{i,t-1} + \beta_2 Size_{i,t-1} + \beta_3 ROA_{i,t-1} + \beta_4 Board_{i,t-1}$$
$$+ \beta_5 CEOAge_{i,t-1} + Year + Industry + \varepsilon \qquad (7-2)$$

其次，在上述模型中加入经过中心化处理的调节变量与解释变量的交互项，CEO 职业经验深度（*Tenure*）与短期负债（*STD*）和长期负债（*LTD*）的交互项，分别以 *TS* 和 *TL* 为代理；CEO 职业背景多样性（*Funback*）与短期负债（*STD*）和长期负债（*LTD*）的交互项，分别以 *FS* 和 *FL* 为代理，应用以下模型来验证 H7 – 3a 和 H7 – 3b。

$$Inno_{i,t} = \beta_0 + \beta_1 Tenure_{i,t-1} + \beta_2 TS_{i,t-1}, \ TL_{i,t-1} + \beta_3 Age_{i,t-1} + \beta_4 ROA_{i,t-1}$$
$$+ \beta_5 Board_{i,t-1} + \beta_6 CEOAge_{i,t-1} + Year + Industry + \varepsilon \qquad (7-3)$$

$$Inno_{i,t} = \beta_0 + \beta_1 Funback_{i,t-1} + \beta_2 FS_{i,t-1}, \ FL_{i,t-1} + \beta_3 Size_{i,t-1} + \beta_4 ROA_{i,t-1}$$
$$+ \beta_5 Board_{i,t-1} + \beta_6 CEOAge_{i,t-1} + Year + Industry + \varepsilon \qquad (7-4)$$

第四节　实证结果

一、单变量分析

（一）描述性统计

本章选取了涉及 9 类战略性新兴产业的 726 家高科技上市公司作为样本，收集整理其 2012 ~ 2017 年公司、CEO 层面的相关数据，表 7 – 1 展示了研究所涉及的主要变量的描述性统计结果。

表 7 – 1　　　　　　　　　描述性统计结果

变量	均值	标准差	最小值	最大值	观测值
Tenure	4.064	2.933	0.083	12.417	2242
Funback	0.813	0.796	0.000	3.000	2242
STD	0.271	0.158	0.028	0.710	2242
LTD	0.023	0.046	0.000	0.243	2196
Age	15.892	5.088	7.000	33.000	2242

续表

变量	均值	标准差	最小值	最大值	观测值
ROA	0.061	0.055	-0.108	0.233	2242
Board	8.404	1.566	5.000	13.000	2242
CEOAge	48.706	6.047	34.000	66.000	2242
Size	21.613	0.986	19.826	24.687	2242
Inno	34.880	81.682	1.000	616.000	2242
Invent	20.670	53.427	0.000	398.000	2242
New	9.693	20.843	0.000	139.000	2242
Font	3.235	10.563	0.000	83.000	2242

资料来源：笔者根据研究结果整理。

1. CEO 职业经验深度（*Tenure*）

在 2012～2016 年，CEO 最长在任时间为 12.417 年，平均值为 4.0 年，标准差为 2.933 年，说明高科技企业 CEO 任期长度主要集中在 1～7 年。为了更加清晰地观察 CEO 职业经验深度在所研究年份的变动趋势，图 7－1 展示了 2012～2016 年所研究的样本公司 CEO 平均在任时间的变动趋势，发现 CEO 任期的平均值在 2012 年小于 4 年，对于我国高科技企业 CEO 来说，4 年的任职时间可能属于正常的职业生涯长度。但从趋势来看，CEO 任期的平均值持续下降，表明我国高科技企业 CEO 更替的速度加快。

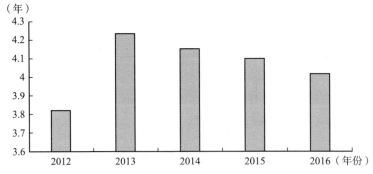

图 7－1　2012～2016 年 CEO 职业经验深度平均值变化趋势

资料来源：笔者整理。

2. CEO 职业经验广度（Funback）

CEO 所经历的职能的平均数量为 0.813，最大值为 3，标准差为 0.796，表明大多数 CEO 曾从事 1~2 种有关技术和市场的职能。图 7-2 表现了 2012~2016 年，样本公司 CEO 平均担任过的职能数量，在这 5 年中 CEO 职能经历呈现更加多样的特征，类似于在文献综述部分所提及的美国经理人自 1980 年开始出现了"通才"的特征，在成为 CEO 之前经历了多种职能岗位的锻炼。我国高科技企业在培养和甄选经理人时也开始与国际接轨，更加倾向于职业背景丰富的 CEO。

图 7-3 则清晰展示了发明专利申请量平均值在 5 年间的变动趋势，与专利申请总量的平均值变动趋势一致，自 2016 年开始下滑。

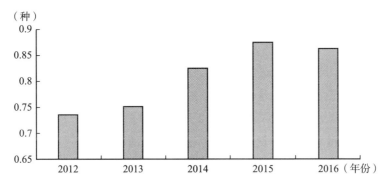

图 7-2　2012~2016 年 CEO 职业经验广度平均值变化趋势

资料来源：笔者整理。

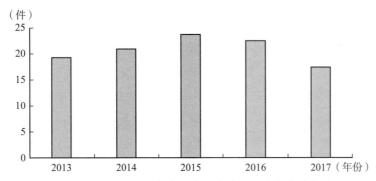

图 7-3　2013~2017 年发明专利申请量平均值变动趋势

资料来源：笔者整理。

3. 其他控制变量

其他控制变量中，企业年龄（Age）中最短存续 7 年，最长则已经发展了 33 年，平均存续时间为 15.892 年，说明高科技企业存续时间较长；总资产报酬率（ROA）平均值为 6.1%，最大值达到 23.3%，这体现出高科技企业利润多级分化的趋势，间接表明控制总资产报酬率的必要性；董事会规模（Board）的平均水平为 8 人，最大规模为 13 人，在一定程度上表明样本高科技企业的董事会治理处于较好水平；CEO 年龄（CEOAge）的平均值为 49 岁，最年轻和最年长的 CEO 分别为 34 岁和 66 岁，表明高科技企业更倾向于年长的 CEO 来经营管理企业，在一定程度上表明企业对于经验丰富的管理者的倾向；企业规模（Size）最小值、平均值和最大值分别为 19.826、21.613 和 24.687，表明样本高科技企业的规模差异较小。

（二）相关性分析

在对研究的主要变量进行描述性统计分析后，本章利用皮尔森相关系数检验初步分析了各变量间是否存在线性关系，为后续的多元回归分析做了铺垫，具体的相关性分析结果如表 7 - 2 所示。根据相关性分析结果，各解释变量、调节变量和控制变量与被解释变量之间的相关性系数绝对值均小于 0.5，不存在严重的多重共线性问题，可以进行后续的回归分析；并且表中数据表明，CEO 职业经验深度和广度与高科技企业创新绩效之间的相关性系数分别为 0.07 和 0.033，呈正相关关系，初步印证了本章的 H7 - 1 和 H7 - 2；虽然 CEO 职业经验广度与高科技企业创新绩效的正向关系并不显著，但这可能是因为相关性分析并未控制其他变量的影响，导致两者关系并不明显。而代理企业负债的短期负债和长期负债与企业创新绩效的相关性系数分别为 0.209 和 0.122，并在 1% 的水平上显著，初步表明短期负债和长期负债对于高科技企业创新绩效均存在正向促进作用，初步验证了 H7 - 3。更进一步地，表 7 - 2 展示了将专利申请量细分为：发明专利申请量、实用新型专利申请量和外观设计专利申请量与 CEO 职业经验和企业负债的相关性系数，系数值均为正数，与前述所得到的相关性分析结论一致，CEO 职业经验与各细分类型专利申请量的关系也呈正相关关系。

表7－2

皮尔森相关性分析结果

变量	Tenure	Funback	LTD	STD	Age	ROA	Board	CEOAge	Size	Inno	Invent	New	Font
Tenure	1	—	—	—	—	—	—	—	—	—	—	—	—
Funback	-0.034	1	—	—	—	—	—	—	—	—	—	—	—
LTD	-0.042**	-0.011	1	—	—	—	—	—	—	—	—	—	—
STD	-0.015	-0.044**	0.223***	1	—	—	—	—	—	—	—	—	—
Age	0.055***	-0.009	0.115***	0.131***	1	—	—	—	—	—	—	—	—
ROA	-0.027	0.038*	-0.210***	-0.320***	-0.079***	1	—	—	—	—	—	—	—
Board	0.082***	-0.005	0.058***	0.102***	0.116***	0.046**	1	—	—	—	—	—	—
CEOAge	0.168***	0.005	0.029	-0.013	0.163***	0.022	0.035*	1	—	—	—	—	—
Size	0.137***	-0.023	0.302***	0.403***	0.265***	-0.020	0.246***	0.067*	1	—	—	—	—
Inno	0.070***	0.033	0.122***	0.209***	0.063***	0.031	0.062***	-0.020	0.399***	1	—	—	—
Invent	0.074***	0.030	0.116***	0.190***	0.078***	0.025	0.079***	-0.011	0.385***	0.956***	1	—	—
New	0.014	0.026	0.125***	0.211***	0.031	-0.006	0.022	-0.030	0.327***	0.807***	0.653***	1	—
Font	0.084***	0.046***	0.028	0.120***	0.034	0.072***	0.051***	-0.003	0.269***	0.608***	0.494***	0.432***	1

注：***、**、* 分别表示在1%、5%和10%水平上通过显著性检验。

资料来源：笔者整理。

二、多元回归分析

本节对 CEO 职业经验深度和广度与高科技企业创新绩效的关系，以及企业负债对于前述关系的调节作用进行多元回归分析，以此来验证前面的假设，并且进一步深入研究在区分企业产权性质后，分样本情况下 CEO 职业经验与高科技企业创新绩效关系是否存在差异。

（一）CEO 职业经验与高科技企业创新绩效

本部分首先对 CEO 职业经验深度和广度与高科技企业创新绩效进行了回归分析（见表 7 - 3）。

表 7 - 3　　　　　　　CEO 职业经验深度与高科技企业创新绩效

变量	*Inno*	*Invent*	*New*	*Font*
	（1）	（2）	（3）	（4）
Tenure	1. 929 ** （3. 29）	1. 252 ** （3. 24）	0. 187 （1. 28）	0. 278 *** （3. 60）
Age	1. 478 *** （4. 21）	1. 056 *** （4. 57）	0. 270 ** （3. 08）	0. 105 * （2. 28）
ROA	140. 2 *** （4. 41）	73. 18 *** （3. 50）	28. 67 *** （3. 62）	21. 31 *** （5. 11）
Board	4. 547 *** （4. 04）	3. 286 *** （4. 44）	0. 837 ** （2. 98）	0. 453 ** （3. 07）
CEOAge	− 0. 610 * （ − 2. 09）	− 0. 294 （ − 1. 53）	− 0. 196 ** （ − 2. 70）	− 0. 0315 （ − 0. 82）
_cons	− 17. 81 （ − 0. 31）	− 20. 07 （ − 0. 53）	0. 747 （0. 05）	− 2. 111 （ − 0. 28）
Year	Fixed	Fixed	Fixed	Fixed
Industry	Fixed	Fixed	Fixed	Fixed
N	2242	2242	2242	2242
R²	0. 0832	0. 0706	0. 1236	0. 0542

注：*** 、** 、* 分别表示在 1% 、5% 和 10% 水平上通过显著性检验，括号内数据为 t 值。
资料来源：笔者整理。

CEO 职业经验深度与高科技企业创新绩效的回归结果如表 7 - 3 所示，（1）列是以专利申请总量作为被解释变量的回归结果，（2）列、（3）列和（4）列分别是以发明专利申请量、实用新型专利申请量和外观设计专利申请量为被解释变量的回归结果。（1）列中 CEO 职业经验深度与创新绩效之间的相关系数为 1.929，在 5% 的水平上通过了显著性检验，模型的 R^2 为 0.0832，表明该模型具有较好的解释力度，能够有效说明两者的关系，由此验证了 H7 - 1，即随着 CEO 在任时间的加长，企业创新绩效显著提升，表明 CEO 是我国高科技企业中的重要角色，其所具备的企业特有的深度知识能够有效转化，并且随着经验的积累，他们对投资机会的识别和把握更加精准，并将精力和资源进行了更加有效的配置，最终显著提高了企业创新成果的产出。（2）列、（3）列和（4）列分别表示 CEO 职业经验深度与发明专利申请量、实用新型专利申请量和外观设计专利申请量之间的多元回归结果，其中，CEO 职业经验深度与发明专利申请量和外观设计专利申请量间的回归系数分别为 1.252 和 0.278，并分别在 5% 和 1% 的水平上显著，表明随着 CEO 任职时间的加长，其所积累的经验和能力在促进发明和外观设计创新方面发挥了积极影响，其中，发明专利一般被认为能够体现企业真实的创新能力。因此，可以说明 CEO 职业经验深度对提升高科技企业创新能力发挥了重要影响。

（二）CEO 职业经验广度与高科技企业创新绩效

CEO 职业经验广度与高科技企业创新绩效关系的回归结果如表 7 - 4 所示，（1）列是专利申请总量作为被解释变量，整个模型的 R^2 为 0.2416，表明该模型具有较高的解释力度，适合于说明两者的关系；并且 CEO 职业经验广度与创新绩效之间的相关系数为 4.851，在 10% 的水平上通过了显著性检验，由此验证了 H7 - 2，即 CEO 在有关技术和市场职业背景上的多元化显著提升了高科技企业的创新绩效，CEO 职业背景的多样化代表了其知识的通用性（Custoódio et al.，2013），因此，上述多元回归结果说明，CEO 将其所具有的有关技术和市场的知识广度所带来的思维、信息和价值观应用于本企业的创新活动，促进了高科技企业的专利产出。（2）列和（4）列分别以发明专利申请量和外观设计专利申请量为被解释变量，职业经验广度的回归系数分别为 2.915 和 0.799，在 10% 和 5% 的水平上通过了显著性检验，与前面 CEO 职业经验深度与高科技企业创新绩效关系的方向一致，但是 CEO 职业经验广度与实用新型专利申请量之间的正相关关系仍未通过显著性检验，原因可能在于 CEO 将企业有限的资源配置在更能为企业长期发展助力的发明创新上，而较少聚焦于实用新型专利这样的"小发明"或微型创新上。

表 7 - 4　　　　　CEO 职业经验广度与高科技企业创新绩效

变量	Inno	Invent	New	Font
	(1)	(2)	(3)	(4)
Funback	4.851 *	2.915 *	0.891	0.799 **
	(2.48)	(2.24)	(1.78)	(2.94)
ROA	133.1 ***	67.50 ***	28.14 ***	20.45 ***
	(4.63)	(3.53)	(3.82)	(5.12)
Board	−0.497	0.168	−0.274	0.0287
	(−0.47)	(0.24)	(−1.02)	(0.20)
CEOAge	−0.384	−0.134	−0.172 **	−0.00438
	(−1.48)	(−0.78)	(−2.58)	(−0.12)
Size	37.76 ***	23.73 ***	7.951 ***	3.245 ***
	(22.18)	(20.94)	(18.22)	(13.71)
_cons	−756.4 ***	−483.3 ***	−154.3 ***	−66.27 ***
	(−12.18)	(−11.6)	(−9.70)	(−7.67)
Year	Fixed	Fixed	Fixed	Fixed
Industry	Fixed	Fixed	Fixed	Fixed
N	2242	2242	2242	2242
R^2	0.2416	0.2145	0.2349	0.1236

注：*** 、 ** 、 * 表示在 1% 、5% 和 10% 水平上通过显著性检验，括号内数据为 t 值。
资料来源：笔者整理。

（三）企业负债对 CEO 职业经验与企业创新绩效关系的调节作用

企业负债对于 CEO 职业经验与高科技企业创新绩效关系调节作用的多元回归结果如表 7−5 所示。（1）列和（2）列分别为企业负债对于 CEO 职业经验深度与高科技企业创新绩效关系的调节作用，（1）列中 CEO 职业经验深度与短期债务的交互项 TS 的回归系数为 12.68，并且在 1% 的水平上显著；（2）列中 CEO 职业经验深度与长期债务的交互项 TL 的回归系数为 62.3，并且也在 1% 的水平上通过了显著性检验，H7 − 3a 被验证。由此表明无论是短期债务还是长期债务都能够有效促进 CEO 将积累的深度和专有性知识、经验和能力应用于企业的经营管理过程中，进而提升创新产出。

表 7 −5　企业负债对 CEO 职业经验与高科技企业创新绩效关系的调节作用

变量	Inno	Inno	Inno	Inno
	（1）	（2）	（3）	（4）
Tenure	2.066 *** (3.62)	2.404 *** (4.13)	—	—
Funback	—	—	4.790 * (2.45)	4.199 * (2.14)
STD	121.3 *** (10.71)	—	34.46 ** (2.99)	—
TS	12.68 *** (3.38)	—	—	—
FS	—	—	23.46 (1.81)	—
LTD	—	302.0 *** (7.78)	—	61.10 (1.67)
TL	—	62.30 *** (4.00)	—	—

续表

变量	Inno (1)	Inno (2)	Inno (3)	Inno (4)
FL	—	—	—	−8.498 (−0.18)
Age	1.100 ** (3.20)	1.289 *** (3.69)	—	—
ROA	242.6 *** (7.50)	191.2 *** (5.95)	161.3 *** (5.33)	147.6 *** (4.98)
Board	3.344 ** (3.03)	3.598 ** (3.21)	−0.662 (−0.63)	−0.956 (−0.90)
CEOAge	−0.597 * (−2.10)	−0.687 * (−2.38)	−0.356 (−1.38)	−0.387 (−1.48)
Size	—	—	35.46 *** (19.06)	36.29 *** (20.25)
_cons	−24.25 (−0.43)	−28.56 (−0.51)	−713.8 *** (−11.24)	−728.7 *** (−11.68)
Year	Fixed	Fixed	Fixed	Fixed
Industry	Fixed	Fixed	Fixed	Fixed
N	2242	2196	2242	2196
R^2	0.1324	0.1077	0.2458	0.2357

注：*** 、** 、* 分别表示在1%、5%和10%水平上通过显著性检验，括号内数据为 t 值。
资料来源：笔者整理。

（3）列和（4）列是企业负债对于 CEO 职业经验广度与高科技企业创新绩效关系调节作用的多元回归结果，但是回归系数不显著，表明企业负债在 CEO 职业经验广度与高科技企业创新绩效的正向关系中并未发挥显著的调节作用，原因可能是在 CEO 职业经验广度与高科技企业创新绩效关系的考察中，有一些关键因素被遗漏，并且以总样本回归也可能造成调节效应的模糊，因而下面将分样本进行回归检验，探究造成在总样本中企业负债的调节效应不显著的原因。

（四）不同产权性质下 CEO 职业经验与高科技企业创新绩效的关系

在进一步研究中，从产权性质出发，分样本检验主效应在不同所有权性质下是否与总样本结果存在差异。

表 7-6 中（1）列和（3）列是以国有高科技企业为样本进行的回归结果，（2）列和（4）列是以非国有高科技企业为样本进行的回归结果。结果表明，在国有企业中，CEO 职业经验深度与企业创新绩效呈显著的正相关关系；而在非国有企业中，CEO 职业经验广度与企业创新绩效呈显著的正向关系。一方面，说明国有高科技企业中，CEO 随在任时间的增加，其所积累的专有知识能够更有效地转化，资源配置也更加合理，并且使用 Stata14.0 对总样本和分样本回归结果中的 CEO 职业经验深度的回归系数进行标准化，得到的标准化系数分别为 0.0692 和 0.2058，再一次印证国有企业中，CEO 职业经验深度对于创新发挥了更大的促进作用；另一方面，说明非国有高科技企业的 CEO 在技术和市场方面眼界的扩展确实驱动其抓住趋势，进行创新，提升企业的创新产出，采用之前标准化系数的做法，得到 CEO 职业经验广度的标准化系数分别为 0.0473 和 0.0677，进一步说明 CEO 职业经验广度在非国有企业创新中的重要作用。

表 7-6　　不同产权性质下 CEO 职业经验与高科技企业创新绩效

变量	*Inno*	*Inno*	*Inno*	*Inno*
	（1）	（2）	（3）	（4）
Tenure	8.279 *** (4.42)	0.462 (0.89)	—	—
Funback	—	—	−0.150 (−0.02)	5.331 ** (3.10)
Age	2.916 * (2.49)	0.612 * (1.98)	—	—
ROA	396.8 *** (3.64)	85.53 ** (3.11)	294.8 ** (2.95)	90.37 *** (3.61)

续表

变量	Inno	Inno	Inno	Inno
	(1)	(2)	(3)	(4)
Board	2.943 (0.80)	2.126* (2.08)	0.851 (0.25)	−1.165 (−1.23)
CEOAge	−3.349** (−3.06)	−0.312 (−1.27)	−1.695 (−1.73)	−0.196 (−0.89)
Size	—	—	53.01*** (10.17)	29.32*** (18.22)
_cons	87.74 (0.64)	−2.884 (−0.07)	−1079.5*** (−6.66)	−587.0*** (−11.36)
Year	Fixed	Fixed	Fixed	Fixed
Industry	Fixed	Fixed	Fixed	Fixed
N	477	1765	477	1765
R^2	0.1831	0.0557	0.3009	0.2090

注：***、**、* 分别表示 1%、5% 和 10% 水平上通过显著性检验，括号内数据为 t 值。
资料来源：笔者整理。

上述分析表明，产权性质对于 CEO 职业经验与高科技企业创新绩效的关系确实有分化作用，又由于在检验调节作用时，企业负债对于 CEO 职业经验广度与高科技企业创新绩效关系的调节作用并不显著，因此，后续研究将产权性质（state）加入模型作为控制变量，继续考察企业负债的调节作用，但结果与不加入产权性质作为控制变量的回归结果一致，在此不加以赘述。由此表明 CEO 职业经验广度在促进高科技企业创新的过程中对企业负债并不敏感，CEO 在将先前对于技术和市场的理解转移到企业运营管理的过程中，并不会受到还款压力的约束性激励，也不会认为外部举债相当于提供了资金来源。

三、稳健性检验

根据对专利分类的一般方式，可将专利分为发明专利、实用新型专利和外观设计专利，为了回归结果更加稳健，对于创新绩效的测度借鉴余泳泽等（2013）的研究，发明专利申请量、实用新型专利申请量和外观设计专利申请量分别以 0.5、0.3 和 0.2 的比重赋予权重、求和来衡量创新绩效，即创新绩效（$Inno1$）=0.5×发明专利申请量 +0.3×实用新型专利申请量 +0.2×外观设计专利申请量（见表 7 –7）。

表 7 –7　　　　　　　　　　稳健性检验结果

变量	$Inno1$ (1)	$Inno1$ (2)	$Inno1$ (3)	$Inno1$ (4)	$Inno1$ (5)	$Inno1$ (6)
$Tenure$	0.773 ** (3.18)	0.829 *** (3.50)	0.963 *** (3.99)	—	—	—
$funback$	—	—	—	1.932 * (2.38)	1.882 * (2.32)	1.676 * (2.06)
STD	—	48.89 *** (10.40)	—	—	13.02 ** (2.73)	—
TS	—	5.053 ** (3.25)	—	—	—	—
FS	—	—	—	—	12.00 * (2.24)	—
LTD	—	—	124.4 *** (7.75)	—	—	25.71 (1.69)
TL	—	—	25.60 *** (3.97)	—	—	—
FL	—	—	—	—	—	0.514 (0.03)
Age	0.638 *** (4.39)	0.486 *** (3.41)	0.562 *** (3.89)	—	—	—
ROA	53.56 *** (4.07)	94.83 *** (7.07)	74.36 *** (5.59)	50.45 *** (4.23)	60.98 *** (4.86)	56.34 *** (4.58)

续表

变量	Inno1	Inno1	Inno1	Inno1	Inno1	Inno1
	（1）	（2）	（3）	（4）	（5）	（6）
Board	1.977 ***	1.491 **	1.578 ***	-0.0942	-0.169	-0.292
	(4.24)	(3.26)	(3.39)	(-0.22)	(-0.39)	(-0.66)
CEOAge	-0.236	-0.231	-0.266 *	-0.141	-0.130	-0.141
	(-1.95)	(-1.95)	(-2.23)	(-1.31)	(-1.21)	(-1.31)
Size	—	—	—	15.56 ***	14.68 ***	14.94 ***
				(22.03)	(19.03)	(20.10)
_cons	-9.157	-11.75	-13.62	-313.1 ***	-296.9 ***	-301.5 ***
	(-0.38)	(-0.51)	(-0.58)	(-12.16)	(-11.27)	(-11.66)
Year	Fixed	Fixed	Fixed	Fixed	Fixed	Fixed
Industry	Fixed	Fixed	Fixed	Fixed	Fixed	Fixed
N	2242	2242	2196	2242	2242	2196
R^2	0.0793	0.1260	0.1034	0.2362	0.2404	0.2300

注：*** 、** 、* 分别表示在1%、5%和10%水平上通过显著性检验，括号内数据为 t 值。
资料来源：笔者整理。

表7-7中（1）列和（4）列展示了改变创新绩效的衡量方式后，主效应的回归结果，即 CEO 职业经验深度和广度的系数分别为 0.773 和 1.932，并且分别通过了 5% 和 10% 水平的显著性检验，再次印证了 H7-1 和 H7-2，即 CEO 职业经验深度和广度对于高科技企业创新绩效均有显著的促进作用；（2）列和（3）列分别是短期债务和长期债务对于 CEO 职业经验深度与高科技企业创新绩效关系调节作用的回归结果，交互项系数分别在 5% 和 1% 的水平上正向显著，也再次印证了 H7-3a。

稳健性检验与多元回归分析中的结果表明，发明专利申请量在整体专利申请量中占更大比重，我国高科技企业在实质性创新领域确实有抢眼表现，并且 CEO 职业经验从深度和广度两方面对于提高高科技企业创新能力也的确发挥了实质作用；规模和资产报酬率对于高科技企业创新绩效也有正向促进作用，说明随着企业规模的不断扩大，其所拥有的人、财、物等资源更加丰富，正如熊彼特（1942）在其后续研究中所指出的，在位的大企业更可能去发动创新；从高资产报酬率所带来的结果的角度看，高报酬率意味着可能会有更多的自有资金投入企业研发创新中。

第五节　结论与展望

一、研究结论

（一）CEO 职业经验对高科技企业创新绩效起到促进作用

CEO 职业经验深度表征了 CEO 在企业担任最高执行官期间所积累的有关企业、行业的经验及能力；CEO 职业经验广度则代表在担任 CEO 之前职业背景的丰富性，两者分别从职业经验的专有性和通用性角度拆解 CEO 职业经验。通过实证得出，无论是 CEO 职业经验深度还是广度都对高科技企业把握投资机会、提高创新绩效起到积极的促进作用，并且在区分产权性质后，进一步揭示了在国有高科技企业中，CEO 职业经验深度对于创新绩效的促进作用更显著；在非国有高科技企业中 CEO 职业经验广度对于提升创新绩效有更显著的影响。

（二）企业负债对 CEO 职业经验深度与高科技企业创新绩效关系的正向调节作用

基于委托代理理论，CEO 与股东之间存在着代理问题，因而需要一套完善的公司治理制度来约束 CEO 的自利动机。企业负债作为一种外部治理机制，对于 CEO 职业经验深度与高科技企业创新绩效间关系起到正向调节作用，随着短期债务和长期债务的适度增加，对于 CEO 将积累的经验充分运用到企业创新活动中有明显的约束型激励和资源型激励，并且长期债务发挥的治理效应更明显。但是企业负债对于 CEO 职业经验广度与高科技企业创新绩效间的关系并未起到调节作用，隐性知识的应用并未受到短期债务和长期债务的增加所带来的激励效应影响。

二、对策建议

本章基于知识基础观、高阶梯队理论和委托代理理论，分析 CEO 职业经验对高科技企业创新绩效起到的积极影响，加入企业负债这一影响企业代理问题的要素，验证企业负债对于 CEO 职业经验与高科技企业创新绩效之间关系的正向调节作用。根据理论推导和实证分析得出的研究结论提出以下三点建议。

第一，高科技企业在选任和培养 CEO 时，应从其知识的专用性和通用性两方面来考虑。具体是指，从企业内部提拔或者外部聘任 CEO 时，尽量选择从事过技术和市场相关职能岗位的人才；当制订高管培养计划时，也应该尽可能让候选人熟悉这两种岗位。进一步地，对于国有高科技企业，需要多加关注如何充分发挥 CEO 职业经验广度对于创新绩效的正向促进作用；对于非国有高科技企业，则需要关注如何将 CEO 在任期间所积累的专有深度经验有效地转化为创新产出。

第二，企业负债确实在高科技企业创新活动中发挥了一定的治理作用，但长期负债率也需要在合理区间，外部债权人所带来的偿债压力也可能会造成 CEO 不敢将资源分配给高风险的创新活动。并且对于如何更好地促进 CEO 职业经验广度对高科技企业创新绩效的提升作用，负债所发挥的治理作用有限，企业应该设置其他配套的治理制度，来激励 CEO 将"通用性"经验投入创新活动中。

第三，本章结论表明，企业负债起到了正面的治理作用，因此，未来在高科技企业自身降低信息不对称的基础上，银行信贷政策应尽量平衡。

三、研究不足与展望

本书认为后续研究有以下三处可以进行改进和深入探究。首先，将 CEO 职业经验从深度和广度进行划分，但是对于 CEO 职业经验广度还可以更进一步划分为行业跨度、地区跨度等内容。其次，随着数据库不断更新完善，后续可以将企业专利带来的新产品收入或新服务收入作为企业创新的最终绩效来进行研究。最后，未来的研究还可以探讨两者之间是否存在非线性关系及进行路径检验。

第八章
CEO职能背景对企业创新绩效的影响
——基于激励机制的调节作用

党的十八大以来，习近平总书记不断重申要把科技创新摆在国家发展全局的核心位置，"大众创业，万众创新""互联网＋""中国制造2025"等都成为政策密集投放的重点，力求实现我国科技水平的快速提升。在此背景下，企业技术创新越来越被重视，已经被视为核心竞争力的源泉，企业所有者也尝试通过管理者选拔、识别投资机会和完善公司治理机制来提升企业创新绩效，谋求长远发展。

企业的CEO作为战略决策者和企业经营管理事务的最高执行者，对于企业技术创新的重要影响不言而喻。由于企业技术创新活动具有投资专用性、过程复杂性、专业性、结果风险性、收益不确定性等特点，CEO的创新意愿、创新能力，以及对投资机会的识别能力对于创新绩效至关重要。周建（2012）、余恕莲（2014）等学者研究发现，企业CEO的背景特征对于企业技术创新有显著影响，而职能背景被认为是CEO最重要的背景特征之一。创业板上市公司统计数据也表明，超过半数的企业的CEO具有技术研发从业背景，而具有高度创新特征的高新技术企业中，具有此类职能背景的

CEO 更是高达 60%。

目前，探究公司治理机制对于创新绩效影响的文献，大多集中于激励对于研发投入力度的影响。除此之外，积极有效的激励制度会增加高管的业绩敏感度，激励 CEO 关注创新投入与产出的效率和充分发挥自身创新能力，使投入的资源快速转化为效益。本章着眼于激励机制对于创新绩效的影响，研究不同类别的激励机制对于 CEO 职能背景与企业创新绩效之间关系的影响。即什么类型的激励会引导 CEO 充分发挥自身能力，从而提升创新绩效，为企业制定更为有效的激励机制提供借鉴。

本章研究了企业高管职能背景对于创新绩效的影响，并检验了不同种类的激励对于两者关系的调节作用，具有以下创新点：第一，丰富了我国高管对于企业创新影响的相关理论研究，首次从高管职能背景、创新能力、创新绩效的角度进行研究；第二，研究了公司治理机制对于高管能力发挥程度的影响，用"专利申请数量/研发费用自然对数"指标来衡量创新绩效，丰富了公司治理机制对创新绩效的作用研究；第三，从"知识基础观"这一全新视角出发，探究 CEO 职能背景对创新能力的影响，分别考察了短期激励、长期激励对于 CEO 职能背景和创新绩效的影响。

第二节　文献综述

一、企业内部知识与竞争绩效

众多学者研究表明，企业创新和知识紧密相连，除了内部知识的积累外，从组织外部吸收新知识并加以整合、利用更为关键。蒂斯（Teece，2015）认为，企业和学术界都聚焦于内部知识的积累，却忽略了获取外部知识的重要性。在经济全球化的背景下，企业面临的创新压力越来越大，而内部知识的积累和创造是有限的，必须超越组织边界吸收最新最尖端的知识和技术，才能获得持久的竞争优势。组织成员的学习能力和知识吸收能力对于知识整合至关重要，这种能力决定着知识网络结构和创新的协调效果，能够最大限度地扩大企业利用外部资源的深度和广度，带来更好的组织创新绩效。卡纳（Caner，2007）指出，企业要实现有效创新就要重点关注企业内部、外部知识的整合效率、整合范围和灵活性。约翰逊（Johnsen，2009）、宋（Song，2008）认为，企业创新就是隐性知识的吸收、整合、再创造过程，仅仅依赖组织内部隐性知识是有局限性的，应注重从组织外部（如供应商）获取所需的隐性知识。

二、企业高管的职能背景研究

企业高管在过去不同类别的从业经历中积累了不同领域的知识和经验，培养了不同种类的工作态度和认知，同时也形成了对某一领域知识的吸收应用能力，这些都会影响高管的决策、工作状态和工作结果。

在对高管职能背景和企业绩效关系的研究中，默里（Murray，1989）的研究表明，企业高管团队的职能背景对企业发展绩效和成长有显著影响。马富萍（2011）、谢绚丽（2011）的研究均表明，从事过研发技术类工作的高管对于市场变化和产品创新更为敏感，对产品设计、变革和市场动态把握和理解更为深入，更有能力在变化的环境中把握投资机会。王雪莉（2013）对高管职能背景和企业绩效关系的研究表明，具有"生产型（转换型）"职能背景和具有"产出型（输出型）"职能背景的高管所占比例与企业短期绩效显著正相关，但与企业长期绩效没有显著关系，但呈反向关系。这在一定程度上说明了高管团队职能异质性越小，对投资机会选择的分歧越小，短期绩效越好，但对长期绩效会产生不利影响。黄登仕（2016）研究表明，具有"生产型（转换型）"职能背景的高管表现出对企业短期绩效、长期绩效、海外绩效积极的影响作用。

在高管团队职能背景异质性的研究中，众多学者的研究表明，高层管理者的职能背景使其有着固定的思维，阻碍成员之间的沟通，因此职能背景的异质性不利于形成组织默契。另外，还有众多学者从其他角度对高管职能背景进行研究。姜付秀和黄继承（2013）的研究表明，财务职能背景 CEO 对企业资本结构优化有显著影响。张平（2006）发现，高管的任职经历对企业决策有显著影响，内部提升高管比例越大，企业对于外部变化的应变能力越差，并且因为缺少技术变革经验，往往会做出错误决策使企业错失发展机遇。

三、高管职能背景与企业创新的相关研究

目前，关于高管职能背景与企业创新的文献都聚焦于对研发投入或者创新活动认知和态度的影响上，关于高管的从业经历与创新能力对企业创新绩效影响的研究较少。马富萍（2011）研究发现，对于具有营销、研发工作经历的高管来说，他们更注重发现挖掘市场机会，容易接受新的观念和创新，对于投资机会的把握和创新活动的开展更加开放和包容；而具有生产、流程开发、财务等工作经历的高管来说，更加注重质量控制和效率的提升，对待创新活动风险承担能力较弱，可能会拒绝一些风险较高的投资机会，不利于促进创新活动。古家军（2008）研究发现，具有营销、产品研发等职能背景的高管，企业创新绩效更好。周建（2012）、余恕莲（2014）从风险承担的视角进行研究，结果表明，具有研发、营销背景的高管更加愿意承担创新风险，在投资机会的选择上更大胆，研发投入力度较大；其他背景的高管倾向于财务视角对创新活动进行评测，容易夸大风险，采取更为保守的战略，对创新投入和创新绩效有不利影响。李小青（2016）研究了公司董事的职能背景，发现不同职能背景的董事的认知结构、思维模式等存在差异。具有输出职能背景的董事对创新活动承担能力更强，对于产品和市场更加敏感，作出决策时往往从长远利益出发，对创新投入具有促进作用。

四、高管激励与企业创新绩效的相关研究

公司治理中的激励主要分为短期激励和长期激励，在高管短期激励与创新的研究中，不同学者有着不同的观点。一些学者认为无论高管薪酬是否与企业绩效相联系，高管薪酬都不能鼓励管理者进行创新投资和开展创新活动，并表示股东和管理者在创新决策上存在利益冲突且具有不同的风险偏好。王燕妮（2011）认为，高管的短期薪酬激励能够有效激励高管进行创新活动的积极性，有利于促进企业的创新投入。与此同时，也有观点认为，

短期激励具有的短期性可能会使管理者更加关注短期绩效而规避创新风险，对于企业创新研发表现为"双刃剑"的作用。对于高管股权激励对创新的影响方面也存在较大争论。詹森（Jensen，1976）认为，高管的股权激励能有效解决股东和管理者的利益冲突，使管理者愿意进行创新投资，从而提升企业长期绩效。布兰（Bulan，2011）研究发现，股权激励对于促进研发投入、提升创新产出均具有显著作用。米勒（Miller，2002）、贝洛克（Belloc，2011）、刘伟（2007）等学者也认为，股权激励能够减少利益摩擦和代理问题，对企业创新投入具有促进作用。另外一些研究却发现，股权激励并不只具有正向作用：Tien C.（2012）、徐宁（2013）发现，股权激励对于企业研发并不是显著的线性关系，股权激励不只有利益趋同效应，还会形成高管的堑壕效应。王文华（2014）的研究表明，高管持股比例达到一定程度，就会减弱股东对于高管的监督作用，出现内部人控制的问题。汤业国等（2012）区分了企业的产权性质，发现在国有控股的公司中，高管持股比例越高，创新投入越高；而在非国有控股的企业中，高管持股比例和创新投入之间呈曲线关系。

第三节 理论分析与研究假设

一、CEO 的职能背景与企业创新绩效

相较其他职能背景的 CEO，具有技术研发职能背景的 CEO 有几方面特征可能会提升企业创新绩效。首先，具有技术研发背景的 CEO 在从业经历中形成了一定的技术研发网络资源，可以使企业拥有更多投资机会，在一定程度上为创新绩效的形成提供了保证。其次，具有技术研发职能背景的 CEO 是研发创新领域的专家，他们有丰富的专业知识和研发经验，会避免选择研发风险过高的投资机会，保证了创新绩效的形成。最后，具有技术研发职能背景的 CEO 具备监控市场的职业素养，因此创新更具有方向性，能识别适应企业发展的投资机会，有利于创新绩效的产生。因此，笔者认为具

有技术研发职能背景的 CEO 比其他类职能背景的 CEO 具有更强的创新能力，在投资机会的识别和选择上更具优势，从而提升创新绩效。据此，本章提出第一个假设。

H8 - 1：具有技术研发职能背景的 CEO 企业创新绩效更高。

二、短期激励对 CEO 职能背景与创新绩效的调节作用

短期货币薪酬激励较高的 CEO 会被寄予更高的期望，给予更多的关注。而 CEO 本身为了提高下一期薪酬契约的议价能力，会付出更多的努力来创造价值，从这个角度来说，短期激励有利于鼓励 CEO 发挥自身能力。王燕妮（2013）基于代理理论认为，短期货币薪酬激励同样能够降低代理成本，促使高管做出有利于企业长期绩效增加的决策，有助于研发投入的增加。另外，有些学者的研究表明，货币薪酬激励改善了高管收入，降低了高管对创新的风险厌恶水平，也提高了管理者在创新活动中的努力程度，因此，对企业创新具有积极的影响。通过以上分析，笔者认为货币薪酬会起到激励作用，会提高 CEO 的创新积极性。综上所述，提出本章的第二个假设。

H8 - 2：短期激励对 CEO 职能背景和创新绩效的关系有正向调节作用。

三、长期激励对 CEO 职能背景与创新绩效的调节作用

企业的创新活动具有高度风险性，收益回收期较长，必须要经过长期的努力才能获得创新绩效，长期激励可以提高研发活动核心人物的创新积极性，激励他们充分发挥创新能力。因此，长期激励对于企业创新绩效具有正向影响，既有利于提高 CEO 的创新积极性，又能强化其在长期的研发过程中的努力程度。据此，提出本章第三个假设。

H8 - 3：长期激励对 CEO 职能背景和创新绩效的关系有正向调节作用。

四、短期激励与长期激励调节作用对比

通过前面的分析，本章认为短期激励和长期激励均能够提高 CEO 对于

创新活动的关注度和积极性，有利于创新能力的发挥，对于 CEO 职能背景和创新绩效之间的关系均为正向调节作用。但是短期激励仍是以短期绩效为基础的，长期激励是以长期绩效为基础的，CEO 创造出同样创新绩效的情况下，长期激励收益是大于短期激励收益的，因此，笔者认为，长期激励的正向调节作用要大于短期激励。据此提出本章第四个假设。

H8－4：长期激励对于 CEO 职能背景和创新绩效的关系有正向调节作用，且强于短期激励。

第四节 研究设计与模型构建

一、样本选取与数据来源

为了响应建设创新型国家的战略、鼓励企业自主创新，深圳证券交易所创业板（GEM）于 2009 年设立。由于创业板上市公司具有很强的创新特征，本章选取 2012 年以前上市的创业板上市公司作为初始研究样本，并进行如下剔除：剔除高管信息披露不全的上市公司、未披露专利申请数量的上市公司，以及财务数据缺失的上市公司。本文 CEO 的资料、薪酬和持股情况、公司治理数据、专利申请数量均来源于 CSMAR 数据库，数据中信息不全面的，根据 Wind 金融数据库及年报中披露的信息进行手工补充。CEO 的职能背景本章采用文本分析法对 CEO 的简历进行分析，共有 994 个观测值。

二、变量设置

（一）自变量、调节变量、因变量

根据前面概念界定和度量，将 CEO 职能背景定义为哑变量，用 *MEXP* 表示，具有技术研发职能背景的 CEO 取值为"1"，其他类别取值为"0"；将长期激励用 *MSHARE* 表示，短期激励用 *MCASH* 表示，借鉴姜涛和王怀明

（2012）的做法，长期激励使用年末 CEO 持股比例表示，短期激励使用年度 CEO 货币薪酬的自然对数测度；企业的创新绩效用 *INNO* 表示。

（二）控制变量

考虑到其他影响公司创新绩效的因素，中外学者在研究高管对于创新绩效影响时，采用了多种控制变量。综合其他学者的研究，本章拟采用以下控制变量：

（1）公司规模（*SIZE*）。用公司总资产的自然对数测度公司规模。

（2）大股东持股比例（*BIGGEST*）。使用第一大股东持股比例来测度。

（3）董事长总经理两职兼任情况（*DUAL*）。本章按照罗明新（2013）的做法，如果存在两职兼任状况，则取值为"1"，否则取值为"0"。

（4）总资产回报率（*ROA*）。企业的盈利能力越高，越有充足的资金进行创新研发，会提升创新绩效。

（5）资产负债率（*LTA*）。段海艳（2012）研究表明，企业资产负债率与创新绩效负相关，因此，本章使用"总负债/总资产"进行控制。

（6）产权性质（*SOE*）。国有企业和民营企业存在不同程度的委托代理问题，对研发创新的态度不同，创新绩效具有较大差异。因此，国有企业赋值为"1"，其他赋值为"0"。

（7）行业性质（*IND*）。许多学者研究表明，不同行业的研发投入产出比和创新需求均不同，因此，在研究中应控制行业性质，本章按照证监会行业分类标准，将样本数据分为 13 个行业。

本章所选取的变量列表如表 8 - 1 所示。

三、模型设计

为了探讨 CEO 职能背景对创业板上市公司创新绩效的影响，验证 H8 - 1，本章以企业创新绩效（*INNO*）作为被解释变量、CEO 职能背景（*MEXP*）作为解释变量，构建回归模型，回归分析模型如下：

$$INNO = \alpha NN_1 MEXP + \beta_k ControlVarables_k + \varepsilon \qquad (8-1)$$

表 8 - 1 变量定义

项目	指标	符号	备注
被解释变量	企业创新绩效	*INNO*	滞后 1 年的年度专利申请数/年度研发费用自然对数
解释变量	CEO 是否具有技术研发职能背景	*MEXP*	哑变量，若 CEO 具有技术研发职能背景，取值 1，否则为 0
调节变量	CEO 货币薪酬	*MCASH*	年度 CEO 货币薪酬自然对数
	CEO 持股比例	*MSHARE*	CEO 持股数量/总股本
控制变量	公司规模	*SIZE*	年度总资产自然对数
	第一大股东持股比例	*BIGGEST*	公司第一大股东持股数量/股本
	董事长 CEO 两职兼任	*DUAL*	哑变量，若董事长 CEO 两职兼任，取值 1，否则为 0
	总资产回报率	*ROA*	净利润/总资产
	资产负债率	*LTA*	总负债/总资产
	产权性质	*SOE*	哑变量，若企业为国有企业，取值 1，否则为 0
	行业性质	*IND*	按照证监会行业分类标准分类

资料来源：笔者整理。

为了验证高管短期薪酬激励对于 CEO 职能背景和创新绩效关系的调节作用，验证 H8 - 2，本章使用企业创新绩效（*INNO*）作为被解释变量，CEO 职能背景作为解释变量，加入 CEO 短期激励（*MCASH*，用年度 CEO 货币薪酬自然对数表示）作为调节变量，构建回归模型，具体模型如下：

$$INNO = \alpha NN_1 MEXP + \beta_2 MCASH + \beta_3 MEXP \times MCASH + \beta_k ControlVarables_k + \varepsilon$$

$$(8-2)$$

为了验证长期激励对于 CEO 职能背景和创新绩效关系的调节作用，验证 H8 - 3，本章使用企业创新绩效（*INNO*）作为被解释变量、CEO 职能背景作为解释变量，加入 CEO 股权激励（*MSHARE*，用 CEO 持股数量/总股本）作为调节变量，构建回归模型，进行回归分析。

$$INNO = \alpha NN_1 MEXP + \beta_2 MSHARE + \beta_3 MEXP \times MSHARE$$
$$+ \beta_k ControlVarables_k + \varepsilon \qquad (8-3)$$

第五节　实证结果

一、描述性统计

本章共有994个创业板上市公司观测值，其中具有技术研发职能背景CEO的有553个，占55.6%，在所有职能背景中占比最高。根据表8-2可知，创业板上市公司创新绩效平均值为0.76，最小值为0，最大值为19.55，表明创业板上市公司之间的创新绩效差距较大。企业之间短期激励差距并不大，而长期激励结果相差悬殊（见表8-2）。

表8-2　　　　　　　　　　相关变量描述性统计结果

变量	平均值	方差	最小值	最大值
创新绩效	0.7565	1.2610	0	19.55
CEO 职能背景	0.5362	0.4990	0	1
短期激励	12.9846	0.5844	11.2	15.61
长期激励	13.49%	0.1620154	0	71%
产权性质	0.0321932	0.1766016	0	1
两职兼任	0.5503018	0.4977137	0	1
大股东持股	32.84801	12.71435	4.96	68.87
ROA	6.695201	5.576177	-30.41	31.76
资产负债率	24.73586	15.33621	1.1	88.64
企业规模	20.93736	0.6126168	19.56	23.15

资料来源：笔者整理。

二、多重共线性检验

本章在进行回归分析之前使用相关系数（pairwise correlation）法和方差膨胀因子（VIF）法检验变量之间是否存在多重共线性，以避免影响回归结果。

相关系数矩阵（见表8-3）表明，各变量之间的相关系数均较小，最大值小于0.5；方差膨胀因子检验中，所有变量 VIF 值均较小，平均值为1.11，说明变量之间不存在多重共线性，但通过了多重共线性检验，本章的变量选取恰当。创新绩效与 CEO 职能背景之间相关系数为正，且在1%的水平显著，初步验证了本章的 H8-1。

表8-3　　　　　　　　　　　　　多重共线性检验

变量	创新绩效	CEO 职能背景	两职兼任	大股东持股比例	ROA	资产负债表	产权性质	公司规模
创新绩效	1	—	—	—	—	—	—	—
CEO 职能背景	1444 ***	1	—	—	—	—	—	—
两职兼任	-0.0575	-0.0094	1	—	—	—	—	—
大股东持股比例	0.0877 ***	-0.0567 **	-0.14 ***	1	—	—	—	—
ROA	0.0086 ***	0.0049	0.00	0.0008	1	—	—	—
资产负债率	-0.1048	-0.0652 ***	-0.01	-0.0056	-0.1267 ***	1	—	—
产权性质	-0.0062	0.0782 ***	0.16 ***	0.0237	-0.0124	0.0433	1	—
公司规模	-0.1372 ***	0.0012	0.09 ***	-0.0796 ***	0.0964 ***	0.4386 ***	0.0674 **	1

注：*** 、** 分别表示在1%和5%水平上通过显著性检验。
资料来源：笔者整理。

三、CEO 技术研发职能背景与企业创新绩效之间的关系

为了检验 CEO 技术职能背景与企业创新绩效之间的关系，本章根据模型（8-1）进行回归分析，回归结果如表8-4所示。从表8-4的（2）列中，CEO 职能背景对创业板上市公司创新绩效的回归结果来看，CEO 具有

技术研发类职能背景对创业板上市公司创新绩效的指标有显著的正向影响。这说明从整体来看，CEO 过去技术研发类的从业经验对于提升企业创新绩效有着促进作用，支持了本章的 H8 - 1。其中，通过对 CEO 是否具有技术研发职能背景（$MEXP$）与创新绩效（专利申请数/总资产自然对数）回归进行稳健性检验，发现同样具有显著的正相关关系，通过这个稳健性检验，说明 CEO 的技术研发职能背景对企业创新绩效具有显著的正相关关系，结果非常稳健。这说明，从事过技术研发类工作的 CEO 具有更强的创新能力，能够提升企业创新绩效，支持了本章的 H8 - 1。

表 8 - 4　　　　　　　CEO 职能背景与创新绩效回归分析结果

变量	（1）专利申请数/研发费用自然对数	（2）专利申请数/总资产自然对数
CEO 职能背景	0.5705 *** (0.0769)	0.4893 *** (0.0661)
两职兼任	- 0.1294 (0.0787)	- 0.0786 (0.0674)
大股东持股比例	0.0109 *** (0.0030)	0.0079 *** (0.0026)
ROA	0.0124 * (0.0070)	0.0163 *** (0.0059)
资产负债率	- 0.0014 (0.0028)	0.0051 ** (0.0022)
产权性质	0.0714 (0.2200)	0.0987 (0.1889)
企业规模	0.4015 *** (0.0708)	—
常数项	- 8.2944 *** (1.4535)	- 0.0907 (0.1330)
R^2	0.1015	0.0711
调整 R^2	0.0951	0.0655
F 值	15.92	12.60

注：***、**、* 分别表示在 1%、5% 和 10% 水平上通过显著性检验，括号中数据为 t 值。
资料来源：笔者整理。

四、短期激励的调节作用

从表8－5中 CEO 短期激励的调节作用回归分析结果可以看出，"CEO 短期激励×CEO 职能背景"项在1%的显著水平上为正，说明 CEO 的短期激励对于职能背景和创新绩效之间存在正向的调节作用。在表8－5（4）列中，将因变量创新绩效换成"专利申请数/总资产自然对数"回归进行稳健性检验，发现"CEO 短期激励×CEO 职能背景"项仍然为显著正相关，结果非常稳健。这说明，短期激励对于 CEO 职能背景和创新绩效之间的关系具有正向调节作用，支持了本章的 H8－2。

表8－5　　　　　　　短期激励的调节作用回归分析结果

变量	（3）专利申请数/研发费用自然对数	（4）专利申请数/总资产自然对数
CEO 职能背景	0.5303 *** （0.0788）	0.4454 *** （0.0668）
短期激励	0.0530 （0.0693）	0.0531 （0.0587）
职能背景×短期激励	0.1044 *** （0.0381）	0.0905 *** （0.0323）
两职兼任	－ 0.1701 ** （0.0786）	－ 0.1432 ** （0.0666）
大股东持股比例	0.0115 *** （0.0031）	0.0096 *** （0.0026）
ROA	0.0165 ** （0.0073）	0.0138 ** （0.0062）
资产负债率	－ 0.0014 （0.0029）	－ 0.0011 （0.0024）
产权性质	0.1327 （0.2187）	0.1027 （0.1853）

续表

变量	(3) 专利申请数/研发费用自然对数	(4) 专利申请数/总资产自然对数
企业规模	0.4278 *** (0.0742)	0.3607 *** (0.0628)
常数项	− 10.1059 *** (1.6441)	− 8.6343 *** (1.3926)
R^2	0.1488	0.1459
调整 R^2	0.130	0.127
F 值	8.092	7.906

注：***、**、*分别表示在1%、5%和10%水平上通过显著性检验，括号内数据为 t 值。
资料来源：笔者整理。

五、长期激励的调节作用

从表8-6 CEO 长期激励的调节作用回归分析结果可以看出，"CEO 持股比例×CEO 职能背景"项十分显著，且相关系数为正，说明 CEO 的长期激励对于职能背景和创新绩效之间存在正向的调节作用。在表8-6（6）列中，将因变量创新绩效换成"专利申请数/总资产自然对数"回归进行稳健性检验，发现"CEO 持股比例×CEO 职能背景"项仍然为显著正相关，结果非常稳健。这说明，长期激励对于 CEO 职能背景和创新绩效之间的关系具有正向调节作用，支持了本章的 H8-3。

表8-6　　　　　　　　　长期激励的调节作用回归分析结果

变量	(5) 专利申请数/研发费用自然对数	(6) 专利申请数/总资产自然对数
CEO 职能背景	0.5130 *** (0.0771)	0.4309 *** (0.0654)
长期激励	1.4025 *** (0.2895)	1.1759 *** (0.2454)

续表

变量	(5)	(6)
	专利申请数/研发费用自然对数	专利申请数/总资产自然对数
职能背景×长期激励	0.1879 *** (0.0376)	0.1580 *** (0.0319)
两职兼任	0.0841 (0.0929)	0.0697 (0.0787)
大股东持股比例	0.0083 *** (0.0030)	0.0069 *** (0.0026)
ROA	0.0147 ** (0.0070)	0.0124 ** (0.0059)
资产负债率	−0.0003 (0.0028)	−0.0002 (0.0024)
产权性质	0.2701 (0.2148)	0.2193 (0.1821)
企业规模	0.4588 *** (0.0707)	0.3889 *** (0.0599)
常数项	−10.1769 *** (1.5228)	−8.6275 *** (1.2908)
R^2	0.1849	0.1809
调整 R^2	0.167	0.163
F 值	10.50	10.22

注：***、**、* 分别表示在 1%、5% 和 10% 水平上通过显著性检验，括号内数据为 t 值。
资料来源：笔者整理。

表 8-7 的回归结果显示，长期激励×职能背景交叉项系数为 0.1879，短期激励×职能背景交叉项系数为 0.1044，且均在 1% 水平上显著，初步说明了长期激励的正向调节作用强于短期激励。为了检验回归结果交叉项系数差异的显著性，本章将样本分为长期激励和短期激励两组，使用邹至庄检验（chow test）进行检验。对两个子样本的 Chow 检验结果显示，卡方值为

9.30 且在 1% 的水平上显著，说明长期激励对于 CEO 职能背景和创新绩效关系的正向调节作用显著强于短期激励，验证了 H8 – 4。

表 8 – 7　　　　　　　长期激励和短期激励调节作用差异分析结果

	长期激励 × 职能背景	短期激励 × 职能背景
交叉项回归结果	0. 1879 *** （ – 0. 0376 ）	0. 1044 *** （ – 0. 0381 ）
Chow	9. 30 ***	

注：*** 表示在 1% 水平上通过显著性检验，括号内数据为 t 值。
资料来源：笔者整理。

第六节　结论与展望

一、研究结论

本章通过实证研究，检验了 CEO 技术研发职能背景对于企业创新绩效的作用，并引入了两种激励机制进行调节效应的检验。本章的研究结论主要包括以下两点：

（1）CEO 的技术研发职能背景对于企业创新绩效有显著积极影响。具有从事过技术研发工作 CEO 的创业板上市公司创新绩效更好，其中，创新绩效使用"年度专利申请数量/研发费用自然对数"测度，将研发投入和创新成果纳入同一框架，更准确地体现了创新绩效这一含义。

（2）短期激励和长期激励对于 CEO 职能背景和创新绩效之间的关系具有正向调节作用，这说明两种激励方式都有利于调动 CEO 的创新积极性，有助于创新能力的发挥，进而提升创新绩效。另外，长期激励的正向调节作用显著强于短期激励，说明长期激励机制更有利于提升 CEO 的创新积极性和创新绩效。

二、研究建议

本章的研究能够为我国企业高管的选聘和激励机制的设置提供一定借鉴。创新能力和创新绩效对于我国企业来说至关重要，并一直是政府和企业关注的焦点，对于我国经济的发展也有巨大影响。目前，我国企业之间的创新能力存在较大差距，并且总体上较为落后，对于员工和管理者的激励机制也缺乏灵活性。本章从高管选聘和激励机制的设置两个角度入手，旨在探究如何提升企业创新绩效，为我国企业提供一定参考。具有技术研发从业经历的 CEO 是研发创新领域的专家，能够对有限的资源进行最合理的配置，并且能降低创新过程固有的风险和不确定性，保证了创新绩效的形成；除此之外，过去的从业经验和积累的社会网络资源使此类 CEO 对于未来行业创新方向的把握更加敏感，这在一定程度上保证了创新绩效的形成。因此，本章鼓励具有创新性质的企业聘请具有技术研发类职能背景的 CEO，以促进创新绩效的提升。

另外，我国企业的激励机制较为单一，仍以货币薪酬为主，不利于管理者对企业长期价值的关注。本章的研究结果也表明，长期激励比短期激励更有利于激励管理者创新能力的发挥，对于企业创新绩效的提升具有更为显著的正向影响。因此，本章建议企业注重长期激励机制的引入，以提升企业创新绩效。

三、未来展望

具有技术研发职能背景的 CEO 无论在专业性方面、信息资源方面，还是市场变化的把控方面都比其他职能背景 CEO 更加优秀，更能够促进企业创新绩效。基于激励理论，本章进一步研究了短期激励和长期激励对于 CEO 创新能力的鼓励引导作用。

在后续研究中，可以专注于以下四个方面：

第一，探索变量测度的新方法，本章数据本身可能存在误差及手工处理过程中存在主观影响，对于企业创新绩效的测度及其滞后期的选取可能存在其他更准确的方法。另外，本章的变量都采用单一测度方式，可考虑多种测度方式相结合。

第二，对高管职能背景与企业创新关系做进一步探究，本章仅探究了CEO职能背景与创新绩效之间的关系，还可以进一步探究高管团队、创新投入、创新成果转化等变量之间的关系。

第三，宏观经济因素和地区差异对企业创新活动也存在重大影响，可以考虑将模型进行细化和完善；此外，还可以将CEO的职能背景进一步细化，探究不同类型职能背景对于创新活动或创新绩效的影响，以及具体影响路径。

第四，后续的研究可以扩大样本量，不仅仅局限于创业板上市公司，从而提高结论的可延展性。

第九章
高管团队风险特质对高科技企业创新方式的影响
——基于技术距离的调节效应

第一节 引言

随着改革开放进入深水区和攻坚期，我国作为最大发展中国家的后发追赶优势正在逐渐消失，当下经济要想取得更好的发展，需要大力进行技术创新，以创新促发展。从创新规模上来看，我国已经是一个创新大国，2017年，世界知识产权组织（WIPO）公布，中国提交专利申请量达4.882万件，跃居全球第二位，但是还存在专利质量不高，多实用新型而少发明专利，创新质量有待进一步提高等问题。与其他企业相比，高科技企业的独特之处在于：它主要投入知识、技术等密集的无形资产。如果中国想要成为一个创新强国，发展高科技企业是不可或缺的环节。而对于高科技企业，只有不断地进行创新，尤其是颠覆式创新，才能够在激烈的市场竞争之中站稳脚跟。

但企业创新决策的做出，在于高管团队及高管团队的特质。作为企业的决策者，高管团队在企业是否采取创新行为、采取什么方式的创新决策，发挥着重要的作用。而创新行为作为一种高风险的活动，开发周期长且投资回报慢，高管团队对于风险的态度直接影响了企业与创新相关的一系列决策。同时，行业内部存在的技术距离对高管团队创新决策和方式选择具有重要的影响。WIPO 数据显示，我国的专利申请量前两名为华为公司与中兴通讯，这两家公司的专利申请量占据了总数的14%。由此可见，在高科技行业之中，行业龙头效应非常明显。因而，技术距离较大的企业会以行业龙头为目标，尽自己的能力去实现技术追赶，在创新方式的选择上则更加倾向于渐进式创新。

创新是当下高科技企业发展的重要途径，而创新方式，即颠覆式创新与渐进式创新两者之间，最主要的差别就是面临风险不同。作为企业的决策者，高管团队的风险特质会直接影响到企业创新方式的选择。同时，高管团队在决策时也会考虑到企业的自身能力。因而，针对上述背景，本章研究重点关注两个问题。一是在高科技企业内部，高管团队的风险特质如何影响企业创新方式选择。二是从企业自身能力的角度来看，技术距离如何影响高管团队的风险特质与创新方式之间的关系。

第二节　理论分析与研究假设

企业创新活动本身就是一项高风险的活动，需要将企业现有的资源投入未知的领域之中，且回报时间较长。尽管企业的创新活动很可能会因为某一个环节的失败而导致全盘皆输，但是，创新活动对于企业所带来的利润会使企业愿意冒着风险，开展创新活动。因为，高科技企业主要依靠技术、产品、生产方式等方面的创新，不断开发新的产品、新的技术，以及新的生产方法来获取利益，所以他们对创新投入较大，只有不断进行创新，才能够适应外界的环境，在行业之中立足，并从中攫取利益（易靖涛，2015）。因此，高科技企业要想获得新产品、新市场带来的收益，必须开展创新活动。按照创新的强度，奇尔斯滕森（Christensen，1997）将创新方式分为渐进式创新和颠覆式创新。这两种方式的主要区别就是二者面临的风险不同。渐进式创新主要是在已有产品或者技术之上进行微调、完善，所需要的成本较低，所面临的风险较低。而颠覆式创新所生产的产品、制造的服务与之前的完全相异，且产品的质量和性能会有很大程度的提升（Kotelinkov，2000）。企业需要研发新的产品、开拓新的市场，因而所需要的成本比较高，所面临的风险也比较高（McDermott & O'Connor，2000）。由于两种创新在本质上的区别，以及其对企业要求的不同，因此企业在选择创新方式时，通常是在二者中选择其一，难以同时将两种方式实现。

由高阶梯队理论（Hambrick，1984）可知，高管团队的自身特征及高管团队内部的互动程度会共同作用于企业的战略选择，并直接关系到企业的决策。因而，在高科技企业创新决策时，高管团队的风险特质会直接关系到企业创新方式的选择。倘若高管团队的风险偏好程度较高，当其面临较多的投资机会时，可选择的投资项目越多，那么高管团队为了获利在决策时将会更加倾向于选择风险较大的颠覆式创新方式。倘若高管团队的风险偏好程度较低，那么其在决策时将会更加保守，将会倾向于选择风险较低的渐进式创新方式。据此，本章提出如下假设：

H9-1：高管团队的风险偏好程度越高，越倾向于选择颠覆式创新方式。

技术距离主要指的是行业内部其他企业与先进企业的技术差距，技术距离的产生主要是因为不同企业能力的差异，对企业选择创新方式也关系重大。企业能力理论主要关注的是企业主要优势源于他自身所拥有的稀缺资源（Edith & Penrose，1959）。而事实上，要想让企业保持长久的竞争优势，主要途径就是进行技术创新。在一个行业内部，技术先进企业不断地进行技术创新从而保证自己在行业内的地位与市场份额。同时，为了促使行业整体技术水平的提高，他们也会主动进行技术传播（傅家骥，1992）。对于技术落后的企业而言，他们也想要像先进企业那样拥有自己的稀缺能力，考虑到存在技术依赖的情况，落后企业为了能够在短时间内实现技术追赶及用已有的资源来创造更多的价值，会对具有先进技术的企业进行主动的技术引进并模仿（Gerschenkron，1962）。阿布拉莫维茨（Abramovitz，1994）的研究提出了技术依赖性，技术落后企业要想快速缩短技术距离，就会选择与技术先进企业几乎一样的道路，将成本降到最低，从而实现技术追赶。

高管团队在决策时，其主要目标还是追求利润最大化。因而，在决策时并非完全依赖自己的个人特征来进行决策，还会考虑到企业的自身能力及企业与先进企业之间的技术距离大小，从而做出适合企业发展的决策。当企业技术距离较大时，再偏好风险的高管团队也可能会做出保守的决策，采取风险较小的模仿式创新；而技术距离较小时，不偏好风险的高管团队也会为了追求更多的利润，采取颠覆式创新。据此，本章提出如下假设：

H9-2：企业技术距离会负向调节高管团队的风险特质与创新方式间的关系。

第三节　研究设计

一、变量测度

本章采用高管团队个人特质为代理变量，对高管团队风险特质进行度量。（1）以高管团队的平均年龄来衡量高管团队的风险特质。基于高管团队的整个职业生涯，部分学者认为年纪较小的管理者因为担心过于激进对自己今后的职业生涯产生消极影响，他们往往会选择较为保守的决策。而平均年龄较大的高管团队则更加偏爱风险（Barker & Mueller，2002）。（2）以高管团队中女性占比来衡量高管团队的风险特质。菲策（Fietze，2010）的研究表明，男性高管善于处理危机，风险意识强；但是女性高管由于能够正确认识自己的优缺点，在做决策时，相对保守，不太偏好风险。（3）以高管团队平均受教育程度来衡量高管团队的风险特质。沃尔（Wall，1994）的研究表明，受过高水平教育的高管拥有更好的专业知识及分析能力、处理问题能力，因而在决策时表现出风险偏好，其所在的公司创新强度也比较大。考虑到数据的可获得性，本章参考贝尔吉塔尔（Belghitar，2012）的研究，选取高管团队平均受教育程度为代理变量来衡量高管团队的整体风险特质。其中，高管的受教育程度主要是以高管获得的学位证书来衡量，并将不同的受教育程度划分为五个等级，并由1到5进行赋值：中专及中专以下赋值为1，大专赋值为2，本科赋值为3，硕士研究生赋值为4，博士研究生及以上赋值为5。

根据我国当前现行专利法，专利主要分为三类，包括发明专利、实用新型专利、外观设计专利。三种专利的创新强度不同，发明专利最强，实用新型专利次之，外观设计专利再次之。本章参照钟昌标和黄远浙（2014）的研究，选用发明专利的申请数目占所有专利申请数目的比例，从而表现出创新方式选择的倾向性。

笔者认为的技术距离是从微观角度出发，指的是在一个行业内部企业与技术先进企之间的距离，衡量的是每家企业与行业先进技术企业的水平间差距。本章参照易靖韬（2017）的研究，以一个行业之中专利申请数量最多的企业作为技术先进企业 Gmax，该行业内其余每一家企业的专利申请数量为 Gi，则技术距离为 Gap = Gmax – Gi。考虑到数值可能较大，因而对 Gap 数值进行对数处理。

　　已有研究表明，企业创新方式的选择除了受到高管团队的风险特质影响之外，还受企业规模、企业研发投入、企业技术能力等因素的影响。因此，本文在相关文献梳理的基础上，选择了控制变量，包括企业规模（Size）、企业总资产（Assets）、企业研发投入（RD）、企业总资产净利润率（ROA）、企业的技术能力（Skill）、年度（Year）（见表 9 – 1）。

表 9 – 1　　　　　　　　　　　　　变量设计

类别	变量名称	变量名称	变量计算
被解释变量	创新方式	Way	发明专利的申请数目/所有专利申请数目
	高管团队的平均年龄	Age	高管团队年龄的平均数
	高管团队女性占比	Female	女性高管所占比重，将女性高管定义为1，男性高管定义为0
解释变量	高管团队平均受教育程度	Edu	高管团队受教育程度的平均数：1 = 中专及中专以下，2 = 大专，3 = 本科，4 = 硕士研究生，5 = 博士研究生及以上
	技术距离	Gap	一个行业之中专利申请量最多的企业与其余每一家企业的专利申请量差值的自然对数
控制变量	企业规模	Size	企业员工总数的自然对数
	企业总资产	Assets	企业总资产的自然对数
	企业研发投入	RD	企业研发投入的自然对数
	企业技术能力	Skill	企业每年的研发投入金额占营业收入的比例
	总资产净利润率	ROA	净利润/总资产
	年份	Year	—

资料来源：笔者整理。

二、实证模型构建

本章为了检验本书提出的两个假设，构建如下两个模型。模型（9－1）来检验高管团队的风险特质对创新方式的影响这一个主效应；模型（9－2）来检验技术距离对主效应的调节作用这一调节效应。研究中用 *RC* 来表示高管团队的风险特质，*Gap* 来表示技术距离，用 *Way* 来表示创新方式。具体模型设计如下：

$$Way = \alpha_0 + \alpha_1 RC + \alpha_2 Size + \alpha_3 Assets + \alpha_4 Turn + \alpha_5 RD + \alpha_6 ROA + Year + \varepsilon$$
$$(9-1)$$

$$Way = \beta_0 + \beta_1 RC + \beta_2 Gap + \beta_3 Gap \times RC + \beta_4 Size + \beta_5 Assets + \beta_6 Turn$$
$$+ \beta_7 RD + \beta_8 ROA + Year + \varepsilon$$
$$(9-2)$$

三、样本选取和数据来源

本章选取"高科技企业"的主要依据有以下三点：（1）国家统计局《中国高技术产业统计年鉴 2016》中所提到的对高科技企业的五种分类；（2）《国家重点支持的高新技术领域》中的七大行业；（3）中国证券监督管理委员会《上市公司行业分类指引》（2012 年修订）。因而，本章选取了七类高科技产业，样本期间为 2011～2016 年。剔除 ST 和 *ST 这两类上市公司财务状况异常的企业，同时，也剔除了没有公布 2012～2017 年专利申请数据的 170 家公司。最终，本章的样本为 731 家上市公司，观测值（企业—年份）为 2290 个。考虑到专利变化的滞后性，故调节变量和控制变量时间跨度为 2011～2016 年，自变量和因变量的时间跨度为 2012～2017 年。本章数据主要包括高管团队个人数据、企业基本信息、企业专利数据三类。数据主要来源于 CSMAR 数据库、CCER 数据库。为了验证已有信息和对一些缺失信息进行补充，笔者还查阅了巨潮资讯等网站，以完善研究所需的数据。

第四节 实证结果

一、描述性统计

表9-2是本章主要变量的描述性统计结果，从表9-2中可知，我国高科技企业在2011~2016年，发明专利申请量占所有专利申请量的平均值为0.55，极小值为0，极大值为1，说明高科技企业整体发明专利占比略高，倾向于选择颠覆式创新方式。在高管团队的风险特质代理变量方面，高管团队平均年龄的平均数为48.444，最大值为69，最小值为34.591，年龄差异较大，总体平均年龄偏高；高管团队中的女性占比平均值为0.18，最大值为1，最小值为0，性别占比差异较大，且女性高管的占比总体较低；高管团队的平均受教育水平的平均数为3.444，最大值为6，最小值为1.5，受教育程度差异较大，且高管团队的整体受教育程度比较高。每个行业内技术距离的平均数为7.112，最大值为8.962，最小值为1.099，差异较大。

表9-2 描述性统计结果

Variable	Obs	Mean	Std. Dev.	Min	Max
Way	2290	0.55	0.279	0	1
Age	2290	48.444	3.85	34.591	69
Female	2290	0.18	0.128	0	1
Edu	2290	3.444	0.427	1.5	6
Gap	2290	7.112	1.604	1.099	8.962
Size	2290	7.609	1.089	4.06	11.346
Assets	2290	21.386	0.934	16.146	25.594
RD	2273	17.998	1.206	9.525	25.025
Skill	2290	7.108	7.03	0	88.56
ROA	2290	0.054	0.056	-0.372	0.863

资料来源：笔者整理。

表9-3总结了分行业自变量、因变量的描述性统计结果。从表9-3中可以看出，在所有的行业之中，平均技术距离最大的行业为计算机、通信和其他电子设备制造业，平均技术距离最小的行业为生态保护和环境治理业。医药制造业整体更加倾向于采取颠覆式创新方式，而仪器仪表制造业整体更加倾向于采取渐进式创新方式。

表9-3　　　　　　　　　　分行业描述性统计结果

industry	Variable	Obs	Mean	Std. Dev.	Min	Max
航空航天器及 设备制造业	Way	53	0.425	0.272	0	1
	Gap	53	5.849	0.915	1.099	6.687
	Age	53	51.813	4.713	44.333	62
	Female	53	0.177	0.173	0	0.5
	Edu	53	3.371	0.583	2	4.6
计算机、通信和其他 电子设备制造业	Way	965	0.479	0.241	0	1
	Gap	965	8.705	0.268	6.34	8.962
	Age	965	48.092	3.86	37.625	61.5
	Female	965	0.179	0.137	0	1
	Edu	965	3.432	0.443	1.5	6
生态保护和 环境治理业	Way	58	0.405	0.198	0	1
	Gap	58	4.454	0.598	2.639	5.182
	Age	58	47.983	2.723	43.875	55
	Female	58	0.182	0.132	0	0.55
	Edu	58	3.446	0.32	2.5	3.87
信息传输、软件和 信息技术服务业	Way	500	0.633	0.292	0	1
	Gap	500	7.015	0.662	4.06	7.653
	Age	500	47.3	3.754	34.591	69
	Female	500	0.184	0.105	0	0.5
	Edu	500	3.513	0.351	2.308	5

续表

industry	Variable	Obs	Mean	Std. Dev.	Min	Max
仪器仪表制造业	*Way*	122	0.354	0.198	0	0.926
	Gap	122	4.698	0.569	1.946	5.451
	Age	122	47.824	3.201	39.929	59.583
	Female	122	0.176	0.109	0	0.417
	Edu	122	3.294	0.402	2.167	4.053
医药制造业	*Way*	531	0.684	0.279	0	1
	Gap	531	5.559	0.566	3.434	6.31
	Age	531	49.89	3.465	39.8	61
	Female	531	0.18	0.13	0	0.5
	Edu	531	3.436	0.438	2	5
科学研究和技术服务业	*Way*	61	0.478	0.197	0.111	1
	Gap	61	4.659	0.611	2.079	5.273
	Age	61	49.543	3.484	41	60
	Female	61	0.174	0.122	0	0.412
	Edu	61	3.505	0.508	2	5

资料来源：笔者整理。

二、实证结果分析

（一）高管团队的风险特质与创新方式

以高管团队的平均年龄为代理变量时，高管团队的风险特质与发明专利占比呈正相关关系，且在1%水平上显著（见表9-4），说明高管团队的平均年龄越高，高管团队越偏好风险；发明专利占比越高，企业越倾向颠覆式创新。由此验证H9-1，即高管团队的风险偏爱程度越高，越倾向于选择颠覆式创新方式。

表 9 – 4　　　　　**高管团队的风险特质与企业创新方式回归结果**

变量名称	Way		
Age	0.00516 *** (3.34)	—	—
Female	—	– 0.0121 (– 0.27)	—
Edu	—	—	0.0472 *** (3.47)
Size	– 0.0416 *** (– 4.92)	– 0.0401 *** (– 4.72)	– 0.0375 *** (– 4.42)
Assets	0.0402 *** (4.33)	0.0446 *** (4.83)	0.0432 *** (4.70)
RD	0.0454 *** (5.91)	0.0450 *** (5.83)	0.0408 *** (5.24)
Skill	0.00522 *** (5.55)	0.00498 *** (5.29)	0.00476 *** (5.06)
ROA	0.518 *** (5.12)	0.536 *** (5.28)	0.543 *** (5.36)
Year	Fixed	Fixed	Fixed
_cons	– 1.138 *** (– 7.13)	– 0.991 *** (– 6.34)	– 1.071 *** (– 6.89)
N	2273	2273	2273

注：*** 表示在 1% 水平上通过显著性检验，括号内数据为 t 值。
资料来源：笔者整理。

　　以高管团队的女性占比为代理变量时，高管团队的风险特质与发明专利占比呈负相关关系，虽然并不显著，但是仍然具有负向关系。说明女性高管占比与发明专利并没有显著的相关关系。

　　以高管团队的平均受教育程度为代理变量时，高管团队的风险特质与发明专利占比呈正相关关系，且在 1% 水平上显著，说明高管团队的平均受教育程度越高，高管团队的风险偏好程度越高；发明专利占比越高，企业越倾向颠覆式创新。由此可以验证 H9－1，即高管团队的风险偏爱程度越高，越倾向于选择颠覆式创新方式。

（二）技术距离的调节作用

本章基于理论分析，以技术距离作为调节变量，探究技术距离在高管风险特质与创新方式之间的调节作用。本章用行业内技术先进企业与其他企业专利申请总量的差值来衡量技术距离。实证结果如表9－5所示：

表9－5　　　　　　　　　　　　调节作用的检验结果

变量名称	Way		
Age	0.00725 *** (4.61)	—	—
Female	—	0.612 *** (4.78)	—
Edu	—	—	0.0905 *** (5.96)
Gap	－ 0.0234 *** （－6.46）	－ 0.0243 *** (3.93)	－ 0.0241 *** （－6.68）
Age × Gap	－ 0.000451 *** （－5.99）	—	—
Female × Gap	—	－ 0.0854 *** （－5.20）	—
Edu × Gap	—	—	－ 0.00654 *** （－6.21）
Size	－ 0.0379 *** （－4.50）	－ 0.0357 *** （－4.21）	－ 0.0341 *** （－4.05）
Assets	0.0345 *** (3.72)	0.0375 *** (4.05)	0.0363 *** (3.95)

续表

变量名称	Way		
RD	0.0508 *** (6.61)	0.0479 *** (6.23)	0.0466 *** (6.00)
Skill	0.00554 *** (5.92)	0.00512 *** (5.46)	0.00515 *** (5.51)
ROA	0.393 *** (3.83)	0.428 *** (4.16)	0.416 *** (4.06)
Year	Fixed	Fixed	Fixed
_cons	-1.089 *** (-6.86)	-0.927 *** (-5.94)	-1.044 *** (-6.77)
N	2273	2273	2273

注：*** 表示在1%水平上通过显著性检验，括号内数据为t值。
资料来源：笔者整理。

从表9-5中可知，企业技术距离对高管团队的风险特质（以平均年龄、性别占比、平均受教育程度为代理变量）与创新方式之间的关系起负向削弱作用，且全部在1%的水平上显著，即技术距离较大时，尽管高管团队偏好风险程度较高，但是在决策时也会倾向于选择模仿式创新。这主要是因为技术距离较大说明企业自身能力较差，那么高管团队在决策时会考虑到企业自身的资源情况，会更加倾向于通过模仿式创新的方式来缩小技术距离，实现技术追赶，从而选择颠覆式创新方式的可能性降低。这与H9-2的内容一致。

三、稳健性检验

在当下的研究中，也有许多学者选取公司层面的数据作为高管团队风险特质的代理变量。沃尔斯（Walls，1996）、郝清民等（2015）都在研究之中选取了资产负债率作为高管风险特质的代理变量，认为负债越高，说明高管团队越偏好风险。故本章采取类似的方式，选取各个企业的资产负债率

（Lev）作为高管风险特质（RC）的代理变量，对上述实证结果进行稳健性检验。结果如表 9 - 6 所示。

表 9 - 6 稳健性检验结果

变量名称	Way	
Lev	0. 0124 * (1. 73)	0. 210 * (1. 89)
Gap	—	- 0. 0133 ** (- 2. 04)
$Lev \times Gap$	—	- 0. 0314 * (- 1. 83)
$Size$	- 0. 0398 *** (- 4. 62)	- 0. 0351 *** (- 4. 10)
$Assets$	0. 0440 *** (4. 69)	0. 0374 *** (3. 99)
RD	0. 0442 *** (5. 66)	0. 0507 *** (6. 51)
$Skill$	0. 00519 *** (5. 41)	0. 00532 *** (5. 54)
ROA	0. 550 *** (5. 07)	0. 401 *** (3. 65)
$Year$	Fixed	Fixed
$\_cons$	- 0. 977 *** (- 6. 28)	- 0. 885 *** (- 5. 35)
N	2251	2251

注：1. *** 、 ** 、 * 分别表示在1%、5% 和10% 水平上通过显著性检验，括号内数据为 t 值。
2. 第 1 列为主效应检验，第 2 列为调节效应检验。
资料来源：笔者整理。

由表 9 - 6 第 1 列可知，以企业资产负债率为代理变量时，高管团队的风险特质与发明专利占比呈正相关关系，且在 10% 水平上显著，因此通过显著性检验。由此可以说明，企业资产负债率越高，高管团队的风险偏好程度越高；发明专利占比越高，企业越倾向颠覆式创新。由此可以验证 H9 – 1，即高管团队的风险偏爱程度越高，越倾向于选择颠覆式创新方式。

由表 9 – 6 第 2 列可知，企业技术距离对高管团队的风险特质（以企业资产负债率为代理变量）与创新方式之间的关系起负向削弱作用，且在 10% 的水平上显著，即技术距离较大时，尽管高管团队偏好风险程度较高，但是在决策时也会倾向于选择模仿式创新。这与 H9 – 2 的内容一致。

第五节　结论与展望

本章基于高阶梯队理论和企业能力理论，主要运用七大高科技产业 731 家企业 2011 ~ 2016 年的经验数据进行实证分析。首先，对全部变量进行描述性统计，直观了解变量的离散和集中程度；其次，对高管团队的风险特质与企业创新方式进行回归分析，并引入调节变量，验证技术距离所起到的调节作用。通过实证检验，本章得出以下结论：

第一，高管团队的风险特质与企业创新方式选择存在正向相关关系。即高管团队风险偏好程度越强（高管团队平均年龄越大，高管团队平均受教育程度越高），其在面临较多投资机会时更倾向于选择获利水平更高，同时风险也更高的项目，那么企业更倾向于选择颠覆式创新；而高管团队风险偏好程度越弱（高管团队平均年龄越小，高管团队平均受教育程度越低），面临同样的投资机会时，进行高风险投资的可能性就会降低，那么企业更倾向于选择渐进式创新。

究其根本，可能是随着高管团队平均年龄的增加以及学历的增加，都会使高管团队在知识、经验、风控能力上有很大的提高，所以他们可以更好地应对创新带来的风险，为了获取高收益也更加倾向于选择颠覆式创新。但是本章研究发现，用女性高管的占比来衡量高管团队风险特质时，我们只能得到负向相关关系，且这一关系不显著。原因可能是随着女性社会地位的提高以及能力的增强，新时代的女性在各个领域都初露头角，女性高管在决策时不再是保守的，而是逐渐表现出与男性一样的魄力。

因此，根据上述内容，企业在选拔与聘用高管时，首先，对于企业内部那些年龄较大、经验丰富的高管，应采取一些激励手段让他们继续"发光发热"；或者可以在企业内部推行一对一"师徒"制度，搭配年长高管与年轻高管，这样有助于年轻高管在拜师后可以学到更多的知识经验，少走弯路，在工作中降低试错成本，更能促进企业的发展。其次，可以多引进一些高层次、高技术人才，提升高管团队整体学历水平，这会使得高管团队拥有更专业的知识，从而能更好地把控风险。当然，这与当下我国的"人才发展战略"也是相吻合的。最后，在选聘高管时，也应当尽量消除对女性的歧视与偏见，以平等、发展的眼光对待女性高管，这样才能够使企业的高管团队更具有多样性，从而实现企业的长足发展。

第二，技术距离对高管团队的风险特质与创新方式之间的关系有负向调节作用，即企业与行业先进企业技术距离较大时，那么即使高管团队的风险偏好程度较高，也不会贸然去进行颠覆式创新，而更倾向于采取渐进式创新；而企业技术距离较小时，即使高管团队的风险偏好程度较低，他们也会倾向于采取颠覆式创新。这主要是因为高管团队在做决策时，并非是完全依赖自身的特质，其所做的决策并非完全非理性的，他们还会考虑到自己所在企业的技术距离及企业自身能力，从而选择适合企业的创新方式。当企业技术水平与先进水平距离较大时，高管团队也会倾向于学习或者引进已有技术，并在此基础之上进行微调与改良，完善产品及生产方式的性能。选择低成本、低风险的渐进式创新方式来在短期之内实现技术追赶。

因此，根据上述内容，国家可以对于不同技术距离的企业给予不同的要求与帮助。一方面，对于那些技术距离大，技术非常落后的高科技企业，国家应当鼓励他们进行渐进式创新，通过微小的技术完善与提高，逐步实现累积创新带来的好处，并给予一些政策倾斜与资金补贴，帮助他们尽快实现技术追赶，而不能一味地要求他们去进行自主研发。另一方面，对于那些技术距离比较小或处于技术领先地位的高科技企业，政府则应当鼓励他们将更多的资金投入自主研发之中，通过采取颠覆式创新来开发更多新产品、新市场，从而创造更多企业价值。除此之外，对于企业自身而言，应该尽早明确自己在行业内部的位置，了解企业自身的能力，做出与之相匹配的决策。只有这样才能更好地促进企业的发展。

第十章
CEO过度自信对企业风险承担关系的影响
——基于预期任期的调节作用

第一节 引言

随着企业经营、投资和融资等各方面市场范围的不断扩大，以及经济全球化进度的加深，企业面临的外部环境风险越来越大。2017年3月6日国家在两会中再次强调经济稳定发展，做到发展的同时保证稳定，稳定的同时权衡发展。而企业的发展对于国家经济发展具有深远的影响，因此，在这样的经济目标背景下，企业如何去提高或降低自身风险承担水平显得尤为重要。

由于股东管理权力的委托，企业的实际经营管理者通常是其高级管理人员，而其中CEO在企业的各方面决策中起着主导的作用。同时，个人的决策行为因个人特征的不同而有所差异，因此，CEO的认知偏差也可能会影响到他们的决策，从而影响企业的风险承担水平。卡罗林（Carolyn，1988）对近3000个企业家的数据进行了整理，发现多数企业家都存在过度自信的现象。拉索和休梅克（Russo & Schoemaker，1992）通过实验也指出，超过90%的公司管理者会倾向于高估自身的能力水平和公司的未来业绩。可见，过度自信是企业管理者中常见的一种个人心理特征。而基于我国的特殊国情，许多企业的产权性质都属于国有企业，所有者缺位的现象广泛存在，这使高管人员过度自信的现象在我国企业中会更加常见（姜付秀等，2009）。李和耶茨（Lee & Yates，1995）的研究结果也表明，与国外相比，国内企业的管理者显得更加过度自信。同时，本章通过对于我国 2012～2015 年沪深上市的 A 股公司的相关数据进行整理分析发现，我国上市公司中过度自信的 CEO 占比超过了 63%。可见，过度自信也是我国企业 CEO 中常见的一种个人心理特征。那么，CEO 这种过度自信的个人心理特征是否会影响到企业的风险承担水平？与一般 CEO 相比，过度自信 CEO 所在企业的风险承担水平会更高还是更低？

企业管理者的"任职期限问题"是国内外相关学者重点研究的问题之一，不同的任职期限意味着企业管理者与所有者之间不同程度的利益冲突。管理者预期任期是管理者对于未来继续担任当前职位期限长短的一种估计和判断，其作为一种对于管理者职业生涯关注的隐性激励或约束机制，同样也可能会对管理者的决策行为产生影响。那么，预期任期的长短是否会调节 CEO 过度自信与企业风险承担水平之间的关系呢？是促进还是抑制？这些问题都值得进行研究探索。

本章基于预期任期的调节作用探索了 CEO 过度自信与企业风险承担水平之间的关系。研究结果表明，在我国非国有上市公司中，CEO 是否过度自信与企业风险承担水平呈显著正相关关系，而该关系在国有上市公司中不成立。同时，CEO 预期任期对该关系具有正向调节作用。

第二节 理论分析与研究假设

一、CEO 过度自信与企业风险承担

参考布巴克里（Boubakri，2013）等和余桂明等学者的研究，基于投资活动的视角出发，将企业风险承担界定为企业投资活动所导致的风险承担，这种风险承担使企业需面临业绩波动、恶化甚至是破产等不利事件发生的不确定性。从投资活动上看，CEO 的过度自信能够增加所在企业对风险大、

收益高和回收期较长项目的投资规模，因此，增加企业的风险承担水平。这是因为以下原因：

首先，相比于一般的 CEO，过度自信的 CEO 在评价自身能力水平时，会倾向于认为自己的能力高于其他人（Larwood & Wllittaker，1977），从而具有更强的能力来降低未来风险事件发生的概率（余明桂，2013）。因此，相比非过度自信的 CEO，他们所判断的某项风险投资行为失败的可能性会更低，从而其自我认知的预期成本会更低。据此，他们更容易去投资部分风险较高的项目，导致企业的风险承担水平提高。

其次，过度自信相关理论认为，高估收益是过度自信高管人员的另一显著特征（Heaton，2002；Malmendier & Tate；2003）。据此，过度自信的 CEO 进行风险投资决策时，他们会高估风险投资行为成功时其能够得到的收益。因此，相比于一般的 CEO，他们肯定某项风险投资决策的自我认知预期收益会更高。而在更高的预期收益激励下，他们更有动机去肯定一些高收益（高风险）的投资决策，对于投资机会的把握更加积极，从而使企业风险承担水平提高。

最后，基于 CEO 对预期回收期的认知角度出发，相比于一般的 CEO，过度自信的 CEO 对于投资项目回收期的判断会短于实际的水平（余明桂，2006），这意味着收益实现的速度更快。因此，相比非过度自信的 CEO，他们更可能会接受一些投资回收期较长的风险投资行为，从而使企业风险承担水平提高。

综合对三个认知角度的分析可以认为，过度自信的 CEO 会增加对于高风险、高收益和较长投资回收期项目的投资支出。据此，本章提出如下假设：

H10 - 1a：在其他条件相同的情况下，CEO 过度自信与企业风险承担水平呈正相关关系。

H10 - 1b：在其他条件相同的情况下，CEO 过度自信与企业投资规模呈正相关关系。

二、CEO 预期任期的调节作用

相比一般的 CEO，过度自信 CEO 的预期成本更小，预期收益更高，预期投资回收期更短，因此，他们更愿意增加对于收益高、风险大和回收期较长项目的投资规模，导致企业的风险承担水平提高。较高的风险承担通常表现为对投资机会的积极追求，增加对产品的研发投入（Rauch et al.，2009），从而有利于提升企业的绩效和价值，促进企业的长期发展。而当企业 CEO 预期任期较短时，代表其自我认知继续任职的时间较短，从而他们与企业间的物质和非物质联系被弱化（陈华东，2016），他们投资于周期长的风险项目的预期收益越不可能在自己身上实现，从而越没有动机去投资于周期长的风险项目。相比之下，他们会更偏向于短期能够实现收益的投资行为（Mannix，1994；陈华东，2016），从而过度自信对于企业风险承担水平的提高作用受到了抑制。而当过度自信 CEO 预期任期较长时，因为预期成本和预期收益越可能在自己身上实现，使他们与企业间的物质和非物质联系越紧密，从而强化了预期成本减少、预期收益增加和预期投资回收期缩短所带来的作用。因此，在这种情况下，过度自信的 CEO 更可能去增加对于高风险、高收益、高投资回收期项目的投资支出，从而更大幅度提高了投资活动导致的企业风险承担水平。据此，本章提出如下假设：

H10 – 2a：在其他条件相同的情况下，预期任期能够正向调节 CEO 过度自信与企业风险承担水平之间的正相关关系。

H10 – 2b：在其他条件相同的情况下，预期任期能够正向调节 CEO 过度自信与企业投资规模之间的正相关关系。

第三节 研究设计

一、变量选取

（一）解释变量

基于数据的可获得性及本章的理论分析路径，本章借鉴余明桂（2006）等学者的做法，选择 CEO 对于企业盈利情况预测的偏差来衡量 CEO 是否过度自信。本章参考姜付秀（2009）等学者的做法规定，如果盈利预测水平高于企业的实际情况，则认为该企业的 CEO 过度自信，取值为 1，否则取值为 0。同时，考虑到 CEO 变更对企业风险承担水平的影响，我们剔除在样本期间内 CEO 发生变更的样本。

此外，为使本章实证研究结果更具稳健性，笔者选择 CEO 薪酬的相对比例来进行稳健性检验，但考虑到不同公司的高管数量不同，以所有高管薪酬之和作为分母的这种测算方法存在较大的误差，因此，本章选择用 CEO 薪酬与薪酬排名前三位的高管薪酬之和的比值来表示。其中，高管计算范围不包括董事会成员和监事会成员，仅包括年报中披露的高管人员，如果他们兼任董事或监事，则也在计算的范围内。

（二）被解释变量

本章选择企业盈利的波动性衡量企业风险承担水平，用企业当期 *ROA*（行业平均）较上年 *ROA* 的波动性来对企业风险承担水平进行衡量。企业风险承担水平的具体计算公式如下：

$$RISK_{i,t} = \sqrt{(ADJ\_ROA_{i,t} - ADJ\_ROA_{i,t-1})^2} \qquad (10-1)$$

其中，$RISK_{i,t}$ 为 i 企业在 t 年的风险承担水平；$ADJ\_ROA_{i,t}$ 为 i 企业在 t 年时经行业平均值调整后的 *ROA*；$ADJROA_{i,t-1}$ 为 i 企业在 $t-1$ 年时经行业平均值后的 *ROA*。

（三）调节变量

本章借鉴学者陈华东（2016）对于预期任期的定义，将 CEO 预期任期界定为 CEO 对于其在所任职企业继续担任 CEO 一职的时间长短的估计。借鉴安蒂亚塔尔（Antiaetal，2010）等学者的方法，用下述公式对 CEO 预期任期进行衡量：

$$ETENURE_{i,t} = (TENURE_{ind,t} - TENURE_{i,t}) + (AGE_{ind,t} - AGE_{i,t})$$

$$(10-2)$$

其中，$ETENURE_{i,t}$ 为 i 企业 CEO 在 t 时期的预期任期；$TENURE_{ind,t}$ 为同行业企业 CEO 在 t 时期的平均已任职期限；$TENURE_{i,t}$ 为 i 企业 CEO 在 t 时期的已任职期限；$AGE_{ind,t}$ 为同行业企业 CEO 在 t 时期的平均年龄；$AGE_{i,t}$ 为

i 企业 CEO 在 t 时期的年龄。在经过整理后计算出 *ETENURE* 的中位值，如果某一公司 CEO 预期任期超过该中位值，则定义该 CEO 预期任期较长，取值为 1；相反，则取值为 0。

（四）控制变量

为使本文实证分析结果的可信度更高，结合国内外学者的相关研究，本章加入以下控制变量：

1. 企业规模

公司的规模越大，其资源也就越丰富，遇到危机情况时解决方法也会更多，从而减少了企业发生损失的可能性或者减少了发生损失的影响。

2. 现金持有水平

企业现金持有水平越高，企业能够用来应付危机情况的资金就越多，从而降低了企业的风险承担水平。本章用企业当期经营活动产生的现金流量净额与期末总资产金额的比值来衡量企业的现金持有水平。

3. 股权激励

海耶斯（Hayes，2012）、阿姆斯特朗（Armstrong，2012）等学者发现，对于高管人员进行股权激励，会使其有动机去追求企业的收益，从而导致企业的风险承担水平提高。本章设置虚拟变量来衡量是否对 CEO 实施股权激励，如果对 CEO 实施股权激励则取值为 1；相反取值为 0。

4. 行业

不同行业的特性有很大程度的差异，从而使对应企业具有不同的经营特征，导致承担的风险水平也会不同。因此，本章设置行业变量来控制不同行业所导致的影响，用虚拟变量来衡量上市公司所属的证监会行业分类。

5. 年度

在不同的年份企业所面临的宏观环境会有所不同，这将使企业在不同年份时承担的风险水平会有所差异。因此，本章设置年度变量来对该因素的影响进行控制，用虚拟变量来衡量样本年度（见表 10－1）。

表 10 – 1　　　　　　　　　　　　**变量定义说明表**

类别	变量名称	变量符号	变量定义
被解释变量	风险承担水平	RISK	企业盈利的波动性，为企业当期经行业平均值调整后的 ROA 较上年经调整 ROA 的标准差
	投资规模	SINV	企业的年末长期股权投资金额/年末总资产金额
解释变量	过度自信	OVERCON	企业盈利情况预测的偏差。如果公司的净利润预测水平高于公司的实际水平，则定义该公司的 CEO 为过度自信，取值为 1，否则取值为 0
调节变量	预期任期	ETENURE	根据 $ETENURE_{i,t} = (TENURE_{ind,t} - TENURE_{i,t}) + (AGE_{ind,t} - AGE_{i,t})$ 计算出样本所有的预期任期值，取中位数。当某一公司 CEO 的预期任期值超过该中位数时，则定义该公司的 CEO 预期任期较长，取值为 1，否则取值为 0
控制变量	企业规模	SIZE	Ln（总资产）
	现金持有水平	CASH	经营活动产生的现金流量净额/总资产金额
	股权激励	INCENTIVE	虚拟变量，如果对 CEO 实施股权激励取值为 1；反之为 0
	行业	INDUSTRY	虚拟变量
	年度	YEAR	虚拟变量

资料来源：笔者整理。

二、样本选择与数据来源

本章研究所采用的数据为 2012～2015 年上交所和深交所 A 股上市公司的相关数据。数据来源中，企业方面的数据主要来源于 Wind 数据库，CEO 方面的数据主要来源于对 Wind 数据库相关信息的手工整理。此外，数据库有缺失的部分通过上市公司的年报和业绩预告进行手工收集补充，主要为 CEO 的薪酬及公司薪酬最高的前三位高管的薪酬。本章所采用的数据处理软件主要为 Excel 软件和 Stata 软件。

在得到初始数据后，本章通过以下六个步骤对数据进行处理：

（1）剔除没有在报告年度末之前对公司进行年度盈利预测的公司，包括没有进行年度盈利预测的公司和在报告年度末之后进行预测的公司。剔除后者是因为此时对于公司的盈利预测是在已经了解了公司实际盈利情况的基础上进行的，从而对于 CEO 过度自信的衡量会产生较大的误差。

（2）由于 CEO 的变更会对企业的经营策略等方面产生较大的影响，从而对本章研究结果产生一定的影响。因此，本章剔除样本期内 CEO 发生变更的数据。

（3）由于金融业公司在性质和业务经营上较其他企业存在特殊性，因此，将该类上市公司剔除。

（4）将 *ST 和 ST 上市公司剔除。

（5）将数据缺失的公司剔除。

（6）将数据异常的公司剔除。

三、模型设计

为验证本文提出的研究假设，构建具体模型如下：

（1）构建 CEO 过度自信与企业风险承担水平的计量模型：

$$RISK = \beta_0 + \beta_1 OVERCON + \beta_2 SIZE + \beta_3 CASH + \beta_4 INCENTIVE$$
$$+ \beta_5 INDUSTRY + \beta_6 YEAR + \varepsilon \qquad (10-3)$$

（2）构建 CEO 过度自信与企业投资规模的计量模型：

$$SINV = \beta_0 + \beta_1 OVERCON + \beta_2 SIZE + \beta_3 CASH + \beta_4 INCENTIVE$$
$$+ \beta_5 INDUSTRY + \beta_6 YEAR + \varepsilon \qquad (10-4)$$

（3）构建预期任期、CEO 过度自信与企业风险承担水平的计量模型：

$$RISK = \beta_0 + \beta_1 OVERCON + \beta_2 ETENURE + \beta_3 OVERCON \times ETENURE + \beta_4 SIZE +$$
$$\beta_5 CASH + \beta_6 INCENTIVE + \beta_7 INDUSTRY + \beta_8 YEAR + \varepsilon \qquad (10-5)$$

（4）构建预期任期、CEO 过度自信与企业投资规模的计量模型：

$$SINV = \beta_0 + \beta_1 OVERCON + \beta_2 ETENURE + \beta_3 OVERCON \times ETENURE + \beta_4 SIZE +$$
$$\beta_5 CASH + \beta_6 INCENTIVE + \beta_7 INDUSTRY + \beta_8 YEAR + \varepsilon \qquad (10-6)$$

第四节　实证结果

一、描述性统计

根据对于各主要变量衡量指标的选择，本章对 Wind 数据库的数据、相关上市公司的半年报、年报，以及业绩预告的数据进行整理，一共得到2218 个样本数据。其中，2012 年共有 565 个样本数据，2013 年共有 542 个样本数据，2014 年共有 547 个样本数据，2015 年共有 564 个样本数据。总体来看，各年样本数分布相对平均。

（一）自变量的描述性统计

对样本数据按照年份进行过度自信 CEO 所占比例的统计，统计结果如图 10 -1 所示。从该图可以看出，我国上市公司的过度自信 CEO 所占的比例超过 50% ，并且 2012 ~ 2015 年该比例均在 63% 以上。因此可见，CEO 过度自信在我国上市公司中是一个普遍存在的现象，并且在 2012 ~ 2014 年时，过度自信 CEO 占比呈逐年上升趋势，而 2015 年该比例有所下降。

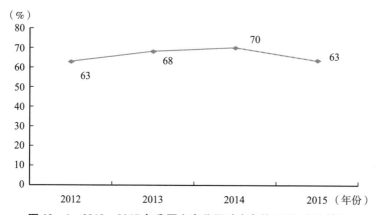

图 10 - 1　2012 ~ 2015 年我国上市公司过度自信 CEO 占比情况

资料来源：笔者整理。

（二）因变量的描述性统计

对样本数据按照年份进行企业风险承担水平变量的描述性统计，其结果如表 10 - 2 所示。从表 10 - 2 第 3 列可看出，我国上市公司的平均企业风险承担水平在 2012 ~ 2015 年里变化较大，总体来看呈上下波动的趋势。因此可见，年份也是影响我国上市公司企业风险承担水平的因素之一。此外，从该表第 4 列和第 5 列可以看出，2012 ~ 2015 年不同年份的企业风险承担水平差别较大，最大值为 36.7468，最小值为 0.0032，说明个别公司的风险承担水平差别较大。

表 10 - 2　　　　　　　2012 ~ 2015 年企业风险承担描述性统计

年份	N	Mean	Std.	Max	Min
2012	565	3.2024	3.5255	36.7468	0.0150
2013	542	2.6558	2.9491	26.2999	0.0220
2014	547	3.3572	3.8281	32.0536	0.0032
2015	564	2.8424	3.1456	23.6958	0.0137
合计	2218	3.0155	3.3887	36.7468	0.0032

资料来源：笔者整理。

对样本数据按照 CEO 是否过度自信进行我国上市公司企业风险承担水平的描述性统计，其结果如表 10 - 3 所示。从表 10 - 3 的第 3 列可以发现，过度自信 CEO 所在上市公司的企业风险承担水平均值为 3.1275，非过度自信 CEO 所在上市公司的企业风险承担水平均值为 2.7962。前者均值大于后者均值，因此，可以简单判断出过度自信 CEO 所在上市公司具有更高的企业风险承担水平。

表 10 - 3　　　按照 CEO 是否过度自信分组的企业风险承担描述性统计

Type	N	Mean	Std.	Max	Min
非过度自信	750	2.7962	3.1949	30.6939	0.0032
过度自信	1468	3.1275	3.4792	36.7468	0.5136
合计	2218	3.0155	3.3887	36.7468	0.0032

资料来源：笔者整理。

对样本数据按照年份进行企业投资规模的描述性统计，其结果如表 10 - 4 所示。从表 10 - 4 第 3 列可看出，我国上市公司的投资规模在 2012～2015 年里变化较大，总体上与企业风险承担水平的变化趋势一致。从第 4 列和第 5 列可以看出，2012～2015 年，不同年份的企业投资规模的最大值和最小值差别较大，全样本中最大值为 66.1818，最小值为 0.0000，说明个别上市公司的企业投资规模差别较大，个别上市公司并未进行长期股权投资。

表 10 - 4　　　　　　　2012～2015 年企业投资规模描述性统计

年份	N	Mean	Std.	Max	Min
2012	565	2.5868	3.9807	33.3598	0.0000
2013	542	2.0666	4.0938	66.1818	0.0000
2014	547	2.3286	4.2980	50.0677	0.0000
2015	564	2.2280	3.5346	24.1758	0.0000
合计	2218	2.3002	3.9917	66.1818	0.0000

资料来源：笔者整理。

（三）其他变量的描述性统计

对调节变量和控制变量进行描述性统计，其结果如表 10 - 5 所示。本章对于具体公司 CEO 预期任期的取值为：当超过中位数时取值为 1；相反则取值为 0。因此，表 10 - 5 中预期任期的均值为 0.5，最大值为 1，最小值为 0。由于本章对于股权激励衡量指标值的选择为：如果对 CEO 实施股权激励，取值为 1；如果未对 CEO 实施股权激励，取值为 0。因此，表 10 - 5 中股权激励的最大值为1，最小值为0，同时，其均值则代表实施股权激励的公司所占的比例。从表10-5可发现，股权激励这一变量（*INCENTIVE*）的均值为0.0762，说明样本中对CEO实施股权激励的上市公司数量相对较少，占比仅为7.62%。

表10-5   其他相关变量描述性统计

变量	N	Mean	Std.	Max	Min
ETENURE	2218	0.5000	0.5001	1.0000	0.0000
SIZE	2218	3.2550	0.9248	8.7247	0.1033
CASH	2218	5.0286	6.7678	40.7699	-34.2162
INCENTIVE	2218	0.0762	0.2654	1.0000	0.0000

资料来源：笔者整理。

二、实证结果分析

（一）CEO过度自信与企业风险承担的实证分析

1. CEO过度自信与企业风险承担

为验证H10-1a，本章按照模型（10-3）进行全样本回归，结果如表10-6所示。从表10-6可以看出，CEO过度自信（*OVERCON*）的回归系数为0.339，且在5%的水平上显著。因此，可以认为，全样本检验下CEO过度自信与企业风险承担水平显著正相关。同时，企业规模（*SIZE*）的回归系数结果为-0.435，且在1%的水平上显著，表明企业规模会影响其风险承担水平，当企业的规模越大时，其风险承担水平越低。这可能是因为当规模越大时，其资源也就越丰富，从而遇到危机情况时的解决方法也会越多，减少了企业发生损失的概率，或者减少了发生损失的程度，从而降低了企业的风险承担水平。此外，企业现金持有水平（*CASH*）的回归系数结果为-0.025，且在10%的水平上显著，说明其也会影响企业的风险承担水平。这可能是因为当企业现金持有水平越高时，企业能够用来应付危机情况的资金就越多，减轻了风险事件对企业的影响，从而减少了企业发生损失的概率或者减少了发生损失的程度，从而降低了企业的风险承担水平。

表 10 – 6　　　　　CEO 过度自信与企业风险承担水平全样本回归结果

变量	系数	P 值
OVERCON	0.339	0.020 **
SIZE	– 0.435	0.000 ***
CASH	– 0.025	0.061 *
INCENTIVE	0.163	0.446
INDUSTRY	控制	
YEAR	控制	
R^2	0.2148	

注：1. 因变量为企业风险承担水平；2. * 、** 、*** 分别表示在 10%、5%、1% 的水平上显著。
资料来源：笔者整理。

　　按照企业性质，将样本分为国有上市公司样本和非国有上市公司样本，分别对 CEO 过度自信与企业风险承担水平的关系进行多元线性回归，其结果如表 10 – 7 所示。从表 10 – 7 可以看出，非国有上市公司样本中，CEO 过度自信（*OVERCON*）的系数值为 0.389，且在 5% 的水平上显著。因此，可认为非国有上市公司样本检验下 H10 – 1a 成立，即在非国有上市公司中，CEO 过度自信与企业风险承担水平之间呈显著正相关关系。而国有上市公司样本中，*OVERCON* 的系数值虽然为 0.241，但并不显著。因此，可认为国有上市公司样本检验下 H10 – 1a 不成立。这可能是因为政府对于企业决策活动的间接干预所导致的。政府对国企的高管人员具有任免权利，因此，国企的高管人员进行风险决策时需参考政府的目标。

表 10 – 7　　　　CEO 过度自信与企业风险承担水平分样本回归结果

变量	国有企业样本		非国有企业样本	
	系数	P 值	系数	P 值
OVERCON	0.241	0.448	0.389	0.020 **
SIZE	– 0.436	0.004 ***	– 0.47	0.000 ***

续表

变量	国有企业样本		非国有企业样本	
	系数	P 值	系数	P 值
CASH	0.013	0.528	− 0.032	0.039 **
INCENTIVE	− 0.189	0.738	0.184	0.429
INDUSTRY	控制		控制	
YEAR	控制		控制	
样本量	383		1822	
R^2	0.2021		0.2729	

注：** 、*** 分别表示在 5%、1% 的水平上显著。
资料来源：笔者整理。

据此可以得出结论：在我国非国有上市公司中，CEO 过度自信与企业风险承担水平之间呈显著正相关关系，当 CEO 过度自信时，其所任职企业具有更高的风险承担水平，而该关系在国有上市公司中不成立。

2. CEO 过度自信与企业投资规模

为验证 H10 - 1b，本章按照模型（10 - 4）进行全样本回归，结果如表10 - 8 所示。从表 10 - 8 可以看出，CEO 过度自信（*OVERCON*）的回归系数结果为 0.465，且在 5% 的水平上显著。因此，可认为全样本检验下 CEO过度自信与企业投资规模之间呈显著正相关关系。

表 10 - 8 CEO 过度自信与企业投资规模全样本回归结果

变量	系数	P 值
OVERCON	0.465	0.013 **
SIZE	− 0.198	0.080 *
CASH	− 0.003	0.790
INCENTIVE	− 0.063	0.804
INDUSTRY	控制	
YEAR	控制	
R^2	0.2299	

注：* 、** 分别表示在 10%、5% 的水平上显著。
资料来源：笔者整理。

按照企业性质将样本进行细分，分别对 CEO 过度自信与企业投资规模之间的关系进行多元线性回归，回归结果如表 10－9 所示。从表 10－9 可以看出，非国有上市公司样本中，*OVERCON* 的系数值为 0.411，且在 10% 的水平上显著。因此，可认为非国有上市公司样本检验下 H10－1b 成立，即在非国有上市公司中，CEO 过度自信与企业投资规模之间呈显著正相关关系。而国有上市公司样本中，*OVERCON* 的系数值虽然为 0.491，但并不显著。因此，可认为在该细分样本检验下 H10－1b 不成立。

表 10－9　　　　　　CEO 过度自信与企业投资规模分样本回归结果

变量	国有企业样本		非国有企业样本	
	系数	P 值	系数	P 值
OVERCON	0.491	0.201	0.411	0.072 *
SIZE	－ 0.245	0.28	－ 0.15	0.029 **
CASH	0.028	0.205	－ 0.011	0.297
INCENTIVE	0.349	0.552	－ 0.193	0.505
INDUSTRY	控制		控制	
YEAR	控制		控制	
样本量	383		1822	
R^2	0.1467		0.3183	

注：*、** 分别表示在 10%、5% 的水平上显著。
资料来源：笔者整理。

据此可以得出结论：我国非国有上市企业 CEO 过度自信与企业投资规模之间呈显著正相关关系，该关系在国有上市企业中不成立。而这一结果也与 CEO 过度自信与企业风险承担水平之间关系的检验结果相一致。

（二）CEO 预期任期调节作用的实证分析

1. 预期任期对 CEO 过度自信与企业风险承担关系的调节作用

为验证 H10－2a，本章按照模型（10－5）进行相关变量间的多元线性回归，其结果如表 10 - 10 所示。从表 10 - 10 可以看出，*OVERCON* × *ETENURE* 的回归系数值为 0.549，且在 10% 的水平上显著。从而可以认为，在非国有上市公司样本中，H10 - 2a 成立。

表 10 - 10　　　　CEO 过度自信、预期任期与企业风险承担水平回归结果

变量	系数	P 值
OVERCON	0.344	0.041 **
ETENURE	0.924	0.000 ***
OVERCON × *ETENURE*	0.549	0.093 *
SIZE	−0.473	0.000 ***
CASH	−0.028	0.064 *
INCENTIVE	0.140	0.543
INDUSTRY	控制	
YEAR	控制	
样本量	1822	
R^2	0.2327	

注：*、**、*** 分别表示在 10%、5%、1% 的水平上显著。
资料来源：笔者整理。

因此可以得出结论：在我国非国有上市公司中，预期任期能够正向调节 CEO 过度自信与企业风险承担水平之间的正相关关系。

2. 预期任期对 CEO 过度自信与企业投资规模关系的调节作用

为验证本章 H10 - 2b，按照模型（10 - 6）进行相关变量间的多元线性回归，其结果如表 10 - 11 所示。从表 10 - 11 可以看出，*OVERCON* × *ETENURE* 的回归系数值为 0.833，且在 10% 的水平上显著。从而可以认为在非国有上市公司样本中，H10 - 2b 成立。

表 10 - 11　　　　CEO 过度自信、预期任期与企业投资规模回归结果

变量	系数	P 值
OVERCON	0.389	0.086 *
ETENURE	0.595	0.002 ***
OVERCON × ETENURE	0.833	0.056 *
SIZE	- 0.343	0.030 **
CASH	- 0.008	0.44
INCENTIVE	- 0.218	0.456
INDUSTRY	控制	
YEAR	控制	
样本量	1822	
R^2	0.2264	

注：* 、** 、*** 分别表示在10% 、5% 、1% 的水平上显著。
资料来源：笔者整理。

　　因此可以得出结论：在我国非国有上市公司中，预期任期能够正向调节 CEO 过度自信与企业投资规模之间的正相关关系。即在我国非国有上市公司中，当预期任期较短时，CEO 过度自信对于企业投资规模的增加作用较小；当预期任期较长时，CEO 过度自信对于企业投资规模的增加作用较大。

三、稳健性检验

　　为保证结果的稳健性，本章选择另一个 CEO 过度自信的衡量指标来进行稳健性检验。参考姜付秀（2009）和梁上坤（2015）等学者做法，选择用 CEO 薪酬与薪酬排名前三位的高管薪酬之和的比值来表示。如果某一公司的 CEO 薪酬相对比例超过该中位数，则定义该 CEO 为过度自信，取值为 1；反之，若低于或等于该中位数，则取值为 0。在使用这一指标衡量 CEO 过度自信进行检验后，实证表明结论仍成立。

第五节 结论与展望

本章以 2012～2015 年我国 A 股市场上市公司的相关数据为样本，检验 CEO 过度自信与企业风险承担水平之间的关系，以及 CEO 预期任期对该关系的调节作用，得到以下主要结论：

第一，相比一般的 CEO，过度自信的 CEO 进行风险决策时，自我认知的预期收益更高、预期成本更低，以及预期投资回收期更短，从而会更积极地寻找企业的投资机会，更可能增加企业对于高风险、高收益和较长投资回收期项目的投资支出，导致企业发生业绩恶化或者破产等损失的可能性更高，即企业的风险承担水平更高。因此，CEO 过度自信能够增加企业的投资规模，与企业风险承担水平之间呈正相关关系。这种关系在非国有上市公司中显著成立；相反，因为国有企业 CEO 可能受政府以"稳"为核心的目标的影响，导致在国有上市公司中这种关系不成立。

第二，在非国有上市公司中，当过度自信 CEO 预期任期较短时，一方面，他们与企业间的物质和非物质联系被弱化，从而削弱了过度自信给其带来的预期收益增加和预期成本减少所起的作用；另一方面，会使 CEO 认为回收期长的投资项目的预期收益比较不可能在自己身上实现，从而缺乏动机进行长期投资。因此，在这两方面的作用下，削弱了 CEO 过度自信对于企业对高风险、高收益和较长投资回收期项目投资支出的增加作用，降低了 CEO 过度自信与企业风险承担水平之间的正相关关系。即在非国有上市公司中，预期任期能够正向调节 CEO 过度自信与企业风险承担之间的正相关关系；预期任期能够正向调节 CEO 过度自信与企业投资规模之间的正相关关系。

未来相关研究可专注于以下三方面：第一，采用多种衡量指标相结合，对 CEO 过度自信这一变量进行衡量，以尽量减少这些替代变量的主观性所带来的影响。第二，将企业其他活动所导致的风险承担纳入研究范围，例如：创新支出、多元化经营、战略转变和债务融资等活动，从而更加系统地研究 CEO 过度自信与企业风险承担水平之间的关系。第三，也可以从高管团队和行业两方面入手进行后续研究。企业的风险活动更多的是高管团队的决策结果，因此，可以将研究范围从企业 CEO 扩展至整个高管团队，从而使研究分析更具科学性。

第十一章
高管团队风险特质对高科技企业创新投资的影响
——基于股权激励的调节效应

第一节 引言

一、研究背景与问题提出

目前，社会已经进入了工业4.0时代，产品的生命周期不断缩短，智能制造生产模式也正被推广，而创新作为企业发展的关键环节和推动力量，近年来受到极大的重视，它是企业得到持久竞争优势的重要一步。因此，为了在迅速变化的市场上获得持续的竞争优势，企业必须持续创新，从而提高生产效率，减少生产成本。如果企业不及时创新，就会迅速被市场淘汰。在这样的背景下，学者和企业纷纷对影响企业创新的因素展开探求。

企业经营过程中，企业高管往往掌握着创新行为的决策和实施，他们对于企业起到了非常重要的作用。通常高管自身对风险的态度，也是影响企业发展的重要因素，一般来说，喜好风险的高管团队倾向于选择激进型的投资机会，并且愿意进行创新，而厌恶风险的高管团队则倾向于选择稳健型的投资机会，而不愿意进行创新。因此，如何使高管团队快速整合公司资源，最大限度地发挥作用，从而及时应对环境中的不确定性，是当今社会非常重要的研究话题。

1944 年，冯·诺伊曼（Von Neumann，1944）构建的 VN – M 预期效用理论函数，是最早研究风险偏好水平的理论，该模型对传统项目进行评价和修正，使用 $u = \sum U(xi)pi$ 代替 $x = \sum xipi$，从而在不确定情境下，对各种可能得到的结果的效用进行加权平均。1954 年，卢斯（Luce，1954）经过进一步的研究，在对效用理论完善和发展的基础上，提出了主观预期效用理论。该理论通过把 $u = \sum U(xi)pi$ 中的概率更改为主观概率，从而更贴切地反映高管认知上的差异。1979 年，风险决策理论的进一步发展，卡恩曼和特韦尔斯基（Kahneman & Tversky，1979）提出了前景理论，他们使用价值函数 $v(x)$ 和决策权重函数 $\pi(p)$ 两类函数来描述投资者的投资决策。他们认为，投资者的决策实际上是对其效用的决策。该函数对以往被人们普遍接受的期望效用理论进行了完善和修正，使用决策权重函数而非概率来描述投资者对不同方案的选择，使用价值函数而非效用函数来描述投资者对前景的预期。

根据委托代理理论，高管有可能做出不利于企业的行为（Eisenhardt，1989），这是基于管理者与股东之间的存在的风险和认知差异。詹森和墨菲（Jensen & Murphy，1990）提出通过实施股权激励，让管理者参与企业剩余收益的分配，并成为企业的所有者，可以部分缓解管理层与所有者之间的利益冲突，从而减少代理成本。但由于企业最终的决策由高管制定，单独的前景理论或委托代理理论都不能解释高管的风险决策。因此，本章将把委托代理理论和前景理论结合起来研究高管风险特质和企业创新投资决策之间的关系，同时，对股权激励在该路径中的调节作用进行检验。

本章将委托代理理论和前景理论结合起来解释高管团队风险特质和企业创新投资的关系，具有重要的意义。首先，委托代理理论和前景理论都研究了管理者的风险态度和企业风险决策的关系，因此，综合使用这两种理论，高管风险特质对企业创新行为的影响能够得到更好的说明。其次，两个理论分别从不同的角度进行了解释，将两者综合起来使用，解决了思考的片面性问题。最后，本章有利于帮助企业识别优秀高管团队的特质，从而积极适应快速变化的环境。本章研究发现，不同的风险特质实际上对企业的创新行为具有不同的影响，对以往的研究进行了补充和完善。

二、研究框架与内容

（一）本章的各节安排

第一节是引言。首先，介绍了高科技企业日益重要的现实背景和前景理论，以及委托代理理论研究的发展情况；其次，对本文的研究框架图进行了描绘；最后，介绍了本章的创新之处。

第二节是理论基础。首先，梳理了包括效用理论和前景理论在内的高管风险特质相关理论；其次，着重阐述了委托代理理论，并为后面的研究综述奠定了基础。

第三节是文献综述。首先，主要关注高管风险特质的度量方法、影响因素，以及高管风险特质对企业创新投资的影响；其次，关注重点则在股权激励的相关假说以及调节作用研究。

第四节是理论分析与研究设计。首先，梳理以往的理论研究，提出了本文的假设；其次，介绍了样本选择和数据来源，并构建了关于高管风险特质、股权激励和企业创新投资三者之间的回归模型，与此同时，还介绍了企业创新投资、高管风险特质、股权激励和控制变量等变量的度量方法。

第五节是实证结果。首先，进行了描述性统计；其次，对变量进行了多元回归分析，检验了高管风险特质与高科技企业创新投入的关系，以及股权激励对两者关系的调节作用；最后，进行了稳健性检验，通过滞后一期数据来验证本章结果的可靠性。

第六节是结论与展望。首先，总结了本章实证研究得出的结论；其次，就本章不足进行了说明，并就此对以后的研究提出建议。

（二）本章的研究框架

本章的研究框架如图 11-1 所示。

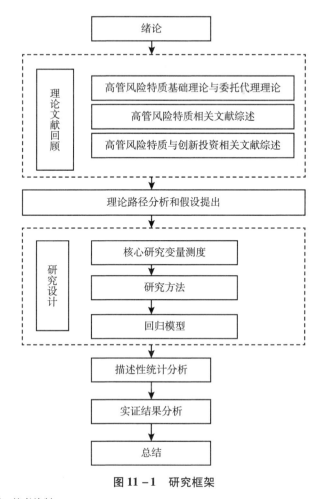

图 11 – 1　研究框架

资料来源：笔者绘制。

三、研究方法与创新点

文献分析法和实证研究法是本章主要采用的方法。文献分析法主要使用于本章的理论基础、研究成果综述，以及理论分析与研究假设三部分，通过梳理高管风险特质、股权激励和企业创新的相关文献，推导出三者之间的关系。实证研究法主要在本章的实证研究设计和实证结果分析两部分内容中体现，本章构建的模型是在 CSMAR 数据库中搜集并筛选数据，然后通过

SPSS20.0 对数据进行描述性统计、相关性检验，以及多元线性回归来验证本章的相关假设。

以往对高管与企业创新关系的研究较少从风险层面入手，大多关注高阶梯队理论，并从高管个人背景特征层面出发进行阐述。首先，本章从风险决策视角入手，并结合委托代理理论和前景理论，不但丰富了相关理论研究，也拓宽了该领域的研究视角。其次，本章还考虑了股权激励的作用，并通过探究其作用机理丰富了以往的研究。

第二节　理论基础

一、高管风险特质相关理论

（一）效用理论

1944 年，冯·诺依曼（1944）提出效用理论并且构建了 VN – M 模型，使用 $u = \sum U(xi)pi$ 评价项目优劣。预期效用理论函数作为最早研究风险偏好水平的理论，使用在不确定情况下，不同预期回报所带来的效用的加权平均值来衡量项目的优劣。效用理论指出，在方案已经确定的情况下，投资者倾向于选择能给自身带来最大期望效用的方案，该假说被称为"期望效用最大化假说"。后来，卢斯（1954）对效用理论又做了进一步的完善和发展，并在效用理论的基础上提出了主观预期效用理论，该理论使用主观概率替换原有函数中的概率，从而更好地反映了高管认知上的差异。

（二）前景理论

由于简单地使用预期效用理论不能很好地描述管理者的决策过程，1979 年，卡恩曼和特韦尔斯基（1979）在有限理性的基础上提出了前景理论，该理论认为投资者的选择其实是对效用的抉择。期望是不同的风险结果，在选择过程中，由于投资者不一定是理性的，其决策受到心理过程影响的可能性较大。卡恩曼和特韦尔斯基（1979）把这种模式的出现归结于人类存在的两类缺点：第一，个体的自我控制能力往往会受到情绪影响，而该种能力对于理性决策非常重要；第二，由于存在认知困难，人们常常出现难以完全理解他们所碰到的问题的情况。为了描述投资者的投资决策，卡恩曼和特韦尔斯基（1979）对传统的期望效用理论进行了完善和修正，使用价值函数 $v(x)$ 和决策权重函数 $\pi(p)$ 两类函数进行描述。前景理论认为，"价值函数"和"决策函数"同时决定投资者预期未来投资价值的大小，用公式表达即 $V = \sum \pi(pi)v(xi)$。在这个公式中，$\pi(p)$ 即决策权重，是与概率 p 相关的递增函数，价值函数 $v(x)$ 则是投资者所能感受到的预期项目能给自身带来的价值。

二、委托代理理论

（一）代理问题的产生背景

管理者和委托者的矛盾冲突主要体现在四个方面，从而产生代理问题。首先，委托人与代理人的效用函数存在较大差异。其次，由于存在信息不对称，委托人不能很好地监督代理人。再次，委托人与代理人在遭受损失时，承担的后果不同。最后，委托代理关系也是一种雇佣的契约关系，在现今条件下，契约都是不完备的，他们无法预料到可能发生的所有事情，并将各种情况进行规定。因此，委托人无法维护自己的合法权益。综上可知，委托人和代理人的效用函数存在较大差异，当损失出现时，二者承受的后果差异较大。因此，委托者的效用函数无法完全解释代理人的行为。

（二）代理问题对企业的影响

代理问题产生的两种主要后果包括逆向选择和道德风险。詹森和麦克林（Jensen & Meckling, 1976）提出，公司可以通过对管理者实施股权激励来解决代理问题，由于管理者能获得公司的剩余收益，这一方法将管理者和公司的利益联系在一起，成为公司的所有者，从而提高管理者的主人翁意识，实现公司价值最大化。

第三节 文献综述

一、高管风险特质相关文献综述

（一）高管风险特质的度量方法

高管风险特质的度量方法主要包括以下四类：第一，使用 DARA、DRRA 系数衡量高管风险特质。DARA 系数又被称为绝对风险厌恶系数，用来衡量单个个体风险态度的方法（Arrow，1971）。在不考虑 DARA 系数中绝对财富的基础上，默顿（Merton，1980）又提出了 DRRA 系数，即风险厌恶系数，以此来衡量个体的风险厌恶程度。第二，使用量表衡量高管风险特质。Risk-taking 量表通过赋值给评估的结果来衡量高管的风险态度，得到了国内外大多数学者的认同，是最常用的衡量高管风险偏好的量表。第三，使用自定义方法衡量高管风险特质。比如，布卢姆和弗伦德（Blume & Friend，1975）用高管风险资产比重，即高管风险资产除以高管总资产来衡量高管风险特质。还有一些学者使用防御距离指标（张铁铸，2010）、风险资产比重的波动性（陈菊花，2012）、公司的资产负债率（Cain & Mckeon，2012）等方法对管理者的风险特质进行度量。第四，使用影响因素来衡量高管风险水平。近年来，学者们从影响因素研究高管风险水平的较多，大家分别基于年龄（Barker & Muller，2002）、性别（Elsaid & Ursel，2011）、任期（Hesterly，2012）、教育水平（Belghitar et al.，2012）等方面展开研究。

（二）高管风险特质的影响因素

高管风险特质的影响因素有很多，以往研究多集中在高管的个人背景特征方面。比如，高管的年龄（Barker & Muller，2002）、任期（Hesterly，

2012）、性别（Byrnes，1999）、教育水平（Belghitar，2012）等；除此之外，高管财富状况（Blume & Friend，1975）、高管的宗教信仰（Hilary & Hui，2009）、高管的政治倾向（Christensen et al.，2015；Hutton et al.，2014）、高管的海外背景特征（宋建波等，2017）等因素均会影响高管的风险态度和企业的创新行为。

（三）高管风险特质与企业创新投资相关文献综述

与以往的投资相比，创新投资具有不确定性和高风险性的特征。陆国庆（2011）认为，创新活动是一项需要长期投入的活动，因为这个过程中存在未来的不确定性、环境的快速变化等问题，投资者在投资机会识别中面临诸多不确定性，从而会做出许多不确定的决策，然而任何一个决策失败都可能导致整个项目的失败，因而该过程蕴含着较大的风险。

关于高管风险特质与创新投资方面的研究，国内外相关研究较多。1979年，国外研究者卡恩曼和特韦尔斯基（1979）提出前景理论，认为在投资机会选择中，投资者的收益和损失都是相对参照点而言的。一般来说，当面临预计损失期望相同的投资机会时，投资者更倾向于选择不确定性较大的损失，即更加愿意冒险；而项目预计收益期望相同时，投资者更愿意选择确定的盈利，即倾向于回避风险。国内学者的研究也证实了同样的结论。康毅、唐小飞等（2011）提出高管对于风险的认知和态度对企业的创新行为产生了极大的影响。许引旺（2008）提出管理者的风险偏好特质越强，越愿意为了获得高收益而选择高风险的投资机会，从而越能够促进公司进行创新投资。赵湜（2013）认为，当企业的高管团队对风险持激进型态度时，越能够承受高风险，他们相比风险规避型投资者而言，更愿意颠覆以往的经营方式，对公司进行创新变革，从而促使企业创新绩效的提升。唐清泉、易翠（2010）研究发现，高管的风险偏爱程度显著影响了企业的创新投资，在筛选投资机会的过程中，对于风险的感知和态度将影响高管对项目价值的判断，从而决定了高管是否进行投资。

综上所述，风险偏好不同的管理者倾向于进行不同的投资决策。偏好风险规避的高管往往不愿意进行创新这类风险较大的活动，因为高收益一般都意味着高风险，因此，他们更愿意选择那些风险较低的项目。而风险偏好的管理者通常倾向于把握创新投资的机会，并享受创新所带来的高回报（Cressy，2006）。

二、股权激励相关文献综述

（一）股权激励的相关假说

在股权激励与企业投资行为方面，相关文献主要包括代理成本假说和风险规避假说两类。高管持股的代理成本假说：基于委托代理理论，股东和管理者，本质上来说都是"经济人"，自身收益的最大化是他们的关注重点（唐清泉等，2007）。因此，只有当创新投资预期能给管理者带来正向的效用时，管理者才会选择创新投资（刘运国等，2007）。薛有志（2008）也表明了同样的观点。李小荣、张瑞君（2014）认为，当产品面临非常激烈的市场环境竞争时，股权激励与企业的创新行为之间呈现倒"U"形的关系。除了股权激励外，一些学者也研究了薪酬激励对企业把握创新投资机会的影响。唐清泉、甄丽明（2009）发现，薪酬激励与股权激励相比，激励效果更好，且与企业的创新投资呈现显著的正相关关系。也有学者持不同态度，马加内尔（Marganel，2001）提出，高管持股与企业的创新投资二者之间没有必要的关系。詹森和墨菲（Jensen & Murphy，1990）认为，股权激励使管理者提高了索取企业剩余收益的期望，从而使管理者与企业的利益更加相关，进而减少企业的代理成本。除了股权激励外，股票期权也被证明能对高管起到较好的激励作用。大量研究证实，对高管实施股票期权激励，有利于高管把握创新投资的机会，从而促进公司业绩的提升（Meconnell & Servaes，1990）。

高管持股的风险规避假说：一方面，经理与股东相比，风险规避程度更高（Amihud & Lev，1981）。管理层持股和股票期权激励均属于股权激励，通常来说，公司股价的波动性会密切影响股票期权的价值，股价波动性与期权价值呈正相关，因而基于自身利益最大化的准则，管理者偏向于选择风险更高的项目。另一方面，公司股票的价格决定了管理层持股的价值，因此，管理层收益与公司股票价格呈正相关关系，而一旦项目失败，公司股价可能会受到牵连，从而使管理者的利益受损。因而为了自身的利益，高管可能会选择风险较低的项目，在面临投资机会选择时，不愿意基于过度投资角度选择创新活动。有学者发现与股票期权激励相比，股权激励降低了高管的过度风险承担行为（Lefebvre & Vieider，2010）。而给予管理者股票期权激励可以促进 CEO 的风险承担，而高管持股不能促进企业进行创新（Lefebvre & Vieider，2010；Wu & Tu，2007）。

（二）股权激励的调节作用

除了股权激励对公司研发投入的直接影响作用外，也有一些学者验证了股权激励的调节作用。李华晶（2007）以已上市的中国工业公司为研究样本，提出高管团队的人口统计学特征和所受到的激励水平都会对公司的研发投入产生影响，高管团队的激励水平显著调节了高管团队人口特征与企业创新战略之间的关系。怀斯曼（Wiseman，1998）将前景理论和委托代理理论结合，指出高管的风险规避行为可能会负向影响企业的创新行为，而短期激励，如企业对高管进行薪酬激励等，可以削弱高管与两者的负相关关系。班克（Banker，2010）提出，股权激励促使高管从长远考虑自身利益和公司利益，而创新活动从长远来看能够为企业带来收益的增加，从而给管理者带来收益。因此，当长远的收益大于短视行为带来的收益时，管理者的短视行为会受到抑制。因此，股权激励会促进公司的创新投资，且这种促进作用与创新的投资机会预期能带来的未来收益的大小密切相关。

第四节　理论分析与研究设计

一、理论分析与研究假设

（一）高管风险特质与企业创新投入

面对收益和风险时，投资者的表现不同，具体体现为，面对收益时，投资者倾向于选择稳定的收益；而面对损失时，投资者倾向于选择不确定的损失。且相对于收益，投资者更在乎损失（Kahneman & Tversky，1979）。创新作为一项特殊的投资活动，在高科技企业中尤为重要，该项活动具有较大的风险和不确定性，需要投入很大的成本，且回报时间长，高科技企业开发新产品、研究新技术、探索新市场都需要进行创新方面的投入（易靖韬，2015；Hall，2002）。创新与其他投资相比，风险性极高，因而高管自身对风险的态度能够对企业投资机会的把握及创新战略的实施产生巨大的影响（Bhagat et al.，1995）。基于前景理论，在面对收益时，人们会进行风险规避，且风险规避程度越高，现金流波动越小，且投资周期较短的项目越容易被选择，对企业的创新投资越不利。

这一结论得到了大量研究者的证实，唐清泉、易翠（2010）认为，企业的创新投资与高管的风险规避程度显著相关，是否进行投资取决于高管对风险的感知和态度。高管风险规避程度与代理成本正相关（Angie Low 2009）。也就是说，风险规避程度弱的高管更倾向于选择创新，有助于企业快速发展；相反地，若高管的风险规避程度较强，其在投资决策中会相对保守，倾向于规避创新活动，对企业的成长不利。因此，根据以上理论，提出假设如下：

H11 – 1：高管风险规避程度与企业创新投入力度负相关。

（二）股权激励的调节作用

班克等（2010）研究发现，对高管进行股权激励会使高管在选择投资机会时，能够从较为长远的角度考虑自身利益和公司的利益。由于创新活动从长远看能够增加企业收益，从而也能够给管理者带来收益，当长远的收益大于短视行为带来的收益时，管理者的短视行为会受到抑制。这可以解释为，持股的高管会从所有者的角度对企业的战略方向和发展规划进行重新考虑，进而增加企业的研发投入。从长远来看，作为高科技企业取得核心竞争能力的主要来源，创新能为企业带来较大的好处，所以，股权激励可以削减高管的短视性，使高管更多地从长远角度考虑企业的发展，从而更有利于其选择创新投资的机会。基于以上讨论，本章提出第二个假设：

H11 – 2：股权激励机制可以显著削弱高管风险规避程度与企业创新投

入之间的负相关关系。

二、模型构建与变量测度

（一）样本选取与数据来源

根据《高技术产业（制造业）分类（2013）》，依照本章选取衡量研发投入强度的指标，选取研发投入强度较高的六大制造业行业，共筛选出 446 家上市公司。考虑金融危机后的企业发展情况，将研究时段确定为 2012～2016 年，剔除上市公司中被退市或警告退市的公司，以及由于信息披露不全导致数据缺失的样本，共计得到 2021 条有效观测值。

（二）实证模型构建

本章基于理论推导提出了两个假设，为对前面假设中的主路径和调节路径进行检验，本部分基于以上假设构建了相关实证模型，首先，建立模型（11-1），考察高管风险特质对企业创新投资的影响；其次，建立模型（11-2），探求股权激励对高管风险特质与企业创新投资关系的影响。研究中将高管风险特质用 RC 表示，对各特质变量进行单独回归，Mholdrate 代表股权激励。具体模型设计如下所示：

$$RDI = \beta_0 + \beta_1 RC + \beta_2 Size + \beta_3 TMTSize + \beta_4 Lev + \beta_5 Cash + \beta_6 Growth + \varepsilon$$

$$(11-1)$$

$$RDI = \beta_0 + \beta_1 RC + \beta_2 M + \beta_3 RC \times M + \beta_4 Size + \beta_5 TMTsize$$
$$+ \beta_6 Lev + \beta_7 Cash + \beta_8 Growth + \varepsilon \qquad (11-2)$$

（三）变量测度

1. 高管风险特质的度量方法

依据前面提到的高管风险特质的度量方法，本章在已有研究基础上，参考国内外学者的研究，分别使用管理层平均年龄、男性比例、平均任期、平均教育水平来衡量高管团队风险特质，其中，年龄与高管团队风险规避程度正相关，男性比例越高、任期越长、教育水平越高的高管团队的风险规避特质越低。教育水平指的是高管接受教育的情况，管理者获得的学位证书可以用来度量这种情况，因而本章对教育水平的划分，主要是基于管理者获得的学位证书。以下为代表教育水平的五个等级，并从 1 到 5 赋值：高中及以下、专科、本科、硕士、博士及以上。

2. 企业创新投资的度量

创新投资主要包括两个方面：一是不能直接测度的无形产出，如研究人员的创意等；二是具体的、可量化的有形产出，如技术、专利等。为对企业的创新投资程度进行度量，本章采用研发投入费用占主营业务收入的比重作为衡量创新投资强度的度量方法（邹国平等，2015）。

3. 股权激励的度量

本章采用高管持股数量与公司总股份的比值（唐清泉，2009；徐宁和任天龙，2014）来衡量高管的股权激励强度。

4. 控制变量的度量

企业的创新投入受到高管风险特质的影响，此外还受到企业规模、高管团队规模、偿债能力、现金比率、企业成长性等的影响。因此，选择以上因素作为本章的控制变量，具体的衡量方法如表 11 - 1 所示。

表 11 - 1　　　　　　　　　变量设计

类别	变量名称		变量计算
被解释变量	创新投资	R&D	研发支出/主营业务收入
解释变量	高管性别	Gen	男性高管成员所占比重，将男性高管人员定义为1，女性高管人员定义为0
	平均年龄	Age	高管团队年龄的平均数
	平均任期	Tenture	披露的任职结束日期与开始日期时间差，以月为单位
	教育水平	ED	1 = 高中及以下，2 = 大专，3 = 本科，4 = 硕士，5 = 博士及以上
	股权激励	Mholdrate	高管持股数量/公司总股份

续表

类别	变量名称		变量计算
控制变量	企业规模	*Size*	年末总资产的自然对数
	高管团队规模	*TMTsize*	高管团队人数的自然对数
	资产负债率	*LEV*	年末负债总额/资产总额
	现金比率	*Cash*	年末货币资产/年末总资产
	成长性	*Growth*	年末主营业务收入增长率

资料来源：笔者整理。

（1）企业规模。不同规模的企业具备不同的优势，因而对创新的影响也有差异。一般来讲，在技术创新方面，小公司更加灵活，对市场做出的反应更加迅速，有利于识别和把握创新投资的机会；而大公司由于拥有很多资源，具有规模的竞争优势。大量研究结果显示，当企业规模达到某一临界值时，企业的规模越大，创新支出越多。基于以上分析，本章将企业规模作为控制变量之一。

（2）高管团队规模。高管团队规模是指管理层总人数，是高管队伍的一个重要特征。因此，本章将高管规模作为控制变量之一。

（3）偿债能力。当企业负债较多时，每年要偿还的利息数额较大，就会减少用作创新投入的资金。巴甲特（Bhagat, 1995）在其研究中建议高杠杆企业降低其创新投资。因此，偿债能力也被列入本文的控制变量中。

（4）现金比率。使用年末货币资产与年末总资产的比值来测度。企业所持有的现金与企业创新投资之间的关系得到了许多研究者的证实，因而本章将现金比率作为控制变量之一。

（5）企业成长性。选用主营业务增长率作为测度指标。一般情况下，具有较高成长性的企业，有更高的意愿进行创新。吴世农（1999）指出，企业的主营业务增长率与企业的成长性之间关系密切，因而本章将企业成长性列入控制变量。

第五节 实证结果

一、描述性统计与相关性检验

（一）描述性统计

表 11 - 2 是本章主要变量的描述性统计结果，由表 11 - 2 可知，在 2012 ~ 2016 年，我国高科技企业研发支出强度的极大值是 88.56%，极小值是 0.1%，平均值为 7.95%。整体而言，高科技企业的研发强度较低。高管风险特质方面，从表 11 - 2 可以看出，高管性别比例极大值为 1，极小值为 0.2500，平均值为 0.827367，可知男性高管在高科技企业高管团队中占比较大；高管团队平均年龄极大值为 60.5000，极小值为 33.8000，平均值为 46.051383，年龄差异较大；高管团队平均受教育水平为 3.398438，学历在本科和研究生之间；高管平均任期极大值为 151.0000，极小值为 1.1818，平均任期为 49.071787，即 4 年，任期差异非常大，跨度从刚上任到担任 10 年以上等；高管持股水平极大值为 86.7429%，极小值为 0，平均值为 11.217050%，持股差距整体较大，表明目前我国各企业的股权激励水平参差不齐。

表 11 - 2 描述性统计分析结果

变量名称	Min	Max	Mean	S. D
R&D（%）	0.1000	88.5600	7.946208	7.91
Gen	0.2500	1.0000	0.827367	0.15
Age	33.8000	60.5000	46.051383	3.47
ED	2.0000	5.0000	3.398438	0.40
Tenture	1.1818	151.0000	49.071787	21.10

变量名称	Min	Max	Mean	S. D
Mholdrate（%）	0. 0000	86. 7429	11. 217050	16. 99
Size	8. 2895	11. 7146	9. 403780	0. 426
TMTsize	0. 3010	1. 4150	0. 833686	0. 158
LEV	0. 0111	0. 9286	0. 317713	0. 17
Cash	− 0. 0518	129. 3102	1. 921893	4. 75
Growth	− 0. 7202	167. 6457	0. 317307	3. 76
N	2021	2021	2021	2021

资料来源：笔者整理。

(二) 相关性检验

接下来对本章的核心变量进行相关性检验，以检验变量之间是否存在多重共线性问题。由于空间有限，本章以 1 ~ 11 分别表示性别（*Gen*）、年龄（*Age*）、学历（*ED*）、任期（*Tenture*）、股权激励（*Mholdrate*）、公司规模（*Size*）、高管团队规模（*TMTsize*）、资产负债率（*LEV*）、现金比率（*Cash*）、企业成长性（*Growth*）、研发投入（*R&D*），若各变量之间相关系数值在 0.3 以下，则说明变量之间的相关关系较弱，根据检验结果可知（见表 11 - 3），各变量之间不存在多重共线性问题，可进行下一步的回归。

表 11 - 3　　　　　　　　　　相关性检验结果

	1	2	3	4	5	6	7	8	9	10	11
1	1	—	—	—	—	—	—	—	—	—	—
2	—	1	—	—	—	—	—	—	—	—	—
3	—	—	1	—	—	—	—	—	—	—	—
4	—	—	—	1	—	—	—	—	—	—	—
5	− 0. 100 **	− 0. 251 **	− 0. 129 **	− 0. 137 **	1	—	—	—	—	—	—
6	0. 125 **	0. 285 **	0. 287 **	0. 140 **	− 0. 287 **	1	—	—	—	—	—
7	0. 057 *	− 0. 01	0. 146 **	− 0. 217 **	0. 113 **	0. 206 **	1	—	—	—	—

	1	2	3	4	5	6	7	8	9	10	11
8	0.083**	0.150**	0.146**	0.00	−0.205**	0.466**	0.093**	1	—	—	—
9	−0.075**	−0.110**	−0.005	−0.065**	0.132**	−0.0184**	−0.007	−0.382**	1	—	—
10	−0.028	−0.033	−0.016	−0.034	−0.01	0.027	0.01	0.053*	−0.017	1	—
11	0.049*	−0.168**	0.078**	−0.024	0.140**	−0.150**	0.087**	−0.234**	0.287**	−0.02	1

注：*、** 分别代表在10%、5%的显著性水平下双边检验是显著的。

资料来源：笔者根据检验结果整理。

二、多元回归结果分析

（一）高管风险特质与高科技企业创新投资

本章基于理论分析，提出了 H11 − 1：高管风险规避程度与企业创新投入力度负相关。并采用性别、年龄、学历、任期分别度量高管风险特质，其中，若高管团队年龄越大，就具有越强的风险规避程度，越有可能拒绝一些高风险的投资机会；而男性比例越高、学历越高、任期越长的高管团队风险规避特质越弱。故高管团队平均年龄应当对企业创新投入有负向影响；高管团队男性比例、学历、任期则应对高管团队创新投入有积极影响（见表11 − 4）。

表11 − 4　　　　　　高管风险特质与企业创新投资回归结果

变量名称	R&D			
Constant	15.488*** (−3.937)	25.077*** (−6.126)	17.579*** (−5.484)	15.389*** (−3.941)
Gen	3.911*** (−3.71)	—	—	—
Age	—	−0.270*** (−5.211)	—	—
Tenure	—	—	0.014* (−1.778)	—

续表

变量名称	R&D			
ED	—	—	—	2.255*** (−5.425)
Size	−1.656*** (−3.745)	−0.876* (−1.946)	−1.671*** (−3.710)	−2.075*** (−4.603)
TMTsize	7.121*** (−6.736)	6.908*** (−6.565)	7.742*** (−7.094)	6.748*** (−6.385)
LEV	−6.182*** (−5.667)	−6.070*** (−5.597)	−5.934*** (−5.406)	−6.296*** (−5.792)
Cash	0.428*** (−11.518)	0.410*** (−11.082)	0.425*** (−11.394)	0.409*** (−11.304)
Growth	−0.011 (−0.249)	−0.293 (−0.634)	−0.013 (−0.310)	−0.01 (−0.235)
R^2	0.15	0.159	0.145	0.156
F	59.168	63.615	57.104	62.22
N	2021	2021	2021	2021

注：*、***分别表示在10%、1%水平上显著相关，括号内数据为 t 值。
资料来源：笔者整理。

　　根据以上回归结果可知，高管团队平均年龄越大，高科技企业的创新投入越少，且年龄在1%水平上显著，因此通过显著性检验。高管团队男性比例、学历、任期与高科技企业创新投资呈正向关系，且高管团队男性比例、学历与高科技企业创新投资的正向关系在1%的水平上显著，任期与高科技企业创新投资的正向关系在10%的水平上显著，因此 H11－1 得到了验证。表11－4说明，在面临投资机会选择时，相对于男性比例低、学历低、任期短的高管团队，男性比例高、学历高、任期长的高管团队风险规避程度更弱，会倾向于增加企业的研发投资；年龄大的高管团队风险规避程度强，因而会尽量规避企业风险行为，缩减企业的创新投资。

（二）股权激励的调节作用

本章基于上述理论分析，选取股权激励为调节变量，探求股权激励在高管风险特质与高科技企业创新投资之间的调节作用。因此提出 H11 - 2，即股权激励机制可以显著削弱高管风险规避程度与企业创新投入之间的负相关关系，实证结果如表 11 - 5 所示。

表 11 - 5　　　　　　　　　　　调节作用的检验结果

变量名称	R&D			
Constant	11. 591 *** (2. 707)	25. 448 *** (5. 420)	15. 680 *** (3. 867)	12. 201 *** (2. 882)
Gen	5. 588 *** (5. 222)	—	—	—
Age	—	− 0. 322 *** (− 5. 338)	—	—
Tenture	—	—	− 0. 001 (− 0. 146)	—
ED	—	—	—	2. 427 *** (4. 698)
Mholdrate	0. 107 * (1. 882)	− 0. 287 ** (− 2. 031)	− 0. 057 ** (− 2. 352)	0. 059 (0. 744)
M × Gen	− 0. 091 (− 1. 294)	—	—	—
M × Age	—	0. 007 ** (2. 200)	—	—
M × Tenture	—	—	0. 002 *** (4. 097)	—
M × ED	—	—	—	− 0. 007 (− 0. 299)

续表

变量名称	R&D			
Size	−1.359 *** (−2.883)	−0.734 (−1.531)	−1.408 *** (−3.047)	−1.754 *** (−3.626)
TMTsize	5.936 *** (5.278)	5.740 *** (5.141)	7.403 *** (6.740)	5.379 *** (4.795)
LEV	−5.718 *** (−5.465)	−5.023 *** (−5.338)	−5.659 *** (−5.179)	−5.273 *** (−4.548)
Cash	0.432 *** (10.835)	0.416 *** (10.464)	0.423 *** (11.410)	0.410 *** (10.285)
Growth	−0.013 (−0.274)	−0.033 (−0.704)	−0.017 (−0.387)	−0.014 (−0.304)
R^2	0.133	0.137	0.157	0.137
F	39.193	40.574	46.831	40.486
N	2021	2021	2021	2021

注：*、**、*** 分别表示在10%、5%、1%水平上显著相关，括号内数据为t值。
资料来源：笔者根据研究结果整理。

根据表11-5调节作用的检验结果可知，股权激励对高管的年龄与创新投入之间的关系起负向削弱作用，且在5%水平上显著，即高管年龄越大，越厌恶风险，但对高管进行股权激励可以降低其决策的短视性，加大创新投入的力度，能够有效削减代理成本，增加创新投入。但是股权激励对高管任期与企业创新投入的关系起到正向增强作用，且在1%水平上显著，即高管团队股权激励强度增加时，任期长的高管会倾向于增加公司的创新投入。这是因为高管任期越长，其风险规避程度就越弱，且从长远来看，创新投资有益于企业发展，所以高管持股能够使其对公司长远利益施加更多关注，因而在研发方面更愿意增加投入。但是股权激励不能显著调节高管团队男性比例与高科技企业创新投资之间的正向关系，同样的，股权激励对高管团队教育水平与企业创新投资之间的正相关关系的调节作用并不显著。

三、稳健性检验

由于第一年上任的高管对公司的研发决策所产生的影响可能会在下一年度显现，因而检验实证结果的稳健性方面，本章采用滞后一期的研发数据。稳健性检验的具体结论如表 11-6 所示。

表 11-6   稳健性检验回归结果

变量名称	R&D			
Constant	15. 322 *** (2. 773)	23. 242 *** (5. 398)	16. 847 *** (3. 258)	15. 486 *** (2. 824)
Gen	5. 266 *** (3. 197)	—	—	—
Age	—	− 0. 307 *** (−5. 187)	—	—
Tenture	—	—	0. 021 ** (2. 030)	—
ED	—	—	—	2. 180 *** (5. 298)
Size	− 1. 713 *** (−2. 933)	− 0. 764 (−1. 285)	− 1. 785 *** (−2. 991)	− 2. 108 *** (−3. 547)
TMTsize	7. 865 *** (5. 739)	7. 673 *** (5. 643)	8. 714 *** (6. 196)	7. 652 *** (5. 599)
LEV	− 5. 448 *** (−4. 143)	− 5. 289 *** (−4. 053)	− 5. 348 *** (−4. 042)	− 5. 623 *** (−5. 295)
Cash	0. 534 *** (15. 271)	0. 518 *** (14. 949)	0. 530 *** (15. 122)	0. 515 *** (14. 795)
Growth	− 0. 111 (−0. 259)	− 0. 418 (−0. 973)	− 0. 097 (−0. 224)	− 0. 187 (−0. 438)
R^2	0. 299	0. 311	0. 295	0. 305
F	71. 090	75. 018	69. 654	73. 032
N	2021	2021	2021	2021

注：** 、*** 分别表示在5% 、1%的水平上显著相关，括号内数据为 t 值。
资料来源：笔者整理。

根据表 11-6 采用滞后一期数据的稳健性检验结果可知，高管团队平均年龄与高科技企业创新投入负相关，且在 1% 水平上显著。高管团队男性成员比例、学历、任期与高科技企业创新投资正相关，且高管团队男性成员比例、学历与高科技企业创新投资的正向关系均在 1% 的水平上显著相关，任期与高科技企业创新投资的正向关系在 5% 的水平上显著。采用最新一期数据度量高管风险特质对企业创新投入的影响，可以得出相同的结论。因而，该假设的相关性检验通过，该结论是稳健的。

第六节　结论与展望

一、主要结论

作为企业发展的核心环节和动力来源，创新是企业获得并保持核心竞争优势的关键步骤，若企业没有做到及时创新，就会面临被市场淘汰的风险。在激烈的市场竞争中，为阻击竞争对手的赶超并保持自身竞争优势，高科技企业需要是进行持续不断的创新投入。近年来，我国已极大地提高了自身创新水平，但与创新型国家相比，如日本、以色列、韩国仍有较大差距。我国想要实现创新创业的目标，跻身创新型国家行列，高科技企业显得尤为重要。高管团队担任着高科技企业创新决策实施者的角色，对企业的创新有很重要的影响，因而本章探讨了具有不同风险特质的高管团队对企业创新的影响。

基于上述分析，本章结合前景理论和委托代理理论，对高管风险特质、股权激励与高科技企业创新投资等领域相关的研究文献进行回顾和综述，详细探讨了在识别投资机会的过程中，高科技企业的创新投入是否会受到高管风险特质的影响，以及股权激励在其中所起到的调节作用，并提出了相关假设。本章通过构建模型来检验以上假设并得出了相关结论。具体结论如下：

第一，高管风险规避程度与企业创新投入呈负相关关系。高管团队的平均年龄越大，越倾向于规避风险大的投资机会，企业创新投入水平越低。而高管团队男性成员占比、平均任期、平均受教育水平对企业创新投入水平有积极影响，具体表现为：管理层平均年龄越大，风险规避程度越强，越不愿意进行创新投入；高管团队中男性成员占比越高、平均任期越长、受教育水平越高，风险承受能力越强，研发投入强度就越高。综上所述，为促进企业长远的进步，高科技企业可以进行团队的建设和优化，例如，当面对多个高管候选人的情况时，我们可以考虑各个候选人学历水平的高低，优先选拔受教育水平较高的人员担任高管，也注重培训现有的高管成员。此外，公司适当考虑多给年轻人机会，提拔年轻人，同时采取措施留住现有的任期较长且对企业了解程度高的高管，防止人才的流失。

第二，股权激励能够增强高管对企业创新投资的关注程度。由于管理者和所有者之间存在委托代理问题，高管关注的焦点是如何实现自身利益最大化。因此，在为股东"谋福利"这件事上，高管不愿意额外浪费自己的精力和时间，也不愿耗费自己的精力去应对创新过程中面对的高风险和高度不确定性。此外，高管会担心投资失败将对自己的职业生涯和声誉有不利影响，对损失具有高度敏感性，因而对于进行创新活动没有太大意愿。高管持股是常用的企业内部治理手段之一，可以使管理者获得公司股东的身份，将高管利益与公司利益联系起来。借助此种策略，可以在一定程度上避免高管的短视性，使高管在遴选投资机会时更看重企业的长远利益。因为创新是企业获取持续竞争优势的主要源头，创新投入能给企业带来长远的利益，因而可以推动高管团队对创新的投入。具体而言，股权激励能够削弱高管年龄与创新投入的负向关系，增进了高管平均任期与创新投入的正向关系。因此，高科技企业需要关注股权激励机制的建设。

二、研究不足与展望

由于存在部分数据缺失及一手数据难以获取等问题，本章研究还存在诸多不足，后续研究可以在本章的研究上做进一步改进和提升，具体可以体现在以下方面。首先，为进一步提高本章研究的可靠性，可以对高管风险特质进行更加全面的考虑，将高管的政治倾向、过度自信程度、海外背景特征等因素考虑在内，相结合二手数据和量表数据衡量高管的风险特质。其次，详细研究不同激励方式对企业创新投资影响的机理，以及股权激励在其中发挥的调节作用，从而为我国高科技企业的管理提供更加具有针对性的参考和建议。本章目前还存在较大的不足，仍有较大的进步空间，仍需要进行不断的努力，后续的研究可在本章的研究基础上进一步深化，从而可以丰富相关理论和研究。

第十二章

风险投资、市场化进程对中小民营企业信贷约束的影响

——基于中小企业板上市公司的实证研究

第一节 引言

民营经济近年来成为推动我国经济增长的重要力量，在解决就业、贡献税收、推动创新等方面发挥了重要作用。但是，融资困难一直是我国民营企业发展的难题，中小民营企业更是由于自身规模小、可抵押资产比重低、运营风险高等固有缺陷，一直受到严重的信贷约束。随着我国资本市场的发展和完善，风险投资机构的数量不断增加，为中小民营企业提供了新的融资渠道和方式。

但由于我国金融体制是以国有商业银行为主导的，资本市场直接融资相对发展缓慢，大部分企业都是依靠银行信贷获取外部资金，而政府对信贷资源具有较强的干预和支配，银行信贷资金更多地向国有企业或者国有控股企业倾斜。民营企业尤其是中小型的民营企业由于规模不足、企业制度落后、经营风险较高等弱点，往往受到资本市场的歧视，长期以来面临着严重的信贷约束问题。而银行对民营企业贷款有着更为严格的限制和要求，这就导致民营上市公司面临更为严重的融资约束。研究发现，与政府建立政治关联或者与银行建立银企关联，能够在一定程度上弥补由于我国正式金融制度的不

足对企业发展的不利影响。但是，随着我国制度环境的不断改善，企业政治关联或银企关联受到市场和监管部门更多的关注，在解决企业融资约束方面所起到的作用越来越有限。

而风险投资是一种以获取高额投资回报为目的的权益投资，拥有高风险、高收益的投资特点。风险投资进入被投资企业，不仅可以直接为企业注入发展所必需的资本金，还能够为中小民营企业与外部投资者之间搭建信息传递的渠道，从而有效降低中小民营企业与资金提供方之间的信息不对称程度，并且它还可以通过各种方式参与对公司的治理和监督。此外，风险投资机构可以利用其投资经验和专业优势，承担起类似评估机构和金融中介的角色，向资本市场释放积极的信号。同时风险投资入股企业实际上起到了对企业质量的认证和宣传作用，有利于吸引其他投资者向企业投入资金，进而缓解其融资约束问题。目前，研究风险投资与信贷约束的理论文献相对丰富，但相应的实证文献却较少。笔者认为，随着风险投资在中小民营企业发展过程中所起到的作用越来越突出，深入研究其对缓解中小民营企业信贷约束的影响是有必要的。

对于中小民营企业来讲，风险投资进入是否能够发挥类似政治联系和银企联系的作用，缓解其信贷约束？除了直接为中小民营企业注入股权资金，风险投资持股以外，还可以通过何种方式影响中小民营企业融资？由于我国各省份和地区市场化进程呈现出不同的发展水平，中小民营企业面临的融资环境存在显著差异，在不同的制度环境下，风险投资与中小民营企业信贷约束之间的关系是否会有差异？这是本章想要探讨和尝试解决的问题。

本章通过研究认为，风险投资的进入能够有效缓解中小民营企业的信贷约束问题，其中的作用机制可以从认证效应、信息效应和治理效应三个方面来解释。同时，由于我国各省份和地区在市场化进程方面存在显著差异，会对二者之间的关系产生一定的调节作用。因此，本章将市场化进程进一步用各省和地区的金融发展水平、法制化水平和政府干预程度来进行描述，分别探讨在不同的经济和制度环境下，风险投资与我国中小民营企业信贷约束之间的关系。

本章可能的创新点有：第一，论述了风险投资与中小民营企业信贷约束之间的关系，并为相关领域的研究提供实证支持。第二，详细论证了风险投资持股与企业信贷约束之间存在的信息效应、认证效应和治理效应三种不同解释路径，对于相关领域的理论研究进行了一定的拓展。第三，将企业融资问题放到企业所处的制度环境之下，为所处环境市场化进程水平较低的中小民营企业在解决信贷约束问题时，提供了一种思考路径。

第二节 文献综述与研究假设

一、风险投资与信贷约束

（一）风险投资持股与信贷约束

风险投资作为积极的机构投资者，可以有效缓解企业面临的信贷约束问题。笔者认为风险投资与信贷约束之间的作用机制可以归纳为信息效应、认证效应和治理效应三个方面。

1. 信息效应

国内学者认为，资金供求双方的信息不对称引起的逆向选择问题是造成我国民营企业融资困难的重要原因。信息效应是指，风险投资持股可以通过降低中小民营企业与银行之间信息不对称的程度，缓解因此造成的信贷约束问题。风险投资机构参与中小民营企业可以发挥其在投资领域的专业性和投资人才优势，广泛地收集、整理和分析企业的相关信息，形成完整的投资建议或者投资报告，从而为其他外部投资者提供更好地了解企业的渠道，引导其他投资者向企业提供资金。由于风险投资机构的进入，银行会对被投资企业产生更多的关注，并有机会利用风险投资机构提供的调查报告，对被投资企业展开更为详尽的了解和调查，对于企业发展前景和经营风险有更加全面的评价。在信息不对称程度被削弱的情况下，逆向选择问题得以缓解，银行放贷意愿增强，也利于银行识别优质的企业发放贷款，有利于降低贷款成本。资金充足的企业也更有动机去选择和识别更多的投资机会，寻找优质的投资项目，把握好机会。

2. 认证效应

认证作用最早是由梅金森（Megginson，1991）提出的。由于风险投资企业具备专业的投资能力，会对被投资企业进行全面的尽职调查和风险评估，只有成长潜力高、预期收益大的企业才会成为其选择的目标。风险投资进入企业，往往会被外部投资者认为是传递出企业高质量的积极信号。同时，风险投资机构进入企业，会对企业起到一定的宣传作用，增加外部投资者对企业的关注程度和投资信心。外部投资者关注度的提升，事实上能够降低中小民营企业内外部的信息不对称程度，从而达到缓解中小民营企业信贷约束的作用。此外，风险投资机构与商业银行、投资银行等其他金融机构之间有频繁的业务联系，往往也会形成较为紧密的关系网络，从而使企业信息能够通过风险投资机构向资本市场上的其他金融机构传递，并且可以利用融资网络吸引有关联的金融机构向企业提供资金，降低企业融资壁垒。这有利于中小民营企业获得银行贷款，或者能够降低贷款成本。

3. 治理效应

治理效应是指风险投资除了能够直接为公司发展提供资金、传递公司内部信息降低信息不对称外，作为战略投资者，风险投资会通过参与董事会、聘用管理层、制定发展战略等方式，积极参与公司治理。同时，风险投资为了保证自己对被投资企业经营状况的了解，会对被投资企业的资金运营状况进行适时的监督和评估，保证企业资金使用的合理性，避免了股东或管理者随意改变资金用途，或将资金投资于风险更高的资本项目，以追求股东或管理者个人利益的最大化，从而有效降低了道德风险。除此之外，风险投资还可以通过提供额外的专业服务，比如，为企业提供财务咨询、发展战略咨询、专业人才培养等，提升中小民营企业的绩效和价值，从而缓解融资约束。据此，本章提出假设：

H12-1a：风险投资持股可以缓解中小民营企业信贷约束。

（二）风险投资持股比例与信贷约束

持股比例越高，意味着风险投资机构在公司股东会和董事会中的话语权越大，因而风险投资对企业发展的监督作用更强，风险投资机构在公司治理方面所起到的作用也更加明显，所以风险投资高持股比例可以有效地抑制管理者的过度投资行为。此外，高持股比例可以向外界传递出风险投资机构对于企业未来发展前景的乐观估计，提升外部投资者的信心。因此，风投机构持股比例越高，表示风险投资对公司未来发展前景越有信心，也向外部投资者传递出公司高质量的信号，从而更好地吸引信贷资金向被投资企业倾斜，缓解其信贷约束问题。据此，本章提出如下假设：

H12 - 1b：高持股比例的风投机构可以更好地缓解中小民营企业信贷约束。

（三）联合投资与信贷约束

在某些风险较高或者资金量较大的投资项目中，风险投资可能会选择采用联合投资的方式进行投资。单家风险投资机构对单一公司的持股比例较低，联合投资可以提升风险投资机构的持股比例，提升风险投资机构在企业管理和经营中的地位，利于风险投资机构参与公司决策，从而更好地发挥监督治理作用。同时，不同的风险投资机构对同一企业进行投资，会对市场传递出高质量的积极信号，更好地发挥了认证效应的作用，从而吸引银行等金融机构向被投资企业提供资金。此外，风险投资联合投资可以利用多方的投资管理经验，形成优势互补，帮助企业提升价值。并且风投机构联合投资会形成更加广泛的融资关系网络，有利于为企业带来更多的关系贷款。据此，本章提出如下假设：

H12 - 1c：风投机构联合投资可以更好地缓解中小民营企业信贷约束。

二、市场化进程的调节作用

风险投资通过信息效应、认证效应和治理效应，缓解中小民营企业的信贷约束，这是基于企业所处的环境没有显著差异的假设之下。实际上，企业所处制度环境也会对其投融资决策和行为产生较大的影响。本章使用主要表现为金融发展水平、法制化水平和政府干预程度三个维度，来对市场化进程进行描述。

（一）金融发展水平的调节作用

金融发展水平较高的环境下，能够降低市场中的信息成本、提高信息质量，缓解资金供求双方的信息不对称的情况，银行可以通过各种公开的渠道获得企业信息，风险投资所拥有的信息不再具有秘密性或独占性。同时，金融发展水平较高的地区，银行及其他中小金融机构比较发达，金融机构之间竞争较大，会主动寻找优质企业进行放贷活动，增强了银行主动放贷的意愿，有利于中小民营企业在与银行的博弈中提升自己的地位。金融业竞争的加强不仅会拓宽企业融资的渠道，也会增强银行业内部的竞争，提升中小民营企业在信贷谈判中的地位，改善信贷歧视现象，缓解其信贷约束的程度。在金融发展水平较高的环境下，由于市场上信息不对称的情况减弱，企业披露信息的意愿增强，商业银行可以通过公开的信息对被投资企业进行广泛而深入地调查研究，全面评估企业业绩及经营风险，对风险投资等其他机构的依赖性减弱，即风险投资机构的信息效应和认证效应作用在下降。据此，本章提出如下假设：

H12-2a：金融发展水平高会弱化风险投资对中小民营企业信贷约束的缓解作用。

（二）法制化水平的调节作用

法律环境代表了某一区域内正式制度对于市场参与者合法权益的保护程度。法制化水平较高的地区对于投资者的产权保护更加有效，各项制度机制更为完善，外部投资者能更好地对企业生产与经营进行监督，投资者利益受到侵害时能够以法律手段获得赔偿，降低因企业违约受到的损失。并且市场化进程越高的地区，将有力地提高契约的设计与执行的效率，有效限制企业控股股东的过度投资行为。因此，在法制化水平较高的环境下，外部投资者能够通过债务契约等方式直接对企业进行监督，避免道德风险的发生，降低企业代理成本。银行之所以会对中小民营企业产生信贷歧视，一定程度上是因为中小民营企业经营风险较高，银行贷款违约的风险也较高。在法制化水平较高的环境下，债权人的权利可以得到法律和制度更好的保护，可以在一定程度上降低银行对于被投资企业违约风险的预判，有利于降低银行贷款的门槛和贷款成本。在这种环境下，债权人对风险投资机构所提供的治理效应的依赖性减弱。据此，本章提出如下假设：

H12-2b：法制化水平高会弱化风险投资对中小民营企业信贷约束的缓

解作用。

（三）政府干预的调节作用

较高的市场化进程水平意味着政府对市场干预度降低，从而使信贷资源的分配更加市场化，银行信贷将更多地流向符合贷款标准的企业，而不是依靠某些行政手段或者关系网络来分配信贷资源。相反，在市场化进程越低的地区，政府直接或间接参与市场资源的分配。尤其是在我国以国有银行为主导的金融体制之下，国有银行的信贷资源在政府的调配之下，更多地流向了国有企业。民营企业除非通过建立政治关联取得直接的信贷便利或是政府的背书效应，否则很难获得银行信贷的青睐。因此，在这样的环境下，风险投资所带来的认证效应远远不及政府对银行信贷资源的直接或间接干预，风险投资为中小民营企业所带来的认证效应减弱。据此，本章提出如下假设：

H12-2c：政府干预强会弱化风险投资对中小民营企业信贷约束的缓解作用。

第三节 研究设计

一、变量测度

（一）风险投资持股

本章借鉴黄福广等（2009）的处理方式来衡量公司是否有风险投资持股，设置风险投资持股虚拟变量 VCS。若上市公司中的前十大股东的名称中含有"风险投资""创业投资"和"创业资本投资"等明显属于风险投资机构的，则认为该公司有风险投资持股，该变量取值为1；否则，该变量取值为0。公司前十大股东中通过二级市场买入公司股票的证券投资、基金公司等，不列入本章所指的风险投资机构范围。

同时，本章设置风险投资持股比例变量 VCR 和联合投资虚拟变量 VCU。

风险投资持股比例 *VCR* 用公司前十大股东中所有风险投资机构持股比例之和衡量。联合投资虚拟变量 *VCU* 表示若公司前十大股东中有两家及以上的风险投资机构，则该变量取值为 1，否则取值为 0。

（二）市场化进程

樊纲和王小鲁（2001）利用我国各省份和地区的宏微观统计数据和大量的调查资料，编制出了我国各省份和地区相对的市场化进程指数，并形成了我国各省份和地区的市场化进程报告。其中，市场化进程指数主要采用主因素分析法，从政府与市场的关系等五个方面，比较全面地对我国各省份地区的相对市场化进程水平进行了衡量。本章以此为依据，对市场化进程中金融发展水平、法制化水平和政府干预程度进行量化。金融发展水平（*FIN*）使用"金融市场化程度"指标来衡量，该指标越高，说明该地区金融发展水平越高；法制化水平（*LAW*）用"对生产者合法权益保护"指标来衡量，该指标越高，说明该地区法制化水平越高；政府干预程度（*GOV*）用"市场分配经济资源比重"指标来衡量，该指标越高，说明政府对市场的干预程度越低。

由于完整的市场化进程报告只更新到 2009 年的数据，本章参考国内学者的普遍做法，利用 2005～2009 年的数据求得各指标的年均增长率，以估计我国各省份和地区 2010～2015 年市场化进程的各项指标。

（三）信贷约束

本章首先从融资成本的角度衡量企业信贷约束程度，然后在稳健性检验中，替换代理变量，从融资渠道方面衡量中小民营上市公司的信贷约束。

具体指标计算方式如下：第一，借鉴余静文和陆正飞等的方法，使用企业单位信贷资金成本来衡量企业信贷约束程度。单位信贷资金成本表示企业为使用单位信贷资金所付出的财务成本。具体而言，本章主要利用企业披露的利息支出作为企业信贷融资的成本，利用企业负债水平和外部信贷融资成本，计算出单位信贷资金成本，以此作为信贷约束的代理变量 *FC*1。单位信贷资金成本越高，说明企业面临的信贷约束程度越严重。第二，从企业融资渠道角度来说，其他应付款占比越高，说明企业通过银行信贷等正式的金融机构获取贷款的比例越低，即企业面临较为严重的信贷约束，将其他应付款占负债总额的比定义为信贷约束代理变量 *FC2*。

（四）控制变量

在控制变量上，本章选取企业规模、资产收益率、资产负债率、投资机会、营业现金流、现金存量、资本支出、短期债务和固定资产比例等变量。同时，还设置了省份、行业、年份虚拟变量（见表 12 – 1）。

表 12 – 1　　　　　　　　　　变量说明

变量类型	变量名称	符号	计算方法
被解释变量	单位外部资金成本	*FC1*	利息支出/负债总额
	非正式渠道融资	*FC2*	其他应付款/负债总额
	风险投资持股	*VCS*	虚拟变量，是取 1，否取 0
解释变量	风险投资持股比例	*VCR*	风险投资机构持股比例之和
	联合投资	*VCU*	虚拟变量，是取 1，否取 0
	金融发展水平	*FIN*	金融市场化指标
调节变量	法制化水平	*LAW*	对生产者合法权益保护指标
	政府干预程度	*GOV*	市场分配经济资源比重
	企业规模	*e*	总资产对数值
	资产收益率	*ROA*	利润总额总资产
	资产负债率	*Lev*	总负债/总资产
	投资机会	*TQ*	（总负债 + 股权价值）/总资产
	营业现金流	*CF*	经营活动产生的现金流量净额总资产
控制变量	现金存量	*Cash*	现金及现金等价物期末余额/总资产
	资本支出	*Expen*	资本支出/总资产
	固定资产比例	*EA*	（固定资产 + 在建工程 + 工程物资）/总资产
	短期债务	*SD*	短期负债总资产
	年份	*Yr*	虚拟变量，是取 1，否取 0
	行业	*Ind*	虚拟变量，是取 1，否取 0

资料来源：笔者整理。

二、模型建立

为了验证本章提出的假设，构建了以下实证模型，以验证风险投资持股、市场化进程及信贷约束三者的关系。

$$FC = \alpha_0 + \alpha_1 VC + \alpha_2 Size + \alpha_3 ROA + \alpha_4 Lev + \alpha_5 Age + \alpha_6 TQ + \alpha_7 Cf$$
$$+ \alpha_8 Cash + \alpha_9 Expen + \alpha_{10} FA + \alpha_{11} SD + \alpha D + \alpha \qquad (12-1)$$

$$FC = \beta_0 + \beta_1 VC + \beta_2 VC \times MP + \beta_3 MP + \beta_4 Size + \beta_5 ROA + \alpha_6 Lev + \beta_7 Age + \beta_8 TQ$$
$$+ \beta_9 Cf + \beta_{10} Cash + \beta_{11} Expen + \beta_{12} FA + \beta_{13} SD + \beta D + \beta \qquad (12-2)$$

其中，α 表示包含了行业、年份等控制变量的一组变量。

模型（12-1）主要是检验风险投资对企业信贷约束的影响，主要考察 α_1 的符号和显著性。如果 α_1 显著为负，说明风险投资持股能够显著降低企业所面临的信贷约束问题。模型（12-2）主要检验市场化进程对风险投资持股与信贷约束关系的调节作用。模型（12-2）是在模型（12-1）的基础上加入了市场化进程 MP 的各项代理变量及其与风险投资持股的交乘项 $VC \times MP$，主要考察 β_2 的符号和显著性。如果 β_2 显著为负，说明在市场化进程的各项指标对风险投资与企业信贷约束之间的关系起负向调节作用。

三、样本选取与数据来源

本章选取 2010～2015 年中国中小企业板上市民营公司作为研究样本。由于中小民营企业多具有规模小、成长性高等特征，同时，我国中小企业板主要是为中小型的上市公司提供的交易场所，因此，本章选择中小企业板上市公司作为研究对象。

本章所使用的数据主要来源于 CSMAR 数据库、CCER 数据库和 Wind 数据库。对于原始样本，本章做以下处理：（1）剔除股票简称中带有 ST、*ST 字样的公司；（2）由于金融行业的特殊性，剔除证监会分类中属于金融行业的公司；（3）删除关键数据缺失或有明显异常值的公司。经筛选后，符合标准的公司数为 666 家，总共得到 3248 个样本，其中 2010～2015 年的样本数分别为 400 个、507 个、548 个、559 个、585 个和 649 个。

第四节 实证结果

一、描述性统计

由表12－2可知，在所有样本中，有1104个样本存在风险投资持股，约占总样本的34%。其中，存在风险投资联合投资的有475个，占总样本的14.6%。持股比例方面，全样本平均值为4.3%，最大值达到74.91%。

表12－2 风险投资持股情况描述性统计

统计类型	是否持股	持股比例	是否联合持股
平均	0.34	0.043	0.146
中位数	0	0	0
标准差	0.474	0.099	0.353
最小值	0	0	0
最大值	1	0.7491	1
求和	1104	—	475
观测数	3248	3248	3248

资料来源：笔者整理。

由表12－3可知，在上市中小民营企业中，平均资产负债率仅为34%，最小值只有0.8%，说明大部分中小民营企业财务杠杆水平偏低；短期负债在负债结构中的比例较高，说明部分中小民营企业资金流动性压力较大；银行借款占比样本均值为31.4%，最大值为97.8%，说明部分中小民营对于银行贷款具有较强的依赖性；单位资金成本方面，样本均值为2.1%，最大值为39.8%，说明部分中小民营企业资金成本较高；非正式渠道融资样本均值为6.0%，最大值为78.3%，说明部分民营中小企业通过商业信用、民间借贷等非正式渠道筹集的资金占比较大。

表 12 –3　　　　　　　　　融资情况描述性统计

统计类型	单位资金成本	非正式渠道融资	资产负债率	银行借款占比	短期债务
平均	0.021	0.06	0.34	0.314	0.296
中位数	0.018	0.028	0.321	0.309	0.276
标准差	0.021	0.089	0.185	0.261	0.165
最小值	–0.172	0	0.008	0	0.005
最大值	0.398	0.783	1.055	0.978	0.965
观测数	3248	3248	3248	3248	3248

资料来源：笔者整理。

通过表 12 –4 可以看出，我国上市的中小民营企业在规模、资产结构和成长性等方面存在较大的差异。

表 12 –4　　　　　　　　　其他控制变量描述性统计

统计类型	企业规模	资产收益率	投资机会	营业现金流	现金存量	资本支出	固定资产比例
平均	21.48	0.05	2.19	0.04	0.24	0.13	0.13
中位数	21.14	0.05	1.69	0.04	0.19	0.11	0.08
标准差	0.81	0.07	1.65	0.07	0.17	0.11	0.14
最小值	18.52	–0.68	0.9	–0.32	0.00	–0.21	0.00
最大值	25.47	2.53	42.56	0.48	0.93	2.29	0.67
观测数	3248	3248	3248	3248	3248	3248	3248

资料来源：笔者整理。

二、实证结果分析

（一）风险投资与信贷约束

为了检验风险投资持股及其特征对中小民营企业信贷融资约束的影响，

本章根据模型（12 - 1）进行了 OLS 回归，回归结果如表 12 - 5 所示。其中，第 2 ~ 4 列是以单位资金成本 $FC1$ 作为信贷约束代理变量，分别用风险投资持股、风险投资持股比例和联合投资进行回归的结果。结果显示，在风险投资持股 VCS 与信贷约束 $FC1$ 的回归结果中，解释变量 VCS 的系数为 -0.010，并且在 5% 的水平上显著，说明风险投资持股与民营中小企业信贷约束之间显著负相关，即有风险投资持股的民营中小企业面临较弱的信贷约束，H12 - 1a 得以验证。在风险投资投资比例 VCR 与信贷约束 $FC1$ 的回归结果中，解释变量 VCR 系数为 -0.013，且在 5% 的水平上显著，说明风险投资持股比例与民营中小企业信贷约束之间显著负相关，H12 - 1b 得以验证。在风险投资联合投资 VCU 与信贷约束 $FC1$ 的回归结果中，解释变量 VCU 的系数为 -0.021，结果不显著，即 H12 - 1c 没有通过验证，二者之间的关系有待进一步检验。

表 12 - 5 风险投资持股与信贷约束回归结果

变量	FC1		
	VCS	VCR	VCU
VCS	-0.010^* (-2.335)	—	—
VCR	—	-0.013^{**} (-2.250)	—
VCU	—	—	-0.021 (-1.455)
Size	-0.014^{***} (-6.193)	-0.014^{***} (-6.129)	-0.014^{***} (-6.021)
ROA	0.172^{***} (7.581)	0.172^{***} (7.582)	0.172^{***} (7.585)
Lev	0.204^{***} (7.921)	0.206^{***} (7.974)	0.203^{***} (7.871)
TQ	-0.002^{***} (-2.376)	-0.002^{***} (-2.481)	-0.002^{***} (-2.225)

续表

变量	FC1		
	VCS	VCR	VCU
CF	-0.016 (0.468)	-0.018 (-0.840)	-0.013 (-0.610)
Cash	-0.167*** (-13.785)	-0.166*** (-13.676)	-0.169*** (-13.889)
Expen	0.001 (0.931)	0.001 (0.103)	0.001 (0.056)
FA	-0.023 (-1.437)	-0.024 (-1.456)	-0.023 (-1.444)
SD	-0.064** (2.394)	-0.066** (-2.441)	-0.063** (-2.341)
常数	0.286*** (5.869)	0.285*** (5.845)	0.278*** (5.704)
F 值	55.627	54.945	55.560
Prob > F	0.000	0.000	0.000
Adj R^2	0.222	0.220	0.222

注：***、**、*分别表示在1%、5%和10%水平上通过显著性检验，括号内数据为 t 值。
资料来源：笔者整理。

（二）市场化进程的调节作用

1. 金融发展水平的调节作用

首先检验金融发展水平对风险投资与信贷约束关系的调节作用。根据模型（12-2），在模型（12-1）的基础上加入金融发展水平的代理指标 FIN，以及金融发展水平与信贷约束 FC 的交乘项 FIN × FC。

表12-6显示，风险投资持股 VCS 的系数为-0.042，且在1%的水平上显著。FIN × VCS 的系数为0.002，且在5%的置信水平上显著。说明在金融发展水平较高的环境下，弱化了风险投资与信贷约束之间的关系。因此，H12-2a 得到验证。

表 12 – 6　　　　　　　　市场化进程调节作用回归结果

变量	FC1	FC1	FC1
常数	0.306 *** (6.438)	0.318 *** (6.619)	0.098 * (1.897)
VCS	− 0.042 *** − (2.906)	− 0.014 * (− 1.833)	− 0.009 * − (1.916)
FIN	− 0.002 *** (− 3.271)	—	—
FIN × VCS	0.002 *** − 2.219	—	—
LAW	—	− 0.002 − (1.359)	—
LAW × VCS	—	0.010 * (1.914)	—
GOV	—	—	0.005 *** (6.406)
GOV × VCS	—	—	− 0.010 * (− 1.864)
Size	− 0.014 *** (− 6.117)	− 0.016 *** (− 7.169)	0.001 − 0.184
ROA	0.178 *** (7.741)	0.191 *** (8.345)	0.020 (0.839)
Lev	0.211 *** (8.097)	0.204 *** (7.786)	− 0.119 *** (− 4.363)
TQ	0.000 (2.17)	− 0.001 (− 0.608)	0.006 *** (5.638)
CF	− 0.030 (− 1.391)	− 0.051 ** (− 2.404)	0.066 *** (2.871)
Cash	− 0.149 *** (− 12.950)	− 0.127 *** (− 12.175)	0.006 (0.507)

续表

变量	FC1	FC1	FC1
Expen	−0.004 (−0.317)	−0.006 (−0.464)	0.047 *** (3.321)
FA	−0.026 ** (−1.975)	0.006 (0.531)	−0.019 (−1.107)
SD	−0.060 ** (−2.215)	−0.045 ** (−1.671)	0.064 ** (2.256)
F 值	61.187	58.877	16.779
Prob > F	0.000	0.000	0.000
Adj R^2	0.182	0.176	0.076

注：***、**、*分别表示在1%、5%和10%水平上通过显著性检验，括号内数据为 t 值。
资料来源：笔者整理。

2. 法制化水平的调节作用

根据模型（12-2），在模型（12-1）的基础上加入法制化水平的代理指标 LAW，以及法制化水平与信贷约束 FC 的交乘项 LAW×FC。

表12-6 显示风险投资持股 VCS 的系数为 −0.014，在10%的水平下显著。LAW×VCS 的系数为0.010，同样在10%的水平下显著。说明在法制化水平高的环境下，弱化了风险投资对信贷约束的缓解作用。H12-2b 得到验证。

3. 政府干预的调节作用

在模型（12-1）的基础上加入政府干预程度的代理指标 GOV，以及政府干预程度与信贷约束 FC 的交乘项 GOV×FC。表12-6 显示风险投资持股 VCS 的系数为 −0.009，在10%的置信水平上显著；GOV×VCS 的系数为 −0.010，同样在10%的置信水平上显著。法制化水平的调节作用得到验证，H12-2c 得到验证。

以上回归结果表明，风险投资持股能够有效缓解中小民营企业的信贷约束问题，并且风险投资持股比例越高，缓解作用越明显。但是风险投资联合投资并没有起到进一步降低中小民营企业融资约束的作用。另外，在金融发展快、法制化水平高、政府干预程度高的环境下，风险投资对信贷约束的作用有所弱化；在金融发展落后、法制化水平较低、政府干预程度低的环境下，风险投资缓解信贷约束的作用更加明显。

三、稳健性检验

本章采用替换被解释变量信贷约束的代理指标的方式，以支持上述检验的稳健性。具体而言，在主效应和调节作用的实证检验中，利用非正式渠道融资比例 $FC2$ 替换模型（12-1）和模型（12-2）中的单位资金成本 $FC1$。在风险投资与信贷约束的稳健性检验中和市场化进程的调节作用稳健性检验中，实证表明结论仍成立。

第五节 结论与展望

本章从我国中小民营企业融资难的现实问题出发，分析了中小民营企业面临的信贷约束困境。本章认为，风险投资机构对中小民营企业提供资本金，促进企业成长，获取投资收益的同时，在风险投资进入企业之后，也会对公司的投融资行为和决策产生一定的影响。在厘清风险投资持股与中小民营企业信贷约束关系的基础上，本章继续探讨在不同的市场化环境之下，风险投资环境信贷约束的作用是否会存在差异。

本章主要研究结论有以下两点：首先，风险投资持股可以显著地缓解中小民营企业面临的信贷约束问题，并且风险投资持股比例越高，对信贷约束的缓解作用越明显，从而使企业不会因受到融资约束而错失投资机会。但是两家及以上的风险投资机构联合投资并不一定能强化这一作用。其次，市场化进程的不同，会对风险投资与信贷约束之间的关系产生影响。具体而言，在金融发展快、法制化水平高、政府干预程度高的环境下，风险投资对信贷约束的作用有所弱化；在金融发展落后、法制化水平较低、政府干预程度低的环境下，风险投资缓解信贷约束的作用更加明显。

根据本章的研究内容和结论，主要提以下三点建议。

第一，政府要解决中小民营企业融资困难的问题，首先，需要大力完善我国的金融体制，推动资本市场发展，加快中小金融机构建设。其次，要解决中小民营企业与外部投资者严重的信息不对称问题，需要完善我国资本市场的信贷担保体系，增强中小企业的融资能力。同时，还应当为企业的发展营造公平、宽松的市场环境，减少对信贷资源的行政干预，加强资本的市场化运行。

第二，风险投资机构因为其独特的运行机制，天然地成为中小民营企业融资的重要来源。风险投资机构在为企业提供发展资金的同时，可以充分发挥自身优势，帮助企业完善公司治理制度，强化企业的资本运作能力，以此帮助企业更好地解决银行信贷等问题，在促进中小民营企业不断提升自身价值的同时，获得更好的投资回报。

第三，中小民营企业必须认识到自身在企业经营管理、公司治理等方面存在的问题。解决融资困难或者信贷约束的根本办法是要完善企业的各项经营管理制度、不断提升企业价值。因此，中小民营企业自身需要加快建设现代公司管理机制；引进高水平的管理人才；完善公司的财务管理制度，提高财务信息的准确性和真实性，并不断推动企业管理和技术创新，打造自身的核心竞争力；严格执行债务契约，按照约定按期偿还贷款，提高中小企业的资信度。

第十三章
产品市场竞争对高科技企业创新投资的影响
——基于财政补贴的视角

第一节　引言

党的十八大强调实施创新驱动发展战略，明确提出将科技创新置于国家发展全局的核心位置，我国正在努力推动高科技企业发展，促进其创新投入，提升其创新产出。为了推动高科技企业创新发展，国家对高科技企业实施财政补贴及税收优惠政策，2018年11月，我国宣布设立科创板，高科技企业享受制度红利，拓展融资渠道，有利于推动其创新研发投入。不仅国家发展需要推动创新，市场竞争也要求高科技企业增强创新投资。尽管当前中国经济增速放缓，但受益于"去产能、去库存、去杠杆、降成本、补短板"的供给侧结构性改革，且随着科技水平的推动，国内高科技企业发展迅速，高技术领域的市场竞争也愈演愈烈。

以竞争如火如荼的手机行业为例，根据移动通信消费者指数（KWC）研究最新数据可知，华为已经超过苹果，一跃成为国内市场最畅销的智能手机品牌，而造成华为和苹果地位转换的重要原因就是创新投资，华为注重技术创新，无论是研发投入、研发人员还是专利数量，华为都处于日益增长的状态（冯琛等，2017）。手机行业的竞争推动了华为公司的研发创新，进而提升了企业绩效。从理论层面分析，一方面，高科技企业面对激烈的市场竞争，为了尽快建立其核心竞争优势，急需加大创新投入力度，刺激创新产出。另一方面，市场竞争使高科技企业资源有限，而研发创新投资回报周期长，因而具有高风险和不确定性，企业是否会将有限资源投入研发创新中呢？本章将从创新投资额度和创新投资结构两个方面研究产品市场竞争对高科技企业创新投资的影响，同时，依据资源依赖理论，考虑到企业面对有限的要素资源和经营条件，可以充分利用高科技企业政策红利，而财政补贴就显得尤为重要。因此，本章进一步研究了财政补贴对产品市场竞争和高科技企业技术创新投资关系的调节作用。

熊彼特（1991）认为，只有企业的创新与创造性破坏活动才能产生利润，即创新活动是企业利润仅有的来源方式。对利润的需求迫使企业家进行一系列创新活动，进而使原有的经济均衡状态被打破，导致了经济的非均衡发展，形成了经济周期波动。依据熊彼特创新理论，笔者认为产品市场竞争强度越大，企业外部环境越动荡，企业面临的不确定性越高，公司和管理者对绩效和利润的需求越强烈，越会刺激具有创新意识的企业家持续不断的创新行为。而随着组织理论的发展，学术界对组织的定义也从封闭式组织过渡到开放式组织，资源依赖理论就建立在开放式组织基础上，认为组织不仅受到环境的影响，而且组织会适应环境甚至利用自身优势积极应对环境威胁，控制环境。组织成立的目的即存续性的生存发展和获取利润，而资源是组织生存发展的关键和基础，尤其是组织不能通过自身生产获得的必须资源。后来的研究者认为该理论可以总结为给企业高层管理者的一条建议：选择约束最少的方法来管理与交换伙伴的关系，这会有助于将不确定性和依赖性降到最低，并使自身的自主性最大化（Biermann R et al.，2016）。依据资源依赖理论，本章认为，高科技企业的创新研发活动具有投资周期长、回报不确定的特点，企业对创新投资的资金需求是大额的，持续不断的，而且资金是企业生存发展不可或缺且无法取代的稀缺性资源，考虑到现实环境中政府财政补贴的因素，本章认为高科技企业创新发展在一定程度上需要依赖政府。

本章创新主要体现在三个方面：首先，基于熊彼特创新理论和资源依赖理论构建了财政补贴视角下，产品市场竞争与高科技企业创新投资的理论模型。其次，立足于高科技领域，进一步研究了面临激烈的行业竞争时，企业从研发投入和产出偏好上做出的创新投资决策。最后，基于以往研究，确定财政补贴作为调节变量，深入研究了财政补贴对市场竞争和企业创新投资关系的影响，发现财政补贴对主路径的促进作用。

本章的贡献在于：第一，目前国内立足于产品市场竞争研究企业创新投资的文献有限，本章选取高科技企业研究产品市场竞争对企业创新投资的影响，提供了关于高科技企业创新研究的新视角，拓展了有关市场竞争的研究。第二，本章以财政补贴作为调节变量研究发现，财政补贴对市场竞争和高科技企业创新投资的关系有正向促进作用，丰富了财政补贴的相关研究。第三，研究结论为处于激烈市场竞争中的高科技企业在创新投资方面所做的决策给予了一定建议，有利于稳定高科技企业在激烈市场竞争中的生存和发展，推动高科技企业创新投资。第四，本章通过实证检验了财政补贴的调节作用，建议政府通过建立良好的竞争环境、发放财政补贴等方式推动高科技企业创新发展，进而带动国家创新发展。

第二节 文献综述与研究假设

一、产品市场竞争与高科技企业创新投资

高科技企业大多处于创业初始阶段，资源有限，根据熊彼特创新理论，在市场竞争激烈的情况下，高科技企业为了应对破产风险，必须建立自己的竞争优势，利用资源和能力获得高额绩效和市场领先地位（董保宝等，2011），并且为了在瞬息万变的竞争市场中维持这种优势地位，必须不断加强创新研发（吴育辉等，2017）。

首先，产品市场竞争强度越大，企业面对的行业压力越大，经营风险越大，企业破产的威胁越大。高科技企业为了应对破产风险，一方面，在资源有限的情况下，更需要努力达到资源优化配置，技术进步是提高全要素生产率，促进资源有效利用的主要动力（李邃等，2010）。而通过研发投资进行创新，可以更有效地利用资源，创造可持续的竞争优势，所以为了提高资源

利用效率，企业就需要不断创新，提高技术能力，加大研发投入，促进创新产出（Zhao Kai，2015）。另一方面，产品市场竞争越激烈，高科技企业对绩效的需求越强烈，企业就必须充分利用异质性资源构建核心能力，提升竞争优势，进而增强绩效。专利尤其是发明专利，作为企业获得核心竞争优势的异质性资源，对高新技术企业的重要性显而易见，能够为其带来持续竞争优势（曹勇等，2012）。国内外很多学者曾就专利和企业绩效进行研究，奥斯汀（Austin，1993）利用股票市值衡量企业绩效，研究发现，关键专利正向促进股票价值；恩斯特（Ernst，2001）利用销售收入衡量企业经营绩效，研究发现，发明专利能明显促进其经营绩效；周煊等（2012）研究发现，企业技术创新的市场导向性越强，企业财务绩效越高。苑泽明和严鸿雁（2010）及李柏洲和苏屹（2010）也曾深入研究，认为对高科技上市公司而言，发明专利和企业绩效之间的关系更明确。所以笔者认为，高科技企业面对激烈的竞争环境，在技术创新方面，会更倾向于发明专利的有关研究申请，并且无论是以营利为目的的企业还是以成长性为目标的企业，都会加大研发投入，相较于集中程度较高的行业，在竞争激烈的行业中，公司可以获得更高的预期回报，特别是研发密集型公司（GuL，2015）。

其次，根据研发产出时间顺序不同，将市场中的公司分为两类，即引入创新产品的公司是研发领导者，模仿创新领导者产品的其他公司是追随者。产品市场竞争越大，市场表现不确定程度越高，产品更替速度越快（吴育辉等，2017），即产品市场竞争促进了新产品的产生。市场中的自主创新者为了维持这种差异化的竞争优势，势必不断进行更深层次的研发活动，不断推进创新成果产出。而研发投资是存在外部溢出效应的（Zhao Kai，2015），随着新产品的问世，新技术和新知识也会在市场竞争中不断扩散普及（Blazsek S，2016），市场中的追随者，即模仿创新者为了迎合消费者的市场需求，跟紧市场发展方向，就必须接受、吸收、传播新知识、新技术。赵凯（2015）研究认为，有效利用另一家公司知识与技术的能力取决于公司之间的技术距离，公司只有不断加强创新研发活动，缩短自身与创新者之间的技术距离，才有能力利用竞争对手的研发成果。布拉泽克（Blazsek S，2016）在对创新领导者和跟随者的动态溢出效应的研究中也发现，公司对日益激烈的市场竞争做出的反应是，专利在其创新产出中所占的比例显著提高。故提出以下假设：

H13-1a：产品市场竞争会促进高科技企业创新投资额度的增加。

H13-1b：产品市场竞争会增加高科技企业创新投资产出中的发明专利比例。

二、财政补贴的调节作用

高科技企业创新研发活动投资周期长，风险程度和不确定性都很高，而且创新研发需要巨额资金支持，尽管市场竞争激烈，高科技企业资源、资金有限，本章结合高科技企业的资金来源渠道和经营性质，从研发资金来源方面进一步解释高科技企业的创新投资行为。企业投资资金来源主要是债权融资、股权融资和自有资金投资三方面，除此之外，高科技企业还可以借助财政补助和税收优惠等政策资金来源。首先，高科技企业技术和创新项目均具有保密性，会因为信息披露的谨慎性造成信息不对称，导致股权融资很难成功（林毅夫等，2001；Leland H E et al.，1997）。其次，产品市场竞争越激烈，企业越会采取保守的财务行为（赵蒲等，2004），越会采用低水平负债（吴育辉等，2017），即债权融资陷入困境。最后，产品市场竞争通过基于风险掠夺的预防动机对融资约束公司的现金持有产生正向影响，即产品市场竞争越激烈，公司的现金持有水平越高，所以高科技企业在激烈的产品市场竞争中利用巨额自有资金投入创新研发的可能性越低（韩忠雪等，2011）。虽然股权融资、债权融资和内源资金均难以支持企业的创新研发活动，但是，步丹璐和郁智（2012）通过实证研究发现，政府补助最多的两类行业为公共服务类行业和高技术类产业；岳怡廷和张西征（2017）研究发现，政府补助对于高技术企业创新投入的促进作用大于其他三种融资方式；杨亭亭等（2018）也认为，企业获得财政补贴后，通过加大研发投入对企业创新数量和质量均具有促进作用。

基于资源依赖理论，高科技企业进行创新研发投资的资金来源与政府补助密切相关（岳怡廷、张西征，2017），国内外很多学者也对财政补贴和企业创新投入及产出的关系进行了研究，发现两者之间存在显著关系（戴小勇、成力为，2014；Björn Alecke et al.，2011），因此，本章从财政补贴的视角研究了产品市场竞争对高科技企业创新投资的影响。首先，从财政补贴通过释放信号对融资约束的影响层面分析，基于融资约束情况下，政府补贴会增加企业的研发投入（成力为等，2017）。穆尔曼（Meuleman，2012）通过对获得国家财政补贴申请和未获得申请批准的两组对照数据的实证分析研究发现，获得研发补贴对中小企业的质量提供了一个积极的信号，并有助于企业更好地获得长期债务，说明财政补贴具有认证效应，可以有效降低企业融资约束程度，而财政补贴本身也可以作为企业研发投入的资金来源，因而企业在资金方面有能力进行研发投入和技术创新（Meuleman M et al.，2012）。高科技企业面对激烈的市场竞争环境，急需通过创新占据甚至扩大市场份额，财政补贴从能力上允许企业加大研发投入，增加发明专利研究申请。

其次，技术创新是存在外部溢出效应的（Blazsek S et al.，2016；沈坤荣等，2019），不能有效规避外部效应在很大程度上降低了企业进行创新投入的意愿，财政补贴作为政府针对高科技企业的激励政策，适度弥补了溢出效应（Guellec D et al.，2003），同时，财政补贴作为一种事前激励政策，对创新用途做了指定和引导，指出了创新发展方向，减弱了高科技企业进行创新的风险性，降低了企业的研发成本（Lee C Y，2011），增强了企业创新投入的意愿和动力，使企业在日趋激烈的市场竞争中更可能进行创新研发。

最后，本章认为财政补贴从创新资金和创新意愿上增强了产品市场竞争对高科技企业创新投资的促进作用。故提出以下假设：

H13-2a：财政补贴对产品市场竞争和高科技企业创新投资额度之间的关系有正向促进作用。

H13-2b：财政补贴对产品市场竞争和高科技企业创新投资结构之间的关系有正向促进作用。

第三节 研究设计

一、模型建立

为了检验本章的 4 个假设，共设定了 4 个模型。其中，模型（13-1）

检验 H13 - 1a，即产品市场竞争对高科技企业创新投资额度的影响；模型（13 - 2）检验 H13 - 1b，即产品市场竞争对高科技企业创新投资结构的影响；模型（13 - 3）检验 H13 - 2a，即财政补贴对产品市场竞争和企业创新投资额度的调节作用；模型（13 - 4）检验 H13 - 2b，即财政补贴对产品市场竞争和企业创新投资结构的调节作用。具体模型设定如下：

$$Innovation\ Investment\ Quota_{i,t} = \alpha_0 + \alpha_1 hhi + \sum_{k=1}^{7} \alpha_k$$
$$+ 1control_{i,t,k} + year + \varepsilon \qquad (13-1)$$

$$Innovation\ Investment\ Structure_{i,t+1} = \beta_0 + \beta_1 hhi + \sum_{k=1}^{7} \beta_k + 1control_{i,t,k}$$
$$+ year + \varepsilon \qquad (13-2)$$

$$Innovation\ Investment\ Quota_{i,t} = \gamma + \gamma_1 hhi + \gamma_2 goversub + \gamma_3 hhi \times goversub$$
$$+ \sum_{k=1}^{7} \gamma_k + 3control_{i,t,k} + year + \varepsilon$$
$$(13-3)$$

$$Innovation\ Investment\ Structure_{i,t} = \delta + \delta_1 hhi + \delta_2 goversub + \delta_3 hhi \times goversub$$
$$+ \sum_{k=1}^{7} \delta_k + 3control_{i,t,k} + year + \varepsilon$$
$$(13-4)$$

二、变量描述

（一）被解释变量

本章研究的因变量是高科技企业技术创新投资，参考袁建国从创新投入和创新产出两个维度定义，从创新投入（投资额度）和创新产出（投资结构）两方面反映企业技术创新决策。

以往文献有关创新投资额度，一般从两个方面着手，即研发费用支出和研发人员投入，因为研发人员数据部分年限缺失，笔者决定采用同样具有衡量价值的研发费用支出来衡量企业创新投资额度。本章研究确定的研发费用支出包括研发支出的资本化和费用化两部分。以往研究主要从以下三个形式度量研发支出，以达到降量纲目的：一是对研发投入费用实施对数化处理（尚洪涛、黄晓硕，2018）；二是研发支出与营业收入比值（柴俊武等，2003；钟田丽等，2014；柴斌峰，2011）；三是以研发支出除以企业资产总额来衡量R&D（黄艺翔等，2015；戴跃强等，2007）。综合以往文献，本章最终确定在回归分析中以研发费用与营业收入的比值来衡量企业创新投资额度，在稳健性检验中以研发费用的对数衡量企业创新投资额度。

姜滨滨（2015）有关创新投资产出衡量包括经济产出和技术产出两方面，本章衡量技术创新投资结构着眼于技术产出，专利申请数据可靠、真实、稳定，且容易获得，可以用来表征企业的技术产出（周煊等，2012）。我国专利法规定了三种专利类型，其中，发明专利质量最高，对高科技上市公司而言，发明专利和企业绩效之间的关系更明确（苑泽明等，2010；李柏洲等，2010）。

本章定义表征创新投资额度的是研发支出（*rdratio*），表征创新投资结构的是发明专利占专利申请总量的比值（*paratio*）。创新投资结构数值越大，说明发明专利比例越高，代表企业创新投资决策越倾向于进行发明专利研究。

（二）解释变量

本章的自变量是产品市场竞争（*hhi*），基于国内外研究，本章采用赫芬达尔指数衡量产品市场竞争。

为了保证数据稳健性，本章利用行业内市场份额排名在前50位的公司在该行业中的营业收入占比的平方和来衡量行业集中度。首先，筛选出每一行业内市场份额排名在前50位的企业；其次，分别计算这50家企业的营业收入占该行业营业收入的比值，并求其平方值；最后，该行业集中度指数等于这50家企业的平方值之和，赫芬达尔指数取其相反数。赫芬达尔指数越大，表示行业集中程度越低，市场垄断程度越低，产品市场竞争强度越大。

（三）调节变量

本章以企业获得的财政补贴作为调节变量，通过政府补助（*goversub*）来衡量。以往研究关于财政补贴的衡量方式大多是采用政府补助或者对该数据筛选整理来体现的，有的学者直接通过政府补助与研发费用的比值来衡量财政补贴（熊勇清等，2018；戴小勇等，2014），有的学者分别研究了财政补贴和税收优惠的作用，以政府补助扣除税收返还来衡量企业财政补贴，并通过与资产总额的比值来表示（柳光强，2016），还有学者是通过对政府补贴项目明细筛选，手工整理年报数据确定的（潘越等，2009）。本章对财政补贴的定义主要体现在国家对企业创新的政策支持方面，不需要深究其明细分类，因此，最终参考柳光强（2016）确定对财政补贴的衡量以企业每年获得的政府补助总额扣除税收返还后与资产总额的比值来体现的。

（四）控制变量

本章的控制变量选择体现公司经营能力的现金周转率（turn）、体现公司盈利能力的净资产收益率（roe）、体现企业成长性的营业收入增长率（growth）、体现企业现金持有水平的现金与利润比（cash）、体现企业资本结构的财务杠杆（lev）、企业规模（size）、高管持股比例（tmtshr），以及年度控制（year）。

第一，公司规模会通过融资渠道和管理经验影响企业研发意愿和创新投资，柴俊武（2003）的研究主要是从企业资产总额、企业营业收入、企业员工数量和企业市场占有情况等方面反映企业规模。目前，前人从货币层面关于企业规模的衡量方法主要有两种，一是企业资产总额取对数；二是企业营业收入取对数。考虑到高科技企业处于高速发展时期，营业收入具有不稳定性，所以，参考柴斌锋（2011）的衡量方式，本章采用资产总额取对数的方式来衡量企业规模。

第二，以往研究发现，企业资本结构或负债水平也会影响企业研发投入，企业负债水平越高，面对创新机会时，所做决策越稳健（汪晓春，2002）；企业负债水平越低，创新投入越多（柴斌锋，2011；戴跃强，2007）。为了控制资本结构的影响，本章选择财务杠杆来衡量企业负债水平，用企业息税前利润与企业财务费用的比值来表示。

第三，柴斌锋（2011），顾群和翟淑萍（2014）认为，企业盈利能力和成长性会影响企业研发投入，本章采用净资产收益率（roe）衡量企业盈利能力，营业收入增长率（growth）衡量企业成长能力（徐虹等，2015）。

第四，企业营运能力和高管持股比例（*tmtshr*）也会影响企业的创新投资决策（程愚等，2012；朱德胜等，2016）。衡量企业营运能力的指标包括存货周转率，应收应付账款周转率，总资产周转率（张芸等，2009）与现金周转率等。本章研究考虑到企业创新投资对资金的需求程度较高，面对市场竞争激烈的行业环境，高科技企业为保证资金链不断裂，对日常现金的运营能力要求较高，所以选取现金周转率衡量企业经营能力，高管持股比例即董事监事和高管持股数量与股本总额的比值。

第五，韩忠雪等（2011）研究了产品市场竞争对企业现金持有水平的影响，认为产品市场竞争越激烈，公司的现金持有水平越高，公司的研发投入会受到公司现金持有水平的影响。本章参考顾群等（2014）控制了企业现金持有水平，使用经营活动产生的现金净流量与利润总额的比值表示，并且控制了年份（*year*）。

三、样本和数据收集

高科技企业的界定与高新技术领域是分不开的，本章参考《2018 年高新技术企业认定管理办法》《2018 年国家重点支持的八大高新技术领域》、中国证券监督管理委员会发布的有关《上市公司行业分类指引》（2012 修订版）、《中国高技术产业统计年鉴——2017》确定了高科技企业的八类行业范围：计算机、通信及其他电子设备制造业，信息传输、信息技术服务和软件行业，生态保护与环境治理业，仪器仪表制造业，科学研究和技术服务业，医药制造业，航空航天器及设备制造业，并按照行业顺序选取了在沪深 A 股上市的八类行业的公司作为初始样本，共 731 家公司，样本期间为 2011～2016 年，考虑到创新投资结构具有滞后性，本章认为衡量创新投资结构的专利数据应该滞后 1 年，即样本时间跨度为 2012～2017 年，其他变量样本时间跨度均为 2011～2016 年，并且剔除 ST 股票和*ST 股票、在 2012～2017 年未公布公司专利申请信息或者公布信息不全的公司；在 2011～2016 年未公布研发支出数据的公司，以及在 2011～2016 年政府补助信息公布不全的公司。最终确定各年公司样本，2011～2016 年分别为 155 家、334 家、373 家、442 家、489 家、507 家公司。本章研究共计（企业—年份）2300

个观测值。

本章数据主要包括以下三个方面：公司财务信息（基本财务数据及财务指标等）；公司专利申请情况衡量企业创新投资结构；公司研发投入情况衡量企业创新投资额度。以上数据均来自国泰安数据库，本章还通过 CCER 经济金融数据库填充了部分公司研发投入缺失值。

第四节 实证结果

一、单变量分析

表 13－1 是对本章研究中解释变量、被解释变量、调节变量和控制变量进行的描述性统计结果，本章共计 2300 个公司—年度观测值，其中，自变量产品市场竞争（*hhi*）的均值为 0.957，说明高科技企业所在领域内各行业竞争均处于较激烈程度。对调节变量财政补贴（*goversub*）的描述性统计显示，企业获得财政补贴最大值是 0.0432，最小值是 0.000225，均值是 0.00836，说明高科技行业不同公司之间获得政府补助存在差异。因变量中创新投资结构（*paratio*）的最大值和最小值分别为 1 和 0，说明各公司的发明专利申请数占专利申请总数的比例相差较多，企业创新投资结构具有显著差异。综上所述，本章研究具有现实意义。

表 13－1   描述性统计

变量类型	变量名称	观测值	均值	中位数	标准差	最小值	最大值
自变量	*hhi*	2300	0.957	0.972	0.0404	0.793	0.985
因变量	*rdratio*	2300	0.069	0.051	0.063	0	0.388
	paratio	2300	0.548	0.522	0.278	0	1
调节变量	*goversub*	2300	0.00836	0.00536	0.00847	0.000225	0.0432

续表

变量类型	变量名称	观测值	均值	中位数	标准差	最小值	最大值
控制变量	turn	2300	3.977	2.827	3.615	0.289	19.52
	roe	2300	0.0886	0.085	0.0839	-0.25	0.326
	growth	2300	0.423	0.207	0.699	-0.461	3.946
	cash	2300	0.705	0.668	2.125	-8.843	10.48
	lev	2300	0.342	0.326	0.183	0.0403	0.793
	size	2300	21.76	21.69	0.975	19.86	24.54
	tmtshr	2300	0.159	0.034	0.201	0	0.7

资料来源：笔者整理。

二、相关性分析

以下是各变量相关性分析结果，其中表 13 - 2 是高科技企业创新投资额度与其他变量的相关性分析结果，表 13 - 3 是高科技企业创新投资结构与其

表 13 - 2　　　　　创新投资额度相关性分析结果（1）

变量	rdratio	hhi	goversub	turn
rdratio	1	—	—	—
hhi	0.138 ***	1	—	—
goversub	0.391 ***	0.066 ***	1	—
turn	-0.310 ***	0.068 ***	-0.093 ***	1
roe	-0.073 ***	0.038 *	0.137 ***	0.002
growth	0.145 ***	-0.026	0.067 ***	-0.149 ***
cash	-0.0140	0.017	0.007	0.017
lev	-0.287 ***	-0.095 ***	-0.096 ***	0.475 ***
size	-0.201 ***	0.040 *	-0.113 ***	0.252 ***
tmtshr	0.169 ***	0.007	0.058 ***	-0.222 ***

注：*、***分别表示在10%、1%水平上显著。
资料来源：笔者整理。

表 13 – 3　　　　　　　　　创新投资额度相关性分析结果（2）

变量	roe	growth	cash	lev	size	tmtshr
roe	1	—	—	—	—	—
growth	0.005	1	—	—	—	—
cash	−0.002	−0.062 ***	1	—	—	—
lev	−0.134 ***	0.041 *	0.008	1	—	—
size	0.104 ***	0.014	0.052 **	0.477 ***	1	—
tmtshr	0.066 ***	0.058 ***	−0.068 ***	−0.318 ***	−0.379 ***	1

注：***、**、*分别表示在 1%、5% 和 10% 水平上通过显著性检验。
资料来源：笔者整理。

他变量的相关性分析结果，本章对产品市场竞争（hhi）和财政补贴（goversub）进行中心化处理，以消除交互项多重共线性，最终 VIF 最大值为 1.73，变量之间不存在共线性。

表 13 – 2 和表 13 – 3 中自变量产品市场竞争（hhi）、调节变量财政补贴（goversub）与因变量企业创新投资额度（rdratio）的相关系数分别为 0.138，0.391，并且都在 1% 水平上显著；控制变量现金周转率（turn），净资产收益率（roe），营业收入增长率（growth），财务杠杆（lev），企业规模（size）和高管持股比例（tmtshr）与因变量的相关性均在 1% 水平上显著。

表 13 – 4 和表 13 – 5 中自变量产品市场竞争（hhi）与因变量企业创新投资结构（paratio）的相关系数为 0.231 并且在 1% 水平上显著，调节变量财政补贴（goversub）与因变量企业创新投资结构（paratio）的相关系数为 0.112，在 1% 水平上显著，控制变量现金周转率（turn），净资产收益率（roe），现金持有水平（cash）、财务杠杆（lev）和企业规模（size）和高管持股比例（tmtshr）与因变量的相关性均 1% 水平上显著，说明自变量、调节变量及这些控制变量均与因变量存在很强的相关关系。营业收入增长率（growth）与因变量的相关性不显著，可能是因为企业创新投资产出不仅受到企业内部因素影响，还受到企业外部因素例如知识产权保护的影响。

表 13 - 4　　　　　　　　　创新投资结构相关性分析结果（1）

变量	*paratio*	*hhi*	*goversub*	*turn*
paratio	1	—	—	—
hhi	0. 231 ***	1	—	—
goversub	0. 112 ***	0. 066 ***	1	—
turn	- 0. 073 ***	0. 068 ***	- 0. 093 ***	1
roe	0. 108 ***	0. 038 *	0. 137 ***	0. 002
growth	0. 034	- 0. 026	0. 067 ***	- 0. 149 ***
cash	0. 056 ***	0. 017	0. 007	0. 017
lev	- 0. 071 ***	- 0. 095 ***	- 0. 096 ***	0. 475 ***
size	0. 114 ***	0. 040 *	- 0. 113 ***	0. 252 ***
tmtshr	- 0. 067 ***	0. 007	0. 058 ***	- 0. 222 ***

注：＊ 、＊＊＊分别表示在10% 和1% 水平上显著。
资料来源：笔者整理。

表 13 - 5　　　　　　　　　创新投资结构相关性分析结果（2）

变量	*roe*	*growth*	*cash*	*lev*	*size*	*tmtshr*
roe	1	—	—	—	—	—
growth	0. 005	1	—	—	—	—
cash	- 0. 002	- 0. 062 ***	1	—	—	—
lev	- 0. 134 ***	0. 041 *	0. 008	1	—	—
size	0. 104 ***	0. 014	0. 052 **	0. 477 ***	1	—
tmtshr	0. 066 ***	0. 058 ***	- 0. 068 ***	- 0. 318 ***	- 0. 379 ***	1

注：＊＊＊ 、＊＊ 、＊分别表示在1% 、5% 和10% 水平上通过显著性检验。
资料来源：笔者整理。

三、回归结果分析

　　上一节的相关性检验只能初步检验产品市场竞争与高科技企业创新投资之间具有相关性，关于产品市场竞争与高科技企业创新投资之间的相关关系，需要进行进一步的回归分析。本节首先从两个维度即企业创新投资额度和企业创新投资结构着手，分别检验了产品市场竞争对其影响作用，然后进一步实证研究了财政补贴对上述关系的调节作用。

（一）产品市场竞争与高科技企业创新投资

根据模型（13-1），本章对产品市场竞争与高科技企业创新投资额度进行回归检验。表13-6的（1）列，显示了产品市场竞争（*hhi*）与高科技企业创新投资额度（*rdratio*）的回归结果。在控制变量后，模型的 R^2 为17.1%，说明（1）列的拟合效果较好，解释力度较强，变量的选择也具有合理性。在（1）列中，产品市场竞争（*hhi*）和企业创新投资额度（*rdratio*）的回归系数为0.208，并且在1%的水平上显著，说明产品市场竞争和高科技企业创新投资额度具有显著正相关关系，即产品市场竞争强度越大，企业的研发支出越多，证实了H13-1a。

表13-6　　　　　　　　　　回归结果

变量	rdratio（1）	paratio（2）	rdratio（3）	paratio（4）
hhi	0.208 *** (6.934)	1.596 *** (11.400)	0.0291 (0.878)	1.199 *** (6.369)
goversub	—	—	−19.85 *** (−4.882)	−54.62 *** (−2.634)
interaction	—	—	23.31 *** (5.541)	59.71 *** (2.774)
turn	−0.366 *** (−9.456)	−0.00696 *** (−3.884)	−0.317 *** (−8.782)	−0.00631 *** (−3.532)
roe	−6.504 *** (−4.419)	0.257 *** (3.778)	−10.86 *** (−7.778)	0.209 *** (3.052)
growth	0.988 *** (5.638)	0.0155 * (1.916)	0.779 *** (4.657)	0.0123 (1.521)
cash	0.00245 (0.044)	0.00599 ** (2.300)	−0.0162 (−0.316)	0.00595 ** (2.294)

续表

变量	rdratio (1)	paratio (2)	rdratio (3)	paratio (4)
lev	−4. 888 *** (−5. 700)	−0. 130 *** (−3. 283)	−5. 411 *** (−6. 798)	−0. 140 *** (−3. 534)
size	−0. 457 *** (−2. 982)	0. 0432 *** (6. 096)	−0. 205 (−1. 447)	0. 0458 *** (6. 454)
tmtshr	1. 544 ** (2. 352)	−0. 0897 *** (−2. 957)	1. 679 *** (2. 757)	−0. 0893 *** (−2. 956)
year	Fixed	Fixed	Fixed	Fixed
constant	−0. 96 (−0. 229)	−1. 881 *** (−9. 688)	0. 0877 * (1. 911)	−1. 573 *** (−6. 811)
observations	2300	2300	2300	2300
R^2	0. 171	0. 105	0. 306	0. 115

注：***、**、* 分别表示在1%、5%和10%水平上通过显著性检验，括号内数据为 t 值。
资料来源：笔者整理。

根据模型（13-2），本章对产品市场竞争与高科技企业创新投资结构进行回归检验。表13-6 的（2）列显示了产品市场竞争（hhi）与高科技企业创新投资结构（paratio）的回归结果。在控制变量后，模型的 R^2 为 10.5%，考虑到企业创新产出受到诸多外部环境因素影响，模型（13-2）的整体拟合度一般。在（2）列中，产品市场竞争（hhi）和企业创新投资结构（paratio）的回归系数为 1.596，并且在 1% 的水平上显著，说明产品市场竞争和高科技企业创新投资结构具有显著正相关关系，即产品市场竞争强度越大，越会影响其专利申请结构，会促进企业进行发明专利申请，证实了 H13-1b。

（二）财政补贴对产品市场竞争和创新投资的调节作用

根据模型（13-3），本章回归检验了财政补贴对产品市场竞争与高科技企业创新投资额度的调节作用。表13-6 的（3）列显示了财政补贴（goversub）对产品市场竞争（hhi）与高科技企业创新投资额度（rdratio）

的调节作用。在控制变量后，模型的 R^2 为 30.6%，说明模型（13-3）的拟合效果很好，变量选取具有科学性，模型解释力度很强。在（3）列中，产品市场竞争（hhi）和财政补贴（goversub）的交互项（interaction）与企业创新投资额度（rdratio）的回归系数为 23.31，并且在 1% 水平上通过显著性检验，说明产品市场竞争对高科技企业创新投资额度具有显著促进作用，并且财政补贴增强了这种促进作用，即企业获得财政补贴越多的情况下，产品市场竞争强度越大，则高科技企业的研发支出水平越高。H13-2a得到证实。

根据模型（13-4），本章回归检验了财政补贴对产品市场竞争与高科技企业创新投资结构的调节作用。表13-6 的（4）列显示了企业财政补贴（goversub）对产品市场竞争（hhi）与高科技企业创新投资结构（paratio）的调节作用。同样在控制变量后发现模型的 R^2 为 11.5%，说明（4）列的拟合效果一般，但考虑到企业创新产出情况受到企业内部和外部多种因素影响，这种拟合程度是可接受的。在（4）列中，产品市场竞争（hhi）、财政补贴（goversub）和两者交互项（interaction）与企业创新投资额度（rdratio）的回归系数分别为 1.199、-54.62 和 59.71，并且都在 1% 水平上通过显著性检验，说明产品市场竞争对高科技企业发明专利的申请具有显著促进作用，并且财政补贴增强了这种促进作用，即企业获得财政补贴越多的情况下，产品市场竞争强度越大，则高科技企业的发明专利申请比例越大，即企业在专利申请方面越倾向于申请发明专利而不是非发明专利。H13-2a得到证实。

第五节 稳健性检验

以往文献研究认为，财政补贴作用于不同产权类型的公司，其效果是不同的（孔东民等，2013），因此，基于中国情境，本章依照产权性质不同，进一步将高科技企业划分为国有企业和非国有企业（民营企业、外资企业及民营外资合资企业）并且根据模型（13-3）和模型（13-4）分别作了回归分析，结果如表13-7 的（1）~（4）列所示。

表13-7 中，（1）列、（2）列显示国企分组下，产品市场竞争及财政

补贴交互项（*interaction*）与企业创新投资额度（*rdratio*）的回归系数为18.78，在5%水平上显著，交互项（*interaction*）与企业创新投资结构（*paratio*）的回归系数为10.47，不显著。

表13-7 产权分组回归及稳健性检验

产权类型	国企		非国企		全样本
变量	*rdratio*（1）	*paratio*（2）	*rdratio*（3）	*paratio*（4）	*rd*（5）
hhi	-0.485 （-0.0675）	0.883 *** （3.280）	6.202 （1.476）	1.575 *** （8.414）	3.257 *** （7.964）
goversub	-15.46 * （-1.933）	-8.429 （-0.281）	-14.38 *** （-8.996）	-22.91 *** （-3.217）	—
interaction	18.78 ** （2.265）	10.47 （0.337）	17.52 *** （9.996）	27.23 *** （3.487）	—
turn	-0.371 *** （-4.740）	-0.00506 * （-1.726）	-0.268 *** （-7.055）	-0.00390 ** （-2.305）	0.00813 （1.554）
roe	-4.282 * （-1.688）	0.108 （1.133）	-12.14 *** （-7.725）	0.130 * （1.855）	1.509 *** （7.589）
growth	0.012 （0.088）	0.00027 （0.053）	-3.08E-05 （-0.0227）	5.79E-05 （0.959）	0.0854 *** （3.607）
cash	-0.0513 （-0.781）	0.00235 （0.953）	-0.00413 （-0.354）	-0.00055 （-1.051）	0.0199 *** （2.620）
lev	-1.826 （-1.076）	0.0514 （0.809）	-7.144 *** （-6.719）	-0.266 *** （-5.620）	-0.0819 （-0.707）
size	-0.346 （-1.239）	0.0328 *** （3.140）	-0.0627 （-0.307）	0.0480 *** （5.266）	0.809 *** （39.050）
tmtshr	15.45 *** （2.591）	-0.436 * （-1.951）	1.495 ** （1.981）	-0.0611 * （-1.817）	0.0241 （0.272）
year	Fixed	Fixed	Fixed	Fixed	Fixed
constant	13.9 （1.504）	-0.976 *** （-2.818）	3.577 （0.651）	-1.953 *** （-7.974）	-2.863 *** （-5.048）
observations	578	578	1722	1722	2300
R^2	0.278	0.077	0.244	0.129	0.543

注：***、**、*分别表示在1%、5%和10%水平上通过显著性检验，括号内数据为t值。
资料来源：笔者整理。

表 13 - 7 的（3）列、（4）列显示非国企分组下，产品市场竞争及财政补贴交互项（*interaction*）与企业创新投资额度（*rdratio*）的回归系数为 17.52，在 1% 水平上显著，交互项（*interaction*）与企业创新投资结构（*paratio*）的回归系数为 27.23，也在 1% 水平上显著。

以上回归结果说明，基于财政补贴视角研究产品市场竞争对高科技国有企业创新投资的影响程度较小；对高科技非国有企业创新投资的影响程度较大，效果更显著。

根据模型（13 - 1），本章在全样本基础上对产品市场竞争与高科技企业创新投资额度的关系进行了稳健性检验。本章参考以往文献，在衡量创新投入资金时，采用指标研发投入费用取对数（*rd*）对高科技企业创新投资额度进行衡量。产品市场竞争（*hhi*）与高科技企业创新投资额度（*rd*）的稳健性检验结果如表 13 - 7 的（5）列所示，在控制了现金周转率（*turn*）、净资产收益率（*roe*）、现金持有水平（*cash*）、财务杠杆（*lev*）、企业规模（*size*）、营业收入增长率（*growth*）、高管持股比例（*tmtshr*）和年份（*year*）变量后，可以看到，模型的 R^2 为 54.3%，说明模型（13 - 1）拟合合理。

表 13 - 7 的（5）列显示产品市场竞争（*hhi*）和企业创新投资额度（*rd*）的回归系数为 3.257，并且在 1% 的水平上显著，说明产品市场竞争和高科技企业创新投资额度具有显著正相关关系，研究结果具有稳健性。

第六节 结论与展望

本章基于熊彼特创新理论和资源依赖理论，运用高科技企业八大行业 2011～2017 年的数据，实证检验了产品市场竞争与高科技企业创新投资的关系，以及财政补贴对其关系的调节作用。第一，对各变量进行了描述性统计，以此来分析数据的集中趋势和离散程度；第二，通过皮尔逊相关性检测对所有变量进行初步的相关性检验；第三，从创新投资额度和创新投资结构两方面，利用高科技企业全样本回归检验产品市场竞争对高科技企业创新投资的影响；第四，考虑财政补贴的影响，进一步实证检验财政补贴对产品市场竞争和创新投资关系的作用；第五，对产品市场竞争和高科技企业创新投资的有关回归结果进行稳健性检验。通过理论推演、假设提出和实证分析，本章得出以下结论：

第一，从创新投入方面分析企业面对激烈的市场环境时的创新投资决策。研究发现，产品市场竞争强度越大，高科技企业决定进行技术创新投资的额度越高，即面对激烈的产品市场竞争环境，高科技企业更愿意也更可能增加研发支出。说明激烈的市场竞争带给企业的破产压力会推动企业进行技术创新，一方面，通过技术创新促进资源合理有效利用；另一方面，通过增加创新投入获得有效优质的创新产出，以此创造并维持可持续竞争优势。

第二，从创新产出方面分析企业面对激烈的市场环境时的创新投资决策。研究发现，产品市场竞争强度越大，高科技企业在进行技术创新投资决策时，越倾向于研究并申请发明专利，即激烈的市场竞争会增加企业发明专利在专利申请中的占比。说明产品市场竞争越激烈，企业对绩效的诉求也越强烈，企业必须充分利用异质性资源构建核心能力，提升市场竞争优势，进而增强企业绩效，应对市场竞争。而专利尤其是发明专利无论是从经营绩效、财务绩效还是股票市值方面都会提升企业绩效。

第三，财政补贴增强了产品市场竞争对高科技企业创新投资的促进作用，并且对非国企的促进作用更显著。研究发现，企业获得财政补贴越多，产品市场竞争强度越大，高科技企业在进行技术创新投资决策时，研发支出越多，越倾向于研究并申请发明专利。说明高科技企业，尤其是非国有类型企业，通过获得财政补贴，在创新资金方面，降低了高科技企业资源投入不足的威胁；在创新动力方面，增强了企业进行技术创新及发明专利研发的意愿。

市场竞争可以提升企业技术创新水平，对政府而言，为了促进国家创新发展，高科技企业的创新发展不容忽视，一方面，政府应该推进高科技行业竞争发展，逐步优化高技术领域市场环境，引导其创新发展方向，例如，着力优化推进科创板试点进程，降低研发资金需求对高科技企业创新投资的桎梏，促进企业创新投资和市场良性竞争；另一方面，政府可以通过向高科技企业发放财政补贴，增强市场竞争对创新投资的促进作用，刺激高科技行业发展。

对企业尤其是非国有高科技企业而言，应该积极投入到市场竞争环境中，通过创新构建核心竞争优势，提升市场竞争力，进而在行业中占据一席之地，保证企业更好地生存及发展。一方面，企业应该在面对创新项目筛选，做出创新投资决策时，加大研发投入力度，遴选标准倾向于发明专利而不是非发明专利；另一方面，企业应该努力创造条件争取政府财政补贴，并且充分利用财政补贴促进技术创新投资。

参 考 文 献

［1］安同良，周绍东，皮建才. R&D 补贴对中国企业自主创新的激励效应［J］. 经济研究，2009（10）：87－99.

［2］白云涛，郭菊娥，席酉民. 高层管理团队风险偏好异质性对战略投资决策影响效应的实验研究［J］. 南开管理评论，2007（2）：25－30，44.

［3］毕先萍，张琴. 创业机会差异成因探析与未来研究展望——基于发现观和创造观融合的视角［J］. 外国经济与管理，2012，34（5）：18－25.

［4］毕晓芳，李海英，宋雪如. 高管过度自信对企业创新的影响：财务冗余的中介作用与调节作用［J］. 科技进步与对策，2016，33（7）：108－114.

［5］步丹璐，郁智. 政府补助给了谁：分布特征实证分析——基于2007～2010 年中国上市公司的相关数据［J］. 财政研究，2012（8）：58－63.

［6］蔡春，黄益建，赵莎. 关于审计质量对盈余管理影响的实证研究——来自沪市制造业的经验证据［J］. 审计研究，2005（2）：3－10.

［7］蔡宁，吴结兵. 产业集群与区域经济发展——基于"资源—结构"观的分析［M］. 北京：科学出版社，2007.

［8］蔡树堂，魏思佳. 产学研联盟背景下关系资本对科技型中小企业技术创新绩效的影响研究［J］. 创新科技，2018，18（8）：4－11.

［9］曹勇，赵莉，张阳，等. 高新技术企业专利管理与技术创新绩效关联的实证研究［J］. 管理世界，2012（6）：182－183.

［10］柴斌锋. 中国民营上市公司 R&D 投资与资本结构、规模之间关系的实证研究［J］. 科学学与科学技术管理，2011，32（1）：40－47.

[11] 柴俊武，万迪昉. 企业规模与 R&D 投入强度关系的实证分析 [J]. 科学学研究，2003，21 (1)：58 - 62.

　　[12] 陈闯，吴晓晖，卫芳. 团队异质性、管理层持股与企业风险行为 [J]. 管理科学学报，2016 (5)：1 - 13.

　　[13] 陈传明，孙俊华. 企业家人口背景特征与多元化战略选择——基于中国上市公司面板数据的实证研究 [J]. 管理世界，2008 (5)：124 - 133，187 - 188.

　　[14] 陈德萍，陈永圣. 股权集中度、股权制衡度与公司绩效关系研究——2007 ~ 2009 年中小企业板块的实证检验 [J]. 会计研究，2011 (1)：38 - 43.

　　[15] 陈德球，雷光勇，肖童姝. CEO 任期、终极产权与会计盈余质量 [J]. 经济科学，2011 (2)：103 - 116.

　　[16] 陈冬华，胡晓莉，梁上坤，等. 宗教传统与公司治理 [J]. 经济研究，2013，48 (9)：71 - 84.

　　[17] 陈国权. 学习型组织的过程模型、本质特征和设计原则 [J]. 中国管理科学，2002 (4)：87 - 95.

　　[18] 陈华东. 管理者任期、股权激励与企业创新研究 [J]. 中国软科学，2016 (8)：112 - 126.

　　[19] 陈怀超，范建红. 董事会人力资本和内部社会资本对其创造性决策的影响研究：基于知识创造视角 [J]. 中国人力资源开发，2015 (7)：53 - 59.

　　[20] 陈继勇，梁柱. 技术创新能力与 FDI 区域分布非均衡 [J]. 科技进步与对策，2010 (6)：26 - 30.

　　[21] 陈劲，邱嘉铭，沈海华. 技术学习对企业创新绩效的影响因素分析 [J]. 科学学研究，2007，25 (6)：1223 - 1232.

　　[22] 陈菊花，杨阳. 我国企业集团内部资本市场效应检验——基于 Q 方法的研究 [J]. 东南大学学报 (哲学社会科学版)，2012，14 (6)：20 - 24.

　　[23] 陈凯华，寇明淳，官建成. 中国区域创新系统的功能状态检验：基于省域 2007 - 2011 年的面板数据 [J]. 中国软科学，2013 (4)：79 - 98.

　　[24] 陈胜蓝，卢锐. 新股发行、盈余管理与高管薪酬激励 [J]. 管理

评论，2011，23（7）：155 – 162.

[25] 陈胜蓝. 信息技术公司研发投入与高管薪酬激励研究 [J]. 科研管理，2011，32（9）：55 – 62.

[26] 陈守明，简涛，王朝霞. CEO 任期与 R&D 强度：年龄和教育层次的影响 [J]. 科学学与科学技术管理，2011，32（6）：159 – 165.

[27] 陈守明，唐滨琪. 高管认知与企业创新投入——管理自由度的调节作用 [J]. 科学学研究，2012，30（11）：1723 – 1734.

[28] 陈夙，吴俊杰. 管理者过度自信、董事会结构与企业投融资风险——基于上市公司的经验证据 [J]. 中国软科学，2014（6）：109 – 116.

[29] 陈文婷，何轩. 家族社会资本与创业机会识别问题探讨 [J]. 外国经济与管理，2008，30（10）：25 – 31.

[30] 陈岩，张斌，翟瑞瑞. 国有企业债务结构对创新的影响——是否存在债务融资滥用的经验检验 [J]. 科研管理，2016，37（4）：16 – 26.

[31] 陈震红，董俊武. 创业机会的识别过程研究 [J]. 科技管理研究，2005，25（2）：1 – 22.

[32] 陈忠卫，常极. 高管团队异质性、集体创新能力与公司绩效关系的实证研究 [J]. 软科学，2009，23（9）：78 – 83.

[33] 成力为，朱孟磊，李翘楚. 政府补贴对企业 R&D 投资周期性的影响研究——基于融资约束视角 [J]. 科学学研究，2017（8）：103 – 113.

[34] 程愚，孙建国，宋文文，等. 商业模式、营运效应与企业绩效——对生产技术创新和经营方法创新有效性的实证研究 [J]. 中国工业经济，2012（7）：83 – 95.

[35] 池国华，郭菁晶. 内部控制质量影响高管薪酬吗？——基于中国 A 股上市公司的经验证据 [J]. 审计与经济研究，2015，12（1）：21 – 30.

[36] 戴魁早，刘友金. 要素市场扭曲、区域差异与 R&D 投入——来自中国高技术产业与门槛模型的经验证据 [J]. 数量经济技术经济研究，2015（9）：3 – 20.

[37] 戴小勇，成力为. 财政补贴政策对企业研发投入的门槛效应 [J]. 科研管理，2014，35（6）：68 – 76.

[38] 戴勇，朱桂龙. 以吸收能力为调节变量的社会资本与创新绩效研

究——基于广东企业的实证分析 [J]. 软科学，2011，25（1）：80-84.

[39] 戴跃强，达庆利. 企业技术创新投资与其资本结构、规模之间关系的实证研究 [J]. 科研管理，2007，28（3）：38-42.

[40] 邓莉，张宗益，李宏胜. 银行债权的公司治理效应研究——来自中国上市公司的经验证据 [J]. 金融研究，2007（1）：61-70.

[41] 丁安娜，刘景江. 高管团队行为整合、创新行为与创新绩效关系研究 [J]. 科学学与科学技术管理，2012，33（12）：71-76.

[42] 丁宇，王卫江，刘正刚，李文胜. 企业动态能力与品牌营销策略关系：吸收能力的中介作用——以新疆科技型中小企业为例 [J]. 新疆财经，2015（1）：21-26.

[43] 董保宝，葛宝山，王侃. 资源整合过程、动态能力与竞争优势：机理与路径 [J]. 管理世界，2011（3）：92-101.

[44] 董保宝. 风险需要平衡吗：新企业风险承担与绩效倒 U 型关系及创业能力的中介作用 [J]. 管理世界，2014（1）：120-131.

[45] 杜海东，梁海霞. 社会资本对技术创新的影响机理：一个理论模型的构建与检验 [J]. 科学管理研究，2013，31（1）：92-96.

[46] 杜楠，王大本，耶明强. 科技型中小企业技术创新驱动因素作用机理 [J]. 经济与管理，2018（2）：81-88.

[47] 杜莹，刘立国. 股权结构与公司治理效率：中国上市公司的实证分析 [J]. 管理世界，2002（11）：124-133.

[48] 杜莹，刘立国. 中国上市公司债权治理效率的实证分析 [J]. 证券市场导报，2002（12）：66-69.

[49] 段海艳. 连锁董事、组织冗余与企业创新绩效关系研究 [J]. 科学学研究，2012，30（4）：631-640.

[50] 樊纲，王小鲁，张立文. 中国各地区市场化进程 2000 年报告 [J]. 国家行政学院学报，2001（3）：17-27.

[51] 樊纲，王小鲁. 中国市场化指数：各地区市场化相对进程报告 2000 年 [M]. 北京：经济科学出版社，2001.

[52] 冯琛，袁雯竹，孙绍光. 技术创新对企业竞争优势的推动作用——苹果与华为的对比分析 [J]. 时代经贸，2017（9）：40-43.

[53] 冯照桢, 宋林. 异质机构、企业性质与企业社会责任信息披露 [J]. 山西财经大学学报, 2013, 10 (12): 84 - 92.

[54] 付玉秀, 张洪石. 突破性创新: 概念界定与比较 [J]. 数量经济技术经济研究, 2004 (9): 73 - 83.

[55] 傅家骥. 对技术经济学研究对象的看法 [J]. 工业技术经济, 1992 (1): 1 - 4.

[56] 高蓓, 王新红. 我国高新企业高管持股与 R&D 投入相关性研究 [J]. 会计之友, 2010 (1): 87 - 89.

[57] 高建, 汪剑飞, 魏平. 企业技术创新绩效指标: 现状、问题和新概念模型 [J]. 科研管理, 2004, 25 (z1): 14 - 22.

[58] 古家军, 等. 企业高层管理团队特征异质性对战略决策的影响 [J]. 管理工程学报, 2008 (3): 30 - 35.

[59] 顾群, 吴宗耀, 吴锦丹. 所有权性质、女性高管参与及企业 R&D 投入——来自科技型中小企业的经验证据 [J]. 贵州财经大学学报, 2017 (1): 94 - 100.

[60] 顾群, 翟淑萍. 融资约束、研发投资与资金来源——基于研发投资异质性的视角 [J]. 科学学与科学技术管理, 2014 (3): 15 - 22.

[61] 郭斌. 规模、R&D 与绩效: 对我国软件产业的实证分析 [J]. 科研管理, 2006 (1): 121 - 126.

[62] 郭景先. 财税政策、外部融资与创新绩效 [D]. 天津: 天津财经大学, 2016.

[63] 韩静, 陈志红, 杨晓星. 高管团队背景特征视角下的会计稳健性与投资效率关系研究 [J]. 会计研究, 2014 (12): 25 - 31.

[64] 韩立丰, 王重鸣, 许智文. 群体多样性研究的理论述评——基于群体断层理论的反思. 心理科学进展, 2010, 18 (2): 374 - 384.

[65] 韩志丽, 杨淑娥, 史浩江. 投资机会 (IOS) 设定下公司内部治理对经营绩效的影响——基于中国上市公司的经验研究 [J]. 管理工程学报, 2008 (1): 72 - 77.

[66] 韩忠雪, 周婷婷. 产品市场竞争、融资约束与公司现金持有: 基于中国制造业上市公司的实证分析 [J]. 南开管理评论, 2011, 14 (4):

149 – 160.

[67] 郝清民, 孙雪. 高管特质、风险偏好与创新激励——来自中国上市公司数据的实证检验 [J]. 现代财经 (天津财经大学学报), 2015 (11): 60 – 70.

[68] 郝颖, 刘星, 林朝南. 我国上市公司高管人员过度自信与投资决策的实证研究 [J]. 中国管理科学, 2005 (5): 144 – 150.

[69] 郝颖. 基于委托代理理论的企业投资研究综述 [J]. 管理学报, 2010, 7 (12): 1863 – 1872.

[70] 何诚颖, 陈锐, 蓝海平, 徐向阳. 投资者非持续性过度自信与股市反转效应 [J]. 管理世界, 2014 (8): 44 – 54.

[71] 何威风, 刘巍, 黄凯莉. 管理者能力与企业风险承担 [J]. 中国软科学, 2016 (5): 107 – 118.

[72] 何威风. 管理者异质性视角下企业盈余管理行为研究 [J]. 经济与管理研究, 2012, 16 (8): 109 – 114.

[73] 何瑛, 张大伟. 管理者特质、负债融资与企业价值 [J]. 会计研究, 2015 (8): 65 – 72, 97.

[74] 贺远琼, 杨文. 高管团队特征与企业多元化战略关系的 Meta 分析 [J]. 管理学报, 2010 (1): 91 – 97.

[75] 侯世英, 宋良荣. 数字金融对地方政府债务融资的影响 [J]. 财政研究, 2020 (9): 52 – 64.

[76] 胡琚, 宋献中, 王红建. 非正式制度、家乡认同与企业环境治理 [J]. 管理世界, 2017 (3): 76 – 94, 187 – 188.

[77] 黄登仕, 祝晓斐. 高管团队任职背景与企业经营绩效的影响研究——基于民营企业上市公司经验数据 [J]. 经济体制改革, 2016 (1): 131 – 138.

[78] 黄福广, 李西文. 风险资本对中小企业融资约束的影响研究——来自我国中小企业板上市公司的证据 [J]. 山西财经大学学报, 2009, 31 (10): 80 – 87.

[79] 黄少安, 张岗. 中国上市公司股权融资偏好分析 [J]. 经济研究, 2001 (11): 12 – 20.

[80] 黄旭，徐朝霞，李卫民. 中国上市公司高管背景特征对企业并购行为的影响研究 [J]. 宏观经济研究，2013（10）：67-73.

[81] 黄艳，陶秋燕，朱福林. 关系强度、知识转移与科技型中小企业创新绩效 [J]. 企业经济，2017，36（12）：88-94.

[82] 黄艺翔，姚铮. 风险投资对上市公司研发投入的影响——基于政府专项研发补助的视角 [J]. 科学学研究，2015，33（5）：674-682.

[83] 黄越，杨乃定，张宸璐. 高层管理团队异质性对企业绩效的影响研究——以股权集中度为调节变量 [J]. 管理评论，2011，23（11）：120-125.

[84] 晁钢令. 服务产业与现代服务业 [M]. 上海：上海财经出版社，2004.

[85] 江伟. 董事长个人特征、过度自信与资本结构 [J]. 经济管理，2011（2）：78-85.

[86] 姜滨滨，匡海波. 基于"效率—产出"的企业创新绩效评价——文献评述与概念框架 [J]. 科研管理，2015，36（3）：71-78.

[87] 姜波. 科技型中小企业领导者行为对技术创新绩效影响的实证 [J]. 统计与决策，2011（2）：179-182.

[88] 姜付秀，黄继承. CEO财务经历与资本结构决策 [J]. 会计研究，2013（5）：27-34.

[89] 姜付秀，伊志宏，苏飞，等. 管理者背景特征与企业过度投资行为 [J]. 管理世界，2009，（1）：130-139.

[90] 姜付秀，张敏，陆正飞，陈才东. 管理者过度自信、企业扩张与财务困境 [J]. 经济研究，2009（1）：131-143.

[91] 姜骞，刘强，唐震. 创新网络关系治理对科技型中小企业突破性创新的影响机理——知识场活性的中介效应 [J]. 科技进步与对策，2017，34（12）：78-84.

[92] 姜涛，王怀明. 高管激励对高新技术企业R&D投入的影响——基于实际控制人类型视角 [J]. 研究与发展管理，2012，24（4）：53-60.

[93] 姜万军，金赛男. 风险，创新激励政策中被忽视的关键要素 [J]. 统计研究，2010（9）：43-47.

[94] 蒋天颖，孙伟，白志欣．基于市场导向的中小微企业竞争优势形成机理：以知识整合和组织创新为中介［J］．科研管理，2013（6）：17 – 24，67.

[95] 解学梅，左蕾蕾．企业协同创新网络特征与创新绩效：基于知识吸收能力的中介效应研究［J］．南开管理评论，2013，16（3）：47 – 56.

[96] 靳庆鲁，薛爽，郭春生．市场化进程影响公司的增长与清算价值吗？[J]．经济学（季刊），2010（4）：1485 – 1504.

[97] 靳庆鲁、孔祥和侯青川．货币政策、民营企业投资效率与公司期权价值［J］．经济研究，2012（5）：96 – 106.

[98] 孔东民，刘莎莎，王亚男．市场竞争、产权与政府补贴［J］．经济研究，2013（2）：55 – 67.

[99] 雷辉，刘鹏．中小企业高管团队特征对技术创新的影响——基于所有权性质视角［J］．中南财经政法大学学报，2013（4）：149 – 156.

[100] 李柏洲，苏屹．发明专利与大型企业利润的相关性研究［J］．科学学与科学技术管理，2010，31（1）：123 – 127.

[101] 李华晶，邢晓东．高管团队与公司创业战略：基于高阶理论与代理理论融合的实证研究［J］．天津：科学学与科学技术管理，2007（9）：139 – 144.

[102] 李华晶，张玉利．高管团队特征与企业创新关系的实证研究——以科技型中小企业为例［J］．商业经济与管理，2006（5）：9 – 13.

[103] 李后建，刘思亚．银行信贷、所有权性质与企业创新［J］．科学学研究，2015，33（7）：1089 – 1099.

[104] 李玲，陶厚永．纵容之手、引导之手与企业自主创新——基于股权性质分组的经验证据［J］．南开管理评论，2013（3）：67 – 79，88.

[105] 李略，张婉媂．创新投入对我国制造类企业绩效影响研究［J］．科技进步与对策，2013，30（24）：80 – 85.

[106] 李培功，肖珉．CEO 任期与企业资本投资［J］．金融研究，2012，38（2）：127 – 141.

[107] 李平，许家云．国际智力回流的技术扩散效应研究——基于中国地区差异及门槛回归的实证分析［J］．经济学（季刊），2011，10（3）：

935 - 964.

［108］李倩，邹国庆. 企业家活动影响制度变迁的机制研究［J］. 云南社会科学，2018（1）：69 - 75，187.

［109］李世心，张琴. 投资机会集及其度量方法述评［J］. 生产力研究，2010（6）：111 - 118.

［110］李邃，江可申；郑兵云，等. 高技术产业研发创新效率与全要素生产率增长［J］. 科学学与科学技术管理，2010，31（11）：169 - 175.

［111］李巍，席小涛. 高管团队国际化经验对民营企业国际化绩效的影响研究——关键战略因素的中介效应［J］. 预测，2013，32（4）：1 - 7.

［112］李维安，王世权. 中国上市公司监事会治理绩效评价与实证研究［J］. 南开管理评论，2005（1）：4 - 9.

［113］李卫民. 企业高管团队异质性与战略选择的实证研究［J］. 中外企业家，2009，9（18）：199 - 200.

［114］李卫宁，李莉. TMT 异质性、战略变革与绩效改善的关系研究——基于绩效下滑的非多元化企业的数据实证［J］. 中国管理科学，2015，23（6）：153 - 161.

［115］李小军，王平心. 投资机会与股权结构对公司财务政策的影响［J］. 系统工程，2008（6）：37 - 44.

［116］李小青，胡朝霞. 科技创业企业董事会认知特征对技术创新动态能力的影响研究［J］. 管理学报，2016，13（2）：248 - 257.

［117］李小青. 董事会认知异质性对企业价值影响研究——基于创新战略中介作用的视角［J］. 经济与管理研究，2012（8）：14 - 22.

［118］李小荣，张瑞君. 股权激励影响风险承担：代理成本还是风险规避？［J］. 会计研究，2014（1）：57 - 63.

［119］李心丹. 行为金融理论：研究体系及展望［J］. 金融研究，2005（1）：175 - 190.

［120］李心合. 论公司财务学假设［J］. 当代财经，2010（12）：120 - 128.

［121］李新春，肖宵. 制度逃离还是创新驱动？——制度约束与民营企业的对外直接投资［J］. 管理世界，2017（10）：99 - 112，129，188.

[122] 李雪灵, 张惺, 刘钊. 制度环境与寻租活动: 源于世界银行数据的实证研究 [J]. 中国工业经济, 2012 (11): 84 - 96.

[123] 李焰, 秦义虎, 张肖飞. 企业产权、管理者背景特征与投资效率 [J]. 管理世界, 2011 (1): 135 - 144.

[124] 李忆, 司有和. 探索式创新、利用式创新与绩效: 战略和环境的影响 [J]. 南开管理评论, 2008, 11 (5): 4 - 12.

[125] 李贞, 杨洪涛. 吸收能力、关系学习及知识整合对企业创新绩效的影响研究——来自科技型中小企业的实证研究 [J]. 科研管理, 2012, 33 (1): 79 - 89.

[126] 梁莱歆, 张焕凤. 高科技上市公司 R&D 投入绩效的实证研究 [J]. 中南大学学报 (社会科学版), 2005 (2): 232 - 236.

[127] 梁上坤. 管理者过度自信、债务约束与成本粘性 [J]. 南开管理评论, 2015 (3): 122 - 131.

[128] 林慧婷, 王茂林. 管理者过度自信、创新投入与企业价值 [J]. 经济管理, 2014, 36 (11): 94 - 102.

[129] 林润辉. 网络组织与企业高成长 [M]. 天津: 南开大学出版社, 2004.

[130] 林新奇, 蒋瑞. 高层管理团队特征与企业财务绩效关系的实证研究——以我国房地产上市公司为例 [J]. 浙江大学学报 (人文社会科学版), 2011, 41 (3): 190 - 197.

[131] 林毅夫, 李永军. 中小金融机构发展与中小企业融资 [J]. 经济研究, 2001 (1): 10 - 18.

[132] 蔺鹏, 孟娜娜. 政府 R&D 经费投入与科技型中小企业技术创新效率——基于河北省新三板上市企业的经验证据 [J]. 科技管理研究, 2018, 38 (6): 150 - 156.

[133] 刘凤朝, 默佳鑫, 马荣康. 高管团队海外背景对企业创新绩效的影响研究 [J]. 管理评论, 2017, 29 (7): 135 - 147.

[134] 刘洪伟, 冯淳. 基于知识基础观的技术并购模式与创新绩效关系实证研究 [J]. 科技进步与对策, 2015 (16): 69 - 75.

[135] 刘杰、郑风田. 社会网络, 个人职业选择与地区创业集聚——

基于东风村的案例研究 [J]. 管理世界, 2011 (6): 132 – 141, 151.

[136] 刘力. 行为金融理论对效率市场假说的挑战 [J]. 经济科学, 1999 (3): 63 – 71.

[137] 刘升福, 任静. 高管团队异质性与企业战略绩效关系研究——以中小上市企业为例 [J]. 财会通讯, 2015 (12): 42 – 45.

[138] 刘伟, 刘星. 高管持股对企业 R&D 支出的影响研究——来自 2002 ~ 2004 年 A 股上市公司的经验证据 [J]. 科学学与科学技术管理, 2007, 28 (10): 172 – 175.

[139] 刘洋, 乔坤元, 张建君. 董事长职能背景与企业战略 [J]. 经济学报, 2016, 3 (4): 1 – 35.

[140] 刘运国, 刘雯. 高管任期与 R&D 支出——基于我国上市公司的经验证据 [A]. 管理会计在中国的发展及实务运用国际研讨会论文集 [C]. 上海财经大学, 2006: 14.

[141] 刘运国, 刘雯. 我国上市公司的高管任期与 R&D 支出 [J]. 管理世界, 2007 (1): 128 – 136.

[142] 柳光强. 税收优惠、财政补贴政策的激励效应分析——基于信息不对称理论视角的实证研究 [J]. 管理世界, 2016 (10): 62 – 71.

[143] 柳卸林. 不连续创新的第四代研究开发: 兼论跨越发展 [J]. 中国工业经济, 2000 (9): 53 – 58.

[144] 陆国庆. 战略性新兴产业创新的绩效研究——基于中小板上市公司的实证分析 [J]. 南京大学学报, 2011 (4): 72 – 80.

[145] 陆瑶, 胡江燕. CEO 与董事间的"老乡"关系对我国上市公司风险水平的影响 [J]. 管理世界, 2014 (3): 131 – 138.

[146] 吕长江, 严明珠, 郑慧莲, 许静静. 为什么上市公司选择股权激励计划? [J]. 会计研究, 2011 (1): 68 – 75.

[147] 吕长江, 张海平. 股权激励计划对公司投资行为的影响 [J]. 管理世界, 2011 (11): 118 – 126.

[148] 罗家德. 组织与管理研究的实证方法 [M]. 北京: 北京大学出版社, 2012, 478 – 480.

[149] 罗明新, 马钦海, 胡彦斌, 等. 政治关联与企业技术创新绩效——

研发投资的中介作用研究 ［J］. 科学学研究，2013，31（6）：938 - 947.

［150］罗思平，于永达. 技术转移、"海归"与企业技术创新——基于中国光伏产业的实证研究 ［J］. 管理世界，2012（11）.

［151］马富萍，郭晓川. 高管团队异质性与技术创新绩效的关系研究——以高管团队行为整合为调节变量 ［J］. 科学学与科学技术管理，2010，31（12）：186 - 191.

［152］马富萍，李燕萍. 资源型企业高管社会资本、资源获取与技术创新 ［J］. 经济管理，2011（8）：60 - 68.

［153］马光荣，樊纲，杨恩艳，潘彬. 中国的企业经营环境：差异、变迁与影响 ［J］. 管理世界，2015（12）：58 - 67.

［154］马晓芸，何红光. 网络关系嵌入对中小企业技术创新绩效的影响——考虑知识获取的中介作用 ［J］. 技术经济，2015，34（7）：13 - 17.

［155］牛芳，张玉利，杨俊. 创业团队异质性与新企业绩效：领导者乐观心理的调节作用 ［J］. 管理评论，2011，23（11）：110 - 119.

［156］诺曼，韦尔甘蒂，辛向阳，等. 渐进性与激进性创新：设计研究与技术及意义变革 ［J］. 创意与设计，2016（2）：4 - 14.

［157］潘清泉，韦慧民. 非工作时间的工作相关电子通讯与员工情绪耗竭和离职意向的关系机制研究 ［J］. 商业经济与管理，2017（10）：35 - 49.

［158］潘越，戴亦一，李财喜. 政治关联与财务困境公司的政府补助——来自中国 ST 公司的经验证据 ［J］. 南开管理评论，2009（5）.

［159］潘越，潘健平，戴亦一. 公司诉讼风险、司法地方保护主义与企业创新 ［J］. 经济研究，2015（3）.

［160］彭红枫，米雁翔. 高管团队同质性与企业投资效率 ［C］. 2015 年度中国总会计师优秀论文选，2015Science Course ［J］. Nacta Journal，1999，64（3）：20 - 25.

［161］彭韶兵，黄益建，赵根. 信息可靠性、企业成长性与会计盈余持续性 ［J］. 会计研究，2008（3）：43 - 50.

［162］秦辉，傅梅烂. 渐进性创新与突破性创新：科技型中小企业的选择策略 ［J］. 软科学，2012（1）：78 - 80.

［163］芮明杰，吕毓芳，等. 论领导行为，组织学习、创新与绩效间

影响的实证研究 [J]. 上海管理科学, 2005, 27 (2): 30 - 35.

[164] 芮正云, 庄晋财, 罗瑾琏. 社会资本对获取创业知识的驱动过程解构: 基于创业者能力视角 [J]. 科学学与科学技术管理, 2016, 37 (1): 58 - 68.

[165] 尚洪涛, 黄晓硕. 政府补贴、研发投入与创新绩效的动态交互效应 [J]. 科学学研究, 2018 (3): 446 - 455.

[166] 沈红波, 潘飞, 高新梓. 制度环境与管理层持股的激励效应 [J]. 中国工业经济, 2012 (8): 96 - 108.

[167] 沈坤荣, 孙文杰. 市场竞争、技术溢出与内资企业 R&D 效率——基于行业层面的实证研究 [J]. 管理世界, 2009 (1).

[168] 沈艺峰, 吴世农. 我国证券市场过度反应了吗? [J]. 经济研究, 1999 (2): 23 - 28.

[169] 斯晓夫, 王颂, 傅颖. 创业机会从何而来: 发现, 构建还是发现 + 构建? [J]. 管理世界, 2016 (3): 115 - 127.

[170] 宋建波, 文雯, 王德宏. 海归高管能促进企业风险承担吗——来自中国 A 股上市公司的经验证据 [J]. 财贸经济, 2017, 38 (12): 111 - 126.

[171] 宋建波, 文雯. 董事的海外背景能促进企业创新吗? [J]. 中国软科学, 2016 (11): 109 - 120.

[172] 孙海法, 伍晓奕. 企业高层管理团队研究的进展 [J]. 管理科学学报, 2003 (4): 82 - 89.

[173] 孙海法, 姚振华, 严茂胜. 高管团队人口统计特征对纺织和信息技术公司经营绩效的影响 [J]. 南开管理评论, 2006, 9 (6): 61 - 67.

[174] 孙永风, 李垣. 转型经济下中国企业创新选择的实证研究: 环境与组织因素 [J]. 管理工程学报, 2007 (1): 41 - 46.

[175] 汤业国, 徐向艺. 中小上市公司股权激励与技术创新投入的关联性——基于不同终极产权性质的实证研究 [J]. 财贸研究, 2012, 23 (2): 127 - 133.

[176] 汤颖梅, 王怀明, 白云峰. CEO 特征、风险偏好与企业研发支出——以技术密集型产业为例 [J]. 中国科技论坛, 2011 (10): 89 - 95.

[177] 唐清泉, 罗党论. 风险感知力与独立董事辞职行为研究——来

自中国上市公司的经验［J］．中山大学学报（社会科学版），2007（1）：91－98，127．

［178］唐清泉，易翠．高管持股的风险偏爱 R&D 投入动机［J］．当代经济管理，2010（2）：20－25．

［179］唐清泉，甄丽明．管理层风险偏爱、薪酬激励与企业 R&D 投入——基于我国上市公司的经验研究［J］．经济管理，2009（5）：56－64．

［180］唐小飞，康毅，郭达．我国房地产上市公司融资约束比较研究——基于股权结构的实证分析［J］．宏观经济研究，2011，5：70－74．

［181］汪晓春．企业创新投资决策的资本结构条件［J］．中国工业经济，2002（10）：89－95．

［182］王清，周泽将．女性高管与 R&D 投入：中国的经验证据［J］．管理世界，2015（3）：178－179．

［183］王德应，刘渐和．TMT 特征与企业技术创新关系研究［J］．科研管理，2011，32（7）：45－52．

［184］王建琼，何静谊．公司治理、企业经济绩效与企业社会责任——基于中国制造业上市公司数据的经验研究［J］．经济经纬，2009（2）：83－86．

［185］王磊．行为金融学文献综述［J］．现代商业，2007（6）：50－51．

［186］王鲁平，毛伟平．财务杠杆、投资机会与公司投资行为——基于制造业上市公司 Panel Data 的证据［J］．管理评论，2010，22（11）：99－110．

［187］王文华，张卓，季小立．高管持股与研发投资：利益趋同效应还是管理防御效应？——基于高新技术上市公司的实证研究［J］．研究与发展管理，2014，26（4）：23－31．

［188］王晓娟．知识网络与集群企业竞争优势研究［D］．杭州：浙江大学，2007．

［189］王欣，桂泳评．市场理性与非理性的理论撞击［J］．财经理论与实践，2002（6）：11－14．

［190］王兴元，姬志横．跨学科创新团队知识异质性与绩效关系研究［J］．科研管理，2013，34（3）：15－22．

［191］王雪莉，马琳，王艳丽．高管团队职能背景对企业绩效的影响：

以中国信息技术行业上市公司为例［J］. 南开管理评论, 2013, 16（4）: 80 - 93.

［192］王燕妮, 李爽. 基于自由现金流的高管激励与研发投入关系研究［J］. 科学学与科学技术管理, 2013, 34（4）: 143 - 149.

［193］魏立群, 王智慧. 我国上市公司高管特征与企业绩效的实证研究［J］. 南开管理评论, 2002（4）: 16 - 22.

［194］文芳, 胡玉明. 中国上市公司高管个人特征与 R&D 投资［J］. 管理评论, 2009, 21（11）: 84 - 91.

［195］文雯, 宋建波. 高管海外背景与企业社会责任［J］. 管理科学, 2017, 30（2）: 119 - 131.

［196］吴冰, 王重鸣, 唐宁玉. 高科技产业创业网络、绩效与环境研究: 国家级软件园的分析［J］. 南开管理评论, 2009, 12（3）: 84 - 93.

［197］吴超鹏, 唐茹. 知识产权保护执法力度、技术创新与企业绩效——来自中国上市公司的证据［J］. 经济研究 2016（11）: 125 - 139.

［198］吴家喜, 吴贵生. 高层管理者特质与产品创新的关系: 基于民营企业的实证研究［J］. 科学学与科学技术管理, 2008（3）: 178 - 182.

［199］吴良海, 张媛媛, 章铁生. 高管任期、R&D 支出与企业投资效率——来自中国 A 股资本市场的经验证据［J］. 南京审计学院学报, 2015（5）: 56 - 68.

［200］吴能全, 曾楚宏. 国企经营者选拔机制如何突破锁定状态［J］. 中国人力资源开发, 2005, 4（4）: 87 - 91.

［201］吴延兵. 企业规模、市场力量与创新: 一个文献综述［J］. 经济研究, 2007（5）.

［202］吴育辉, 黄飘飘, 陈维, 等. 产品市场竞争优势、资本结构与商业信用支持——基于中国上市公司的实证研究［J］. 管理科学学报, 2017, 20（5）: 51 - 65.

［203］肖挺, 刘华, 叶芃. 高管团队异质性与商业模式创新绩效关系的实证研究: 以服务行业上市公司为例［J］. 中国软科学, 2013（8）: 125 - 135.

［204］谢德仁, 陈运森. 董事网络: 定义、特征和计量［J］. 会计研

究，2012（3）：44-51.

[205] 谢家智，刘思亚，李后建．政治关联、融资约束与企业研发投入 [J]．财经研究，2014（8）.

[206] 谢佩洪，王志成，朱海华．基于制度视角的企业非市场战略与市场战略的整合研究 [J]．南开管理评论，2008，11（2）：107-112.

[207] 谢绚丽，赵胜利．中小企业的董事会结构与战略选择——基于中国企业的实证研究 [J]．管理世界，2011（1）：101-111.

[208] 辛杰．企业社会责任自律与型构：非正式制度的嵌入 [J]．当代财经，2014（5）：81-90.

[209] 熊彼特．经济发展理论 [M]．北京：商务印书馆出版社，1991.

[210] 熊勇清，范世伟，刘晓燕．新能源汽车财政补贴与制造商研发投入强度差异——制造商战略决策层面异质性视角 [J]．科学学与科学技术管理，2018（6）：72-83.

[211] 徐虹，林钟高，芮晨．产品市场竞争、资产专用性与上市公司横向并购 [J]．南开管理评论，2015，18（3）：48-59.

[212] 徐宁，任天龙．管股权激励对民营中小企业成长的影响机理_基于双重代理成本中介效应的实证研究 [J]．财经论丛，2014（4）：55-63.

[213] 徐宁，徐向艺．控制权激励双重性与技术创新动态能力——基于高科技上市公司面板数据的实证分析 [J]．中国工业经济，2012（10）.

[214] 徐宁．高科技公司高管股权激励对 R&D 投入的促进效应——一个非线性视角的实证研究 [J]．科学学与科学技术管理，2013，34（2）：12-19.

[215] 徐细雄，刘星．创始人权威、控制权配置与家族企业治理转型——基于国美电器"控制权之争"的案例研究 [J]．中国工业经济，2012，2（2）：139-148.

[216] 许里，伍文中．公司金融化投资之谜：盈余管理抑或金融套利？ [J]．证券市场导报，2018（8）：20-28.

[217] 许荣，徐星美，计兴辰．中资银行国际化的价值效应：源于市场机会还是监管套利？——来自中国资本市场的证据 [J]．金融研究，2015（9）：96-111.

［218］许引旺．认知偏差与企业风险偏好行为［J］．中国经济问题，2008（6）：43－47．

［219］许治，何悦，王晗．政府 R&D 资助与企业 R&D 行为的影响因素——基于系统动力学研究［J］．管理评论，2012（4）：67－75．

［220］薛有志，马雯．实际控制权性质、多元化进入方式与多元化经营业绩［J］．北京：经济管理，2008（19－20）：126－132．

［221］闫威，陈燕．管理自我效能感对管理人员工作绩效和组织承诺的影响研究［J］．科技管理研究，2008（11）：180－182．

［222］闫莹，陈建富．网络关系强度与产业集群竞争优势关系的实证研究［J］．软科学，2010（12）：43－47．

［223］杨俊，谭宏琳．公司社会责任对公司治理及其绩效影响的实证研究［J］．工业技术经济，2009，28（7）：74－75．

［224］杨树婷．基于行为金融学视角的上市公司非理性股利政策研究［D］．太原：山西财经大学，2014．

［225］杨亭亭，罗连化，许伯桐．政府补贴的技术创新效应："量变"还是"质变"？［J］．中国软科学，2018，334（10）：57－66．

［226］杨勇，达庆利，周勤．公司治理对企业技术创新投资影响的实证研究［J］．科学学与科学技术管理，2007（11）：61－65．

［227］姚东旻，李三希，林思思．老龄化会影响科技创新吗——基于年龄结构与创新能力的文献分析［J］．管理评论，2015（8）：56－67．

［228］叶雅阁．创立名牌＝无形资产投资［J］．科学学与科学技术管理，1996（7）：18－19．

［229］易靖韬，蒙双，蔡菲莹．外部 R&D、技术距离、市场距离与企业创新绩效［J］．中国软科学，2017（4）：141－151．

［230］易靖韬，张修平，王化成．企业异质性、高管过度自信与企业创新绩效［J］．南开管理评论，2015，18（6）：101－112．

［231］易阳平．基于行为金融学的投资效率探析［J］．财经研究，2005（1）：123－132．

［232］于君博，舒志彪．企业规模与创新产出关系的实证研究［J］．科学学研究，2007，25（2）：373－380．

[233] 余长林, 王瑞芳. 知识产权保护、技术差距与发展中国家的技术进步 [J]. 当代经济科学, 2008, 30 (4): 13 – 22.

[234] 余国新, 程静, 张建红. 中小板高新技术行业上市公司高管背景特征与经营绩效关系的研究 [J]. 科技管理研究, 2010, 30 (1): 177 – 179.

[235] 余明桂, 李文贵, 潘红波. 民营化、产权保护与企业风险承担 [J]. 经济研究, 2013, 48 (9): 112 – 124.

[236] 余明桂, 夏新平, 邹振松. 管理者过度自信与企业激进负债行为 [J]. 管理世界, 2006 (8): 104 – 112.

[237] 余鹏翼, 王满四. 上市公司董事多重职位与企业并购绩效研究 [J]. 中国软科学, 2018 (1): 100 – 109.

[238] 余恕莲, 王藤燕. 高管专业技术背景与企业研发投入相关性研究 [J]. 经济与管理研究, 2014 (5): 14 – 22.

[239] 余泳泽, 刘大勇. 我国区域创新效率的空间外溢效应与价值链外溢效应——创新价值链视角下的多维空间面板模型研究 [J]. 管理世界, 2013 (7): 6 – 20.

[240] 虞义华, 赵奇锋, 鞠晓生. 发明家高管与企业创新 [J]. 中国工业经济, 2018 (3).

[241] 袁建国, 后青松, 程晨. 企业政治资源的诅咒效应——基于政治关联与企业技术创新的考察 [J]. 管理世界, 2015, 17 (1): 139 – 155.

[242] 苑泽明, 严鸿雁, 等. 中国高新技术企业专利权对未来经营绩效影响的实证研究 [J]. 科学学与科学技术管理, 2010, 31 (6): 166 – 170.

[243] 约翰·杜威. 民主主义与教育 [M]. 王承绪, 译. 北京: 人民教育出版社, 1990.

[244] 岳怡廷, 张西征. 异质性企业创新投入资金来源差异及其变迁研究 [J]. 科学学研究, 2017 (1): 128 – 141, 163.

[245] 曾德明, 苏亚, 万炜. 国际化程度和企业绩效 M 型曲线关系研究 [J]. 科学学与科学技术管理, 2016 (4): 27 – 36.

[246] 曾明彬. 社会网络对广东省科技型中小企业创新绩效的影响作用 [J]. 管理现代化, 2013 (2): 80 – 82.

[247] 曾萍, 邬绮虹. 女性高管参与对企业技术创新的影响——基于

创业板企业的实证研究 [J]. 科学学研究, 2012 (5): 135 – 143.

[248] 曾琪. 行为金融学理论探讨及其实际应用 [J]. 云南财贸学院学报（社会科学版）, 2007 (5): 87 – 88.

[249] 翟淑萍, 顾群, 毕晓方. 管理者过度自信对企业创新投入与方式的影响研究 [J]. 科技管理研究, 2015 (11): 144 – 146, 153.

[250] 张方华. 网络嵌入影响企业创新绩效的概念模型与实证分析 [J]. 中国工业经济, 2010 (4): 110 – 119.

[251] 张峰, 邱玮. 探索式和开发式市场创新的作用机理及其平衡 [J]. 管理科学, 2013, 26 (1): 1 – 13.

[252] 张峰. 制造业能源消费结构演变、工资上涨会影响国际竞争力吗？——基于信息熵和 VAR 模型的实证分析 [J]. 中央财经大学学报, 2016 (2): 116 – 128.

[253] 张洪石, 付玉秀. 影响突破性创新的环境因素分析和实证研究 [J]. 科学学研究, 2005 (S1): 255 – 263.

[254] 张建君, 张闫龙. 董事长 – 总经理的异质性、权力差距和融洽关系与组织绩效——来自上市公司的证据 [J]. 管理世界, 2016 (1): 110 – 120.

[255] 张平. 高层管理团队异质性与企业绩效关系研究 [J]. 管理评论, 2006, 18 (5): 54 – 61.

[256] 张青, 曹魏. 社会资本对个人网络创业绩效影响的实证研究 [J]. 研究与发展管理, 2010, 22 (1): 34 – 42.

[257] 张三保, 张志学. 区域制度差异, CEO 管理自主权与企业风险承担——中国 30 省高技术产业的证据 [J]. 管理世界, 2012 (4): 101 – 114, 188.

[258] 张铁铸. 管理层风险特质、会计选择与盈余质量研究 [J]. 山西财经大学学报, 2010, 32 (9): 108 – 116.

[259] 张伟君, 单晓光. 知识产权保护对企业技术转让的影响 [J]. 知识产权, 2008 (1): 43 – 49.

[260] 张祥建, 郭丽虹, 徐龙炳. 中国国有企业混合所有制改革与企业投资效率——基于留存国有股控制和高管政治关联的分析 [J]. 经济管

理，2015（9）：132－145.

[261] 张祥建，徐晋，王小明. 民营企业政治竞争力的微观结构与动态演化特征：基于动力学分析框架的新视角 [J]. 中国工业经济，2011（9）：98－107.

[262] 张玉利，杨俊，任兵. 社会资本、先前经验与创业机会——一个交互效应模型及其启示 [J]. 管理世界，2008（7）：91－102.

[263] 张芸，胡汉辉，谢恽. 我国高科技行业和传统行业知识资本效率的比较分析 [J]. 科学学与科学技术管理，2009，30（10）：107－111.

[264] 张兆国，刘亚伟，杨清香. 管理者任期、晋升激励与研发投资研究 [J]. 会计研究，2014（9）：81－87，97.

[265] 张兆国，刘永丽，谈多娇. 管理者背景特征与会计稳健性——来自中国上市公司的经验证据 [J]. 会计研究，2011，10（7）：11－18.

[266] 赵蒲，孙爱英. 财务保守行为：基于中国上市公司的实证研究 [J]. 管理世界，2004（11）：109－118.

[267] 赵湜，谢科范. 基于 SD 模拟模型的企业自主创新风险补偿政策研究 [J]. 软科学，2013，27（11）：66－70，80.

[268] 赵文红，李垣. 企业人力资源对战略变化幅度的影响分析 [J]. 科学学与科学技术管理，2004（3）：86－89.

[269] 郑烨，杨若愚，张顺翔. 公共服务供给、资源获取与中小企业创新绩效的关系研究 [J]. 研究与发展管理，2018，30（4）：105－117.

[270] 钟昌标，黄远浙，刘伟. 新兴经济体海外研发对母公司创新影响的研究——基于渐进式创新和颠覆式创新视角 [J]. 南开经济研究，2014（6）：91－104.

[271] 钟田丽，马娜，胡彦斌. 企业创新投入要素与融资结构选择——基于创业板上市公司的实证检验 [J]. 会计研究，2014（4）：66－73.

[272] 周建，李小青. 董事会认知异质性对企业创新战略影响的实证研究 [J]. 管理科学，2012（6）：1－12.

[273] 周建，任尚华，金媛媛，等. 董事会资本对企业 R&D 支出的影响研究：基于中国沪深两市高科技上市公司的经验证据 [J]. 研究与发展管理，2012，24（1）：67－77.

［274］周劲波，黄胜．国际社会资本与企业国际化特征关系研究［J］．科研管理，2010，31（1）：46-56.

［275］周煊，程立茹，王皓．技术创新水平越高企业财务绩效越好吗？——基于16年中国制药上市公司专利申请数据的实证研究［J］．金融研究，2012（8）：166-179.

［276］周艳菊，邹飞，王宗润．盈利能力、技术创新能力与资本结构——基于高新技术企业的实证分析［J］．科研管理，2014，35（1）：48-57.

［277］周中胜，何德旭，李正．制度环境与企业社会责任履行：来自中国上市公司的经验证据［J］．中国软科学，2012，5（10）：59-68.

［278］朱朝晖．探索性学习、挖掘性学习和创新绩效［J］．科学学研究，2008，26（4）：860-867.

［279］朱德胜，周晓珮．股权制衡、高管持股与企业创新效率［J］．南开管理评论，2016（3）：136-144.

［280］朱国军，吴价宝，董诗笑，等．高管团队人口特征、激励与创新绩效的关系研究——来自中国创业板上市公司的实证研究［J］．中国科技论坛，2013（6）：143-150.

［281］朱晋伟，彭瑾瑾，刘靖．高层管理团队特征对企业技术创新投入影响的研究——激励的调节效应［J］．科学决策，2014，5（8）：17-33.

［282］邹国平，刘洪德，王广益．我国国有企业规模与研发强度相关性研究［J］．管理评论，2015，27（12）：171-179.

［283］邹国庆，王京伦．转型经济体的制度情境及企业战略选择［J］．社会科学战线，2015（10）：66-73.

［284］Abdellaoui M，Bleichrodt H，Haridn L. A tractable method to measure utility and loss aversion underprospect theory［J］．Journal of Risk and Uncertainty，2008，36：245-266.

［285］Acharya Viral，Zhaoxia Xu. Financial dependence and innovation：The case of public versus private firms［J］．Journal of Financial Economics，2017，124（2）：223-243.

［286］Adams R B，Ferreria D. A. Theory of Friendly Boards［J］．The Journal of Finance，2007，62（1）：217-250.

［287］ Adam T, Goyal V K. The investment opportunity set and its proxy variable: Theory and evidence ［Z］. Working Paper, Hong Kong University of Science and Technology, 2008: 41 – 63.

［288］ Adhikari, Binay Kumar, Anup Agrawal. Religion, gambling attitudes and corporate innovation ［J］. Journal of Corporate Finance, 2016 (37): 229 – 248.

［289］ Aggarwal Vikas A, David H Hsu. Entrepreneurial exits and innovation ［J］. Management Science, 2014, 60 (4): 867 – 887.

［290］ Aghion, Philippe, Nick Bloom, Richard Blundell, Rachel Griffith, and Peter Howitt. Competition and innovation: An inverted – Urelationship ［J］. Quarterly Journal of Economics, 2005, 120: 701 – 728.

［291］ Aghion Philippe, John Van Reenen, Luigi Zingales. Innovation and institutional ownership ［J］. American Economic Review, 2013, 103 (1): 277 – 304.

［292］ Ahuja G, Katila R. Technological acquisitions and the innovation performance of acquiring firms: A longitudinal study ［J］. Strategic Management Journal, 2001, 22 (3): 197 – 220.

［293］ Ahuja G. Collaboration networks, structural holes, and innovation: A longitudinal study ［J］. Administrative Science Quarterly, 2000, 45 (3): 425 – 455.

［294］ Akerlof G A. The market for "lemons": Quality uncertainty and the market mechanism ［J］. The Quarterly Journal of Economics, 1970, 84 (3): 488 – 500.

［295］ Alexiev A S, Jansen J J, Van Den Bosch F A, et al. Top management team advice seeking and exploratory innovation: The Moderating role of TMT heterogeneity ［J］. Journal of Management Studies, 2010, 47 (7): 1343 – 1364.

［296］ Alicke M D, Klotz M L, Breitenbecher D L, et al. Personal contact, individuation, and the better than average effect ［J］. Journal of Personality and Social Psychology, 1995, 68 (5): 804 – 825.

［297］ Alison Cook, Christy Glass. Women, Top Leadership Positions: Towards an institutional analysis [J]. Gender, Work and Organization, 2013, 21: 91 – 103.

[298] Alvarez S A, Barney J B. Discovery and creation: Alternative theories of entrepreneurial action [J]. Strategic Entrepreneurship Journal, 2007, 1 (1 – 2): 11 – 26.

[299] Amason A C, Sapienza H J. The effects of top management team size and interaction norms on cognitive and affective conflict [J]. Journal of Management, 1997, 23 (4): 495.

[300] Amason A C, Shrader R C, Tompson G H. Newness and Novelty: Relating Top Management team composition to New venture performance [J]. Journal of Business Venturing, 2006, 21 (1): 125 – 148.

[301] Amihud Y, Lev B. Risk Reduction as a Managerial motive for conglomerate mergers [J]. Bell Journal of Economics, 1981, 12 (2): 605 – 617.

[302] Angie Low. Managerial Risk – Taking Behavior and Equity – Based Compensation [J]. Journal of Financial Economics, 2006, 92 (3): 470 – 490.

[303] Antia, M, Pantzalis, C, Park, J C. CEO Decision Horizon and Firm Performance: An Empirical Investigation [J]. Journal of Corporate Finance, 2010, 16 (3): 288 – 301.

[304] Anwar S T. Billions of Entrepreneurs: How China and India Are Reshaping Their Futures and Yours [J]. Chinese Management Studies, 2008, 25 (1): 207 – 208.

[305] Ardichvilia A, Cardozob R, Ray S. A theory of entrepreneurial opportunity identification and development [J]. Journal of Business Venturing, 2003, 18 (1): 105 – 123.

[306] Argote L, Miron – Spektor E. Organizational learning: From experience to knowledge [J]. Organization Science, 2011, 22 (5): 1123 – 1137.

[307] Argyris C, Schon D A. Organizational Learning: A theory of action perspective, Reading et al. [M]. Boston: Addison Wesley, 1978.

[308] Armstrong C S, Blouin J L. Larcker D F. The Incentives for Tax Planning [J]. Journal of Accounting and Economics, 2012, 53 (1/2): 391 – 411.

［309］Arrow, Kenneth J. Essays in the Theory of Risk – Bearing. Cambridge ［M］. MA: Harvard University Press, 1971.

［310］Arslan O, Karan M B, Ownership and control structure and debt maturity: New evidence from Spain ［R］. SSRN Working Paper, 2006.

［311］Austin D H. An Event – Study Approach to measuring innovative output: The case of biotechnology ［J］. American Economic Review, 1993, 83 (2): 253 – 258.

［312］Ayyagari, Meghana, Asli Demirgüç – Kunt, and Vojislav Maksimovic. Bribe payments and innovation in developing countries: Are innovating firms disproportionately affected? ［J］. Journal of Financial and Quantitative Analysis, 2014 (49): 51 – 75.

［313］Ayyagari M, Demirguc – Kunt A, Maksimovic V. Firm Innovation in Emerging Markets: The Roles of governance and finance ［J］. Journal of Financial and Quantitative Analysis, 2011, 46 (6): 1545 – 1580.

［314］Baber W R, S N Janakiraman, S H Kang. Investment opportunities and the structure of executive compensation ［J］. Journal of Accounting and Economics, 1996 (21): 297 – 318.

［315］Baik K H, Shogren J F. Strategic Behavior in Contests: Comment ［J］. American Economic Review, 1999, 82 (82): 359 – 362.

［316］Baldridge J V, Burnham R A. Organizational innovation: Individual, organizational, and environmental impacts ［J］. Administrative Science Quarterly, 1975: 165 – 176.

［317］Balsam S, Miharjo S. The Effect of equity compensation on voluntary executive turnover ［J］. Journal of Accounting & Economics, 2007, 43 (1): 95 – 119.

［318］Banker, R D, Chang, H, Lee, S Y. Differential impact of Korean banking system reforms on bank productivity ［J］. Journal of Banking and Finance, 2010, 34 (7): 1450 – 1460.

［319］Bantel K A, Jackson S E. Top management and innovations in banking: Does the composition of the top team make a difference? ［J］. Strategic Management Journal, 1989, 10 (S1): 107 – 124.

[320] Barber B M. Odean T. Boys will be boys: Gender, overconfidence, and common stock investment [J]. The Quarterly Journal of Economics, 2001, 116 (1): 261 – 292.

[321] Bargeron, L. L. K, Lehn, C. Zutter. Sarbanes-oxley and corporate Risk-taking [J]. Journal of Accounting and Economics, 2010, 49 (1): 34 – 52.

[322] Barkema H G, Shvyrkov O. Does top management team diversity promote or hamper foreign expansion [J]. Strategic Management Journal, 2007, 28 (7): 663 – 680.

[323] Barker L, Mueller, G. C. CEO characteristics and firm R&D spending [J]. Management Science, 2002, 48 (6): 782 – 801.

[324] Barney J, Wright M, Ketchen D J. The resource-based view of the firm: Ten years after 1991 [J]. Journal of Management, 2001, 27 (6): 625 – 641.

[325] Barney J. Firm resource and sustained competitive advantage [J]. Journal of Management, 1991, 17 (1): 99 – 120.

[326] Barsade S G, Ward A J, Turner J D, et al. To Your Heart's Content: A Model of Affective Diversity in Top Management Teams [J]. Administrative Science Quarterly, 2000, 45 (4): 802 – 836.

[327] Bates, Thomas W. , Kathleen M. Kahle, Rene M. Stulz. Why do US Firms Hold So Much Cash More Than They Used To? [J]. Journal of Finance, 2009, 64 (5): 1985 – 2021.

[328] Belghitar Y, Ephraim A. Clark. The Effect of CEO Risk Appetite on Firm Volatility: An Empirical Analysis of Financial Firms [J]. International Journal of the Economics of Business, 2012, 19 (2): 195 – 211.

[329] Belloc F. Corporate governance and innovation: A survey [J]. Journal of Economic Surveys, 2012, 26 (5): 835 – 864.

[330] Benartzi S, Thaler R H. Myopic Loss Aversion and the Equity Premium Puzzle [J]. Quarterly Journal of Economics, 1995, 110 (1): 73 – 92.

[331] Benfratello, Luigi, Fabio Schiantarelli, and Alessandro Sembenelli.

Banks and innovation: Microeconometric evidence on italian firms [J]. Journal of Financial Economics, 2008 (90): 197 – 217.

[332] Benner, M J, Tushman, M L. Exploitation, exploration, and process management: The productivity dilemma revisited [J]. Academy of management review, 2003, 28 (2): 238 – 256.

[333] Berle A A, Means G C, Weidenbaum M L, et al. The Modern Corporation and Private Property [J]. Economic Journal, 1932, 20 (6): 119 – 129.

[334] Bertr M, Schoar A. Managing with style: The effect of managers on firm policies [J]. Quarterly Journal of Economics, 2003, 118 (4): 1169 – 1208.

[335] Bhagat S, Welch I. Corporate research & development investments international comparisons [J]. Journal of Accounting and Economics, 1995, 19 (2 – 3): 443 – 470.

[336] Bhattacharya, Utpal, Po – Hsuan Hsu, Xuan Tian, Yan Xu. What affects innovation more: Policy or policy uncertainty? [J]. Journal of Financial and Quantitative Analysis, 2017, 52 (5): 1869 – 1901.

[337] Bierly P, Chakrabarti A. Generic Knowledge Strategies in the U. S. pharmaceutical industry [J]. Strategic Management Journal, 1996, 17 (S2): 123 – 135.

[338] Biermann P. How fuel poverty affects subjective well-being: Panel evidence from Germany [R]. Oldenburg Discussion Papers in Economics, 2016.

[339] Björn Alecke, Mitze T, Reinkowski J, et al. Does Firm Size Make a Difference? Analysing the Effectiveness of R&D Subsidies in East Germany [J]. German Economic Review, 2011, 13 (2): 174 – 195.

[340] Black F, Scholes M. The pricing of options and corporate liabilities [J]. Journal of Political Economy, 1973, 81 (3): 637 – 654.

[341] Blackwell S, K Trzesniewski, C Dweck. Implicit theories of intelligence predict achievement across an adolescent transition: A longitudinal study and an intervention [J]. Child Development, 2007 (1): 246 – 263.

[342] Blazsek S, Escribano A. Patent Propensity, R&D and Market Competition: Dynamic spillovers of innovation leaders and followers [J]. Journal of Econometrics, 2016, 191 (1): 145 – 163.

[343] Bloom N, Van Reenen J M. Measuring and explaining management practices across firms and countries [C]. CEP Discussion Paper No 716. Centre for Economic Performance London School of Economics and Political Science, 2006: 12 – 33.

[344] Blume M E, Friend I. The asset structure of individual portfolios and some Implications for utility functions [J]. Journal of Finance, 1975, 30 (2): 585 – 603.

[345] Boeker Warren. Strategic Change: The influence of managerial characteristics and organizational growth [J]. The Academy of Management Journal, 1997, 40 (1): 152 – 170.

[346] Boubakri N J, C. Cosset, W. Saffar. The Role of State and Foreign Owners in Corporate RiskTaking: Evidence from privatization [J]. Journal of Financial Economics, 2013 (18): 641 – 658.

[347] Bourdieu P. Outline of a Theory of Practice [M]. London: Cambridge University Press, 1977.

[348] Brav Alon, Wei Jiang, Song Ma, Xuan Tian. How does hedge fund activism reshape corporate innovation? [J]. Journal of Financial Economics, 2017, 130 (2): 237 – 264.

[349] Brettel M, Mauer R, Engelen A, et al. Corporate effectuation: Entrepreneurial action and its impact on R&D project performance [J]. Journal of Business Venturing, 2011 (27): 167 – 184.

[350] Brown James R, Gustav Martinsson, Bruce C Petersen. Law, stock markets, and innovation [J]. Journal of Finance, 2013, 68: 1517 – 1549.

[351] Brush T H, Artz K W. Toward a contingent resource-based theory: the impact of information asymmetry on the value of capabilities in veterinary medicine [J]. Strategic Management Journal, 1999, 20 (3): 223 – 250.

[352] Bruton G D, Ahlstrom D, Obloj K. Entrepreneurship in emerging

economies: Where are we today and where should the research go in the future [J]. Entrepreneurship Theory and Practice, 2008, 32 (1): 1 - 14.

[353] Bulan L, Sanyal P. Incentivizing managers to build Innovative Firms [J]. Annals of Finance, 2011, 7 (2): 267 - 283.

[354] Bunderson J S, Sutcliffe K M. Comparing alternative conceptualizations of functional diversity in management teams: Process and performance effects [J]. Academy of Management Journal, 2002, 45 (5): 875 - 893.

[355] Bunderson J S. Comparing alternative conceptualizations of functional diversity in management teams: Process and performance effects [J]. Academy of Management Journal, 2002, 45 (5): 875 - 893.

[356] Burt R S. The Network Structure of Social Capital [M]. New York: Harper & Row, 2000.

[357] Busenbark, John R, Krause, et al. Toward a configurational perspective on the CEO: A review and synthesis of the management literature [J]. Journal of Management, 2016, 42 (1): 234 - 268.

[358] Bushman Robert, Zhonglan Dai, Weining Zhang. Management team incentive: Dispersion and firm performance [J]. The Accounting Review, 2016, 91 (1): 21 - 45.

[359] Buyl T, Boone C, Hendriks W, Matthyssens P. Top management team functional diversity and firm performance: The moderating role of CEO Characteristics [J]. Journal of Management Studies, 2011, 48 (1): 151 - 177.

[360] Byrnes J P, MiUer D C, Schafer W D. Gender differences in risk taking: A Meta-analysis [J]. Psychological Bulletin, 1999, 125 (3): 367 - 383.

[361] Cabrales Á L, Medina C C, Lavado A C, et al. Managing functional diversity, risk taking and incentives for teams to achieve radical innovations [J]. R&D Management, 2010, 38 (1): 35 - 50.

[362] Cai L, Liu Q, Yu X. Effects of top management team heterogeneous background and behavioural attributes on the performance of new ventures [J]. Systems Research & Behavioral Science, 2013, 30 (3): 354 - 366.

[363] Cain M D, Mckeon S B. CEO personal risk-taking and corporate poli-

cies [J]. Social Science Electronic Publishing, 2016, 1 (1).

[364] Camelo – Ordaz C. , HernÁNdez – Lara A. B. , Valle – Cabrera R. The Relationship between Top Management Teams and Innovative Capacity in Companies [J]. Journal of Management Development, 2005, 24 (8): 683 – 705.

[365] Campbell D T. Evolutionary epistemology [J]. The Philosophy of Karl Popper, 1974 (14): 413 – 463.

[366] Canarella G, Gasparyan A. New insights into executive compensation and firm performance: Evidence from a panel of "new economy" firms, 1996 – 2002 [J]. Managerial Finance, 2008, 34 (8): 537 – 554.

[367] Caner T. Geographical clusters, alliance network structure, and innovation in the United States biopharmaceutical industry [J]. Dissertations & Theses – Gradworks, 2007, 16 (6): 1712 – 1719.

[368] Cangelosi V E, Dill W R. Organizational learning: Observations toward a theory [J]. Administrative Science Quarterly, 1965, 10 (2): 175 – 203.

[369] Cannella A A, Park J H, Lee H U. Top management team functional background diversity and firm performance: Examining the roles of team member colocation and environmental uncertainty [J]. Academy of Management Journal, 2008, 51 (4): 768 – 784.

[370] Carlsson G, Karlsson K. Age, cohorts and the generation of generations [J]. American Sociological Review, 1970, 35 (4): 710 – 718.

[371] Carpenter M A, Geletkanycz M A, Sanders W G. Upper echelons research revisited: Antecedents, elements, and consequences of top management team composition [J]. Journal of Management, 2004, 30 (6): 749 – 778.

[372] Carpenter M A. Upper echelons research revisited: Antecedents, elements, and consequences of top management team composition [J]. Journal of Management, 2004, 30 (6): 749 – 778.

[373] Casper S, Matraves C. Institutional frameworks and innovations in the German and UK pharmaceutical industry [J]. Research Policy, 2003, 32: 1865 – 1879.

[374] Cattell R B. The scientific analysis of personality [M]. Baltimore:

Penguin, 1965: 246 –247.

[375] Cazier A. Measuring R&D curtailment among short-horizon CEOs [J]. Journal of Corporate Finance, 2011, 17 (3): 584 –594.

[376] Chaganti R, R Sambharya. Strategic orientation and characteristics of upper management [J]. Strategy Management, 1987, 8: 393 –401.

[377] Chava S, Purnanandam A. CEOs versus CFOs: Incentives and Corporate Policies [J]. Journal of Financial Economics, 2010, 97 (2): 263 – 278.

[378] Chemmanur, Thomas, Elena Loutskina, and Xuan Tian. Corporate venture capital, value creation, and innovation [J]. Review of Financial Studies, 2014, 27: 2434 –2473.

[379] Chemmanur Thomas, Lei Kong, Karthik Krishnan, Qianqian Yu. Top management human capital, inventor mobility, and corporate innovation [Z]. Boston College, Working paper, 2016.

[380] Chemmanur T J, Loutskina E, Tian X. Corporate venture capital, value creation, and innovation [J]. Social Science Electronic Publishing, 2014, 27 (8): 2434 –2473.

[381] Chen, Yangyang, Edward Podolski, Ghon Rhee, and Madhu Veeraraghavan. Local gambling preferences and corporate innovative success [J]. Journal of Financial and Quantitative Analysis, 2014 (49): 77 –106.

[382] Chen J, Chen Y, Vanhaverbeke W. The influence of scope, depth, and orientation of external technology sources on the innovative performance of Chinese firms [J]. Technovation, 2011, 31 (8): 362 –373.

[383] Chen P Y, Hitt L M. A model of price dispersion in internet-enabled markets [R]. Pittsburgh: Carnegie Mellon University Working Paper, 2004: 1 –34.

[384] Child J. Managerial and organizational factors associated with company performance [J]. Journal of Management Studies, 1974, 12 (1 –2): 12 –27.

[385] Chip Heath, Jack B Soll. Mental budgeting and consumer decisions [J]. Journal of Consumer Research, 1996a, 23 (1): 40 –52.

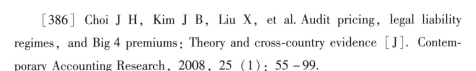

［386］ Choi J H, Kim J B, Liu X, et al. Audit pricing, legal liability regimes, and Big 4 premiums: Theory and cross-country evidence ［J］. Contemporary Accounting Research, 2008, 25 (1): 55 – 99.

［387］ Choi Y R, Levesque M, Shepherd D A. "When Should Entrepreneurs Expedite or Delay Opportunity Exploitation?" ［J］. Journal of Business Venturing, 2008 (23): 333 – 355.

［388］ Christensen, Kenneth J, Gulledge, et al. Enabling power management for network-attached computers ［J］. International Journal of Network Management, 2015, 8 (2): 120 – 130.

［389］ Claessens G, Laeven L. Financial development, property rights, and growth ［J］. Journal of Finance, 2003, 58 (6): 2401 – 2436.

［390］ Cohen W M, Klepper S. Firm Size and the Nature of Innovation within Industries: The Case of Process and Product R&D ［J］. Review of Economics & Statistics, 1996, 78 (2): 232 – 243.

［391］ Coleman J S. Foundations of Social Theory ［M］. Boston: Harvard University Press, 1990.

［392］ Collins Daniel W, Kothari S P. An analysis of inter-temporal and cross-sectional determinants of earnings response coefficients ［J］. Journal of Accounting and Economics, 1989 (11): 143 – 181.

［393］ Cooper A., Woo Wiliam C., Carolyn Y. Entrepreneurs' perceived chances for success ［J］. Journal of Business Venturing, 1988 (2): 97 – 108.

［394］ Corbetta A C. Experiential learning within the process of opportunity identification and exploitation ［J］. Entrepreneurship Theory and Practice, 2005, 29 (4): 473 – 491.

［395］ Coser L A. The Functions of Social Conflict ［M］. London: Routledge, 1956.

［396］ Cristian L D, Ross D G. Does female representation in top management improve firm performance? A panel data investigation ［J］. Strategic Management Journal, 2012, 33 (9): 1072 – 1089.

［397］ Crocker Jennifer Major Brenda. Social stigma and self-esteem: The

self-protective properties of stigma [J]. Psychological Review, 1989, 96 (4):
608 – 630.

[398] Crossan M M, Lane H W, White R E. An organizational learning
framework: From intuition to lnstitution [J]. Academy of Management Review,
1999, 24 (3): 522 – 537.

[399] Crossland C, Zyung J, Hiller N J, et al. CEO career variety:
Effects on firm-level strategic and social novelty [J]. Academy of Management
Journal, 2014, 57: 652 – 674.

[400] Cull R, L C Xu. lnstitutions, ownership and finance: The determi-
nants of profit reinvestment among Chinese firms [J]. Journal of Financial Eco-
nomics, 2005, 77 (1): 117 – 146.

[401] Custódio Cláudia, Metzger, Daniel. How do CEOs matter? The
effect of industry expertise on acquisition returns [J]. Review of Financial Stud-
ies, 2013, 26 (8): 2008 – 2047.

[402] Custodio Claudia, Miguel A Ferreira, Pedro P Matos. Do general
managerial skills spur innovation? [Z]. ECGI – Finance Working paper, 2015,
No. 376.

[403] Daellenbach U S, Mccarthy A M, Schoenecker T S. Commitment to
innovation: The impact of top management team characteristics [J]. R&D Man-
agement, 1999, 29 (3): 199 – 208.

[404] Daft R. Organization theory and design [M]. Cengage learning, 2006.

[405] Daily C M, Certo S T, Dalton D R. International experience in the
executive suite: The path to prosperity? [J]. Strategic Management Journal,
2000, 21 (4): 515 – 523.

[406] Dai O, Liu X. Returnee entrepreneurs and firm performance in Chi-
nese high-technology industries [J]. International Business Review, 2009, 18
(4): 373 – 386.

[407] Damanpour F, Walker R M, Avellaneda C N. Combinative effects of
innovation types and organizational performance: A longitudinal study of service
organizations [J]. Journal of Management Studies, 2009, 46 (4): 650 – 675.

［408］Daniel P Forbes. Are some entrepreneurs more overconfident than others? ［J］. Journal of Business Venturing, 2004, 20 (5): 623 – 640.

［409］Danneels E. Organizational antecedents of second-order competences ［J］. Strategic Management Journal, 2008, 29 (5): 519 – 543.

［410］David P, O'Brien J P, Yoshikawa T. The implications of debt heterogeneity for R&D investment and firm performance ［J］. Academy of Management Journal, 2008, 51 (1): 165 – 181.

［411］De Carolis D M, Deeds D L. The impact of stocks and flows of organizational knowledge on firm performance: An empirical investigation of the biotechnology industry ［J］. Strategic management journal, 1999, 20 (10): 953 – 968.

［412］De Carolis D M, Saparito P. Social capital, cognition, and entrepreneurial opportunities: A theoretical framework ［J］. Entrepreneurship Theory and Practice, 2006, 30 (1): 41 – 56.

［413］Dechow P M, Sloan R G. Executive incentives and the horizon problem. An empirical investigation ［J］. Journal of Accounting and Economics, 1991, 14 (1): 51 – 89.

［414］Demerjian P, Lev B, Mc Vay S. Quantifying managerial ability: A new measure and validity tests ［J］. Managerial Science, 2012, 58 (7): 1229 – 1248.

［415］Dess G G, Beard D W. Dimensions of organizational task environments ［J］. Administrative Science Quarterly, 1984 (29): 52 – 73.

［416］Dezso C. Entrenchment and changes in performance following CEO turnover ［C］. Atlanta Competitive Advantage Conference Paper, 2008: 6 – 103.

［417］Dicks, David L, Paolo Fulghieri. 2017. Innovation waves, investor sentiment, and mergers. Working paper, University of North Carolina.

［418］Diestre L, Rajagopalan N. Are all sharks dangerous? New biotechnology ventures and partner selection in R&D alliances ［J］. Strategic Management Journal, 2012 (33): 1115 – 1134.

［419］DiMaggio P J, Powell W W. The iron cage revisited: Institutional isomorphism and collective rationality in organizational fields ［Z］. American Socio-logical Review, 1983, 48 （2）: 147 – 160.

［420］ Dimov D. Beyond the single-person, single-insight attribution in understanding entrepreneurial opportunities ［J］. Entrepreneurship Theory and Practice, 2007.

［421］ Dixit A, Pindyck R. Investment under uncertainty ［M］. Princeton: Princeton University Press, 1994: 186 – 195.

［422］ D. Jimenez – Jimenez, R Sanz – Valle. Innovation, organizational learning, and performance ［J］. Journal of Business Research, 2011, 64 （4）: 408 – 417.

［423］ Doloreux D. Regional networks of small and medium sized enterprises: evidence from the metropolitan area of Ottawa in Canada ［J］. European Planning Studies, 2004, 12 （2）: 173 – 189.

［424］ Doty D Harold, W H GIick. Typologies as a unique form of theory building: Toward improved understanding and modeling ［J］. Academy of Management Review, 1994, 19 （2）: 230 – 249.

［425］ Drucker P F. Innovation and entrepreneurship: Practice and principles ［M］. NY: Harper & Row, 1985.

［426］ Dutta D K, Crossan M M. The nature of entrepreneurial opportunities: Understanding the process using the 4I organizational learning framework ［J］. Entrepreneurship Theory and Practice, 2005, 29 （4）: 425 – 449.

［427］ Dutton J E, Duncan R B. The Creation of Momentum for Change through the Process of Strategic Issue Diagnosis ［J］. Strategic Management Journal, 1987, 8 （3）: 279 – 295.

［428］ Dyer J H, Singh H. The relational view: Cooperative strategy and sources of inter organizational competitive advantage ［J］. Academy of Management Review, 1998, 23 （3）: 660 – 679.

［429］ Dyreng S D, Maydew E L. The Effects of Managers on Corporate Tax Avoidance ［J］. Accounting Review, 2010, 85 （4）: 136 – 149.

［430］ Eagly A H, Johnson B T. Gender and leadership style: A meta-analysis [J]. Psychological Bulletin, 1990, 108 (2): 233 – 256.

[431] Eckhardt J T, Ciuchta M P. Selected variation: the population level implications of multistage selection in entrepreneurship [J]. Strategic Entrepreneurship Journal, 2008, 2 (3): 209 – 224.

[432] Eckhardt J T, Shane S A. Opportunities and entrepreneurship [J]. Journal of Management, 2003, 29 (3): 333 – 349.

[433] Edmans Alex, Itay Goldstein, John Zhu. Contracting with Synergies [Z]. University of Pennsylvania, Working paper, 2013.

[434] E H Chamberlin. The theory of monopolistic competition [M]. Cambridge: Harvard University Press, 1933.

[435] Eisenberg N, P A Miller. The relation of empathy to prosocial and related behaviors [J]. Psychological Bulletin, 1987, 101 (1): 91 – 119.

[436] Eisenberg T, Sundgren S, Wells M T. Larger Board Size and Decreasing Firm Value in Small Firms [J]. Journal of Financial Economics, 1998, 48 (1): 35 – 54.

[437] Eisenhardt K M. Agency theory: An assessment and review [J]. Academy of Management Review, 1989, 14 (1): 57 – 74.

[438] Elsaid E, Ursel N D. CEO succession, gender and risk taking [J]. Gender in Management, 2011, 26 (7): 499 – 512.

[439] Emsley D, Nevicky B, Harrison G. Effect of Cognitive Style and Professional Development on the Initiation of Radical and Non – Radical Management Accounting Innovations [J]. Accounting & Finance, 2014, 46 (2): 243 – 264.

[440] Eng Li L. Shackell M. The implications of long-term performance plans and institutional ownership for firm's R&D [J]. Journal of Accounting, Auditing and Finance, 2001 (16): 117 – 139.

[441] E Pardoux, S Peng. Adapted solution of a backward stochastic differential equation [J]. Systems and Control Letters, 1990 (14): 55 – 61.

[442] Ernst H. Patent Applications and Subsequent Changes of Performance: Evidence from Time – Series Cross – Section Analyses on the Firm Level

[J]. Research Policy, 2001, 30.

[443] Faccio M, M Marchica, R Mura. CEO gender, corporate risk-taking, and the efficiency of capital allocation [R]. Working Paper, Purdue University, 2011.

[444] Fang, Lily H, Josh Lerner, Chaopeng Wu. Intellectual property rights protection, ownership, and innovation: Evidence from China [J]. Review of Financial Studies, 2017 (30): 2446 – 2477.

[445] Fernandez – Kranz D, Santalo J. When necessity becomes a virtue: The effect of product market competition on corporate social responsibility [J]. Journal of Economics & Management Strategy, 2010, 19 (2): 453 – 487.

[446] Ferreira, Daniel, Gustavo Manso, André C. Silva. Incentives to innovate and the decision to go public or private [J]. Review of Financial Studies, 2014, 27 (1): 256 – 300.

[447] Festinger L. A Theory of Social Comparison Processes [J]. Human Relations, 1954, 7 (2): 117 – 140.

[448] Filatotchev I, Liu X, Buck T, et al. The export orientation and export performance of high-technology SMEs in emerging markets: The effects of knowledge transfer by returnee entrepreneurs [J]. Journal of International Business Studies, 2009, 40 (6): 1005 – 1021.

[449] Filatotchev I, Liu X, Lu J, et al. Knowledge spillovers through human mobility acrossnational borders: Evidence from Zhongguancun Science Park in China [J]. Research Policy, 2011, 40 (3): 453 – 462.

[450] Finkelstein S, Hambrick D C. Top-management-team tenure and organizational outcomes: The moderating role of managerial discretion [J]. Administrative Science Quarterly, 1990, 35 (3): 484 – 503.

[451] Fischer M M, Varga A. Technological innovation and interfirm cooperation: an exploratory analysis using survey data from manufacturing firms in the metropolitan region of Vienna [J]. International Journal of Technology Management, 2002, 24 (7 – 8): 724 – 742.

[452] Flammer, Caroline, Aleksandra Kacperczyk. The impact of stake-

holder orientation on innovation: Evidence from a natural experiment [J]. Management Science, 2016 (62): 1982 – 2001.

[453] Fong, C. M. The effect of organization characteristics on entry timing: A multi-industry study [M]. Unpublished doctoral dissertation. University of Maryland College Park, USA, 1995.

[454] Fracassi C, Tate G. External networking and internal firm governance [J]. Journal of Finance, 2012, 67 (1): 153 – 194.

[455] Fraser S, Greene F J. The effects of experience on entrepreneurial optimism and uncertainty [J]. Economica, 2006, 73 (290): 169 – 192.

[456] Freeman C, Soete L. The economics of industrial innovation [J]. Social Science Electronic Publishing, 1997, 7 (2): 215 – 219.

[457] Gaglio C M. The role of mental simulations and counterfactual thinking in the opportunity identification process [J]. Entrepreneurship Theory and Practice, 2004, 28 (6): 533 – 552.

[458] Gainet C. Exploring the Impact of Legal Systems and Financial Structure on Corporate Responsibility [J]. Journal of Business Ethics, 2010, 95 (2): 195 – 222.

[459] Galasso, Alberto, Timothy S. Simcoe. CEO overconfidence and innovation [J]. Management Science, 2011, 57 (8): 1469 – 1484.

[460] Garca – Morales V J, Jimnez – Barrionuevo M M, Gutirrez – Gutirrez L. Transformational leadership influence on organizational performance through organizational learning and innovation [J]. Journal of Business Research, 2012, 65 (7): 1040 – 1050.

[461] Gardberg N A, Fombrun C J. Corporate Citizenship: Creating Intangible Assets across Institutional Environments [J]. Academy of Management Review, 2006, 31 (2): 329 – 346.

[462] Gaver J J, Gaver K M. Additional evidence on the association between the investment opportunity set and corporate financing, dividend, and compensation policies [J]. Journal of Accounting and Economics, 1993, 16 (1 – 3): 125 – 160.

［463］Gerschenkron A. Economic backwardness in historical Perspective ［M］. Cambridge：The Belknap Press of Harvard University Press，1962.

［464］Gervais S，Heaton J B，Odean T. The positive role of overconfidence and optimism in investment policy ［R］. Working paper，University of California，2002.

［465］Giannetti M，Liao G，Xiaoyun Y U. The Brain Gain of Corporate Boards：Evidence from China ［J］. Journal of Finance，2015，70（4）：1629 – 1682.

［466］Gibbons R，Murphy K J. Optimal incentive contracts in the presence of career concerns：Theory and evidence ［J］. Journal of Political Economy，1992，100（3）：468.

［467］Gibson C，Vermeulen F. A healthy divide：Subgroups as a stimulus for team learning behavior ［J］. Administrative Science Quarterly，2003，48（2）：202 – 239.

［468］Gielnik M M，Frese M，Graf J M，Kampschulte A. Creativity in the opportunity identification process and the moderating effect of diversity of information ［J］. Journal of Business Venturing，2012，27（5）：559 – 576.

［469］Gioia，D. A，Chittipeddi，K. Sense-making and sense-giving in strategic change initiation ［J］. Strategic Management Journal，1991（12）：433 – 448.

［470］Goel A M，Thakor A V. Overconfidence，CEO selection，and corporate governance ［J］. Journal Of Finance，2008，63（6）：2737 – 2784.

［471］Gorodnichenko，Yuriy，Jan Svejnar，and Katherine Terrell. 2015. Does foreign entry spur innovation？NBER Working paper No. 21514.

［472］Gottesman A，Morey M R. Manager education and mutual fund performance ［J］. Journal of Empirical Finance，2006（2）：145 – 182.

［473］Grant R M. Toward a knowledge-based theory of the firm ［J］. Strategic management journal，1996，17（S2）：109 – 122.

［474］Gray，P. H. ，Meister，D. B. Knowledge sourcing effectiveness ［J］. Management Science，2004，50（6）：821 – 834.

［475］Grégoire D A, Shepherd D A. Technology-market combinations and the identification of entrepreneurial opportunities: An investigation of the opportunity-individual nexus ［J］. Academy of Management Journal, 2012, 55 (4): 753 – 785.

［476］Griliches Z. Patent statistics as economic indicators: A survey ［J］. Journal of Economie Literature, 1990, 28: 1661 – 1707.

［477］Grimm C M, Smith K G. Research notes and communications management and organizational change: A note on the railroad industry ［J］. Strategic Management Journal, 1991, 12 (7): 557 – 562.

［478］Guellec D, Bruno V P D L P. The Impact of Public R&D Expenditure on Business R&D ［J］. Economics of Innovation and New Technology, 2003, 12 (3): 225 – 243.

［479］Gulen H, Ion M. Policy uncertainty and corporate investment ［J］. The Review of Financial Studies, 2016, 29 (3): 523 – 564.

［480］Gul F A, Kealey B T. Chaebol. Investment opportunity set, corporate debt and dividend polices of Korean companies ［J］. Review of Quantitative Finance and Accounting, 1999, 13 (4): 401 – 416.

［481］Gu L. Product Market Competition, R&D Investment, and Stock Returns ［J］. Journal of Financial Economics, 2015, 119 (2): 441 – 455.

［482］Gu Yuqi, Connie X. Mao, and Xuan Tian. Bank interventions and firm innovation: Evidence from debt covenant violations ［J］. Journal of Law and Economics, forthcoming, 2017.

［483］Haleblian J, Finkelstein, S. Top Management Team Size, CEO Dominance, and Firm Performance: The Moderating Roles of Environmental Turbulence and Discretion ［J］. Academy of Management Journal, 1993, 36 (4): 844 – 863.

［484］Hall B H. The financing of research and development ［J］. Oxford Review of Economic Policy, 2002, 18 (1): 35 – 51.

［485］Hambrick D, G Fukutomi. The seasons of a CEO's tenure ［J］. Academy of Management Review, 1991 (4): 719 – 742.

［486］Hambrick D C, Humphrey S E, Gupta A. Structural interdependence within top management teams: A key moderator of upper echelons predictions [J]. Strategic Management Journal, 2014, 36 (3): 449 – 461.

[487] Hambrick D C, Mason P A. The organization as a reflection of its Top managers [J]. Social Science Electronic Publishing, 1984, 9 (2): 193 – 206.

[488] Hambrick D C. Geletkanycz M A, Fredrickson J W. Top executive commitment to the status quo: Some tests of its determinants [J]. Strategic Management Journal, 1993, 14 (6): 401 – 418.

[489] Hambrick D C. Upper echelons theory: An update [J]. Academy of Management Review, 2007, 32 (2): 334 – 343.

[490] Han J K, Kim N, Srivastava R K. Market orientation and organizational performance: Is innovation a missing link? [J]. Journal of Marketing, 1998, 62 (4): 30 – 45.

[491] Hansen B E. Threshold Effects in Non-dynamic Panels: Estimation testing and Inference [J]. Journal of Econometrics, 1999, 93 (2): 345 – 368.

[492] Harris, D. , Helfat, C. Specificity of CEO human capital and compensation [J]. Strategic Management Journal, 1997, 18 (11): 895 – 920.

[493] Haushalter D, Klasa S, Maxwell W F. The influence of product market dynamics on a firm's cash holdings and hedging behavior [J]. Journal of Financial Economics, 2007, 84 (3): 797 – 825.

[494] Hayn C, P Hughes. Leading indicators of goodwill impairment [J]. Journal of Accounting, Auditing and Finance, 2006, 21 (3): 223 – 265.

[495] Heaton, J. B. Managerial optimism and corporate finance [J]. Financial Management, 2002, 31 (2): 33 – 45.

[496] He Jie, Xuan Tian. The dark side of analyst coverage: The case of innovation [J]. Journal of Financial Economics, 2013, 109 (3): 856 – 878.

[497] Hesterly William, Cannella Albert. Top management team tenure and technological inventions at post – IPO biotechnology firms [J]. Journal of Business Research, 2012, 9 (65): 1349 – 1456.

[498] Hilary G, Hui K W. Does religion matter in corporate decision making in America? [J]. Social Science Electronic Publishing, 2009, 93 (3):

455 – 473.

[499] Hillman, A., T. Dalziel. Boards of directors and firm performance: Integrating agency and resource dependence perspectives [J]. Academy of Management Review, 2003, 28 (3): 383 – 396.

[500] Hirshleifer, David, Angie Low, and Siew Hong Teoh. Are overconfident CEOs better innovators? [J]. Journal of Finance, 2012, 67 (4): 1457 – 1498.

[501] Hitt M A, Ireland R D, Harrison J S, et al. Effects of acquisitions on R&D inputs and outputs [J]. Academy of Management Journal. 1991, 34 (3): 693 – 706.

[502] Hmieleski K M, Corbett A C. The contrasting interaction effects of improvisational behavior with entrepreneurial self-efficacy on new venture performance and entrepreneur work satisfaction [J]. Journal of Business Venturing, 2008, 23 (4): 482 – 496.

[503] Hofstede G. Cultures and Organizations. The Software of the Mind [J]. Administrative Science Quarterly, 1991, 8 (2): 113 – 119.

[504] Hogg M A, Reid S A. Social identity, self-categorization, and the communication of group norms [J]. Communication Theory, 2006, 16 (1): 7 – 30.

[505] Holmstrom B. Moral hazard and observability [J]. The Bell Journal of Economics, 1979, 10 (1): 74 – 91.

[506] Hsu Po – Hsuan, Xuan Tian, Yan Xu. Financial market development and innovation: Cross-country evidence [J]. Journal of Financial Economics, 2014, 112: 116 – 135.

[507] Huang J K. Kisgen D. Gender and corporate finance: Are male executives overconfident relative to female executives [J]. Journal of financial Economics, 2013, 108 (3): 822 – 839.

[508] Hurmelinna – Laukkanen P, Sainio L M, Jauhiainen T. Appropriability regime for radical and incremental innovations [J]. R&D Management. 2008, 38 (3): 278 – 289.

［509］Hutton T A. The new economy of the inner city ［J］. Cities, 2004, 21（2）：89 – 108.

［510］Iii V L B, Mueller G C. CEO characteristics and firm R&D spending ［J］. Management Science, 2002, 48（6）：782 – 801.

［511］Jaffe Adam B, Trinh Le. The impact of R&D subsidy on innovation: a study of New Zealand firms ［Z］. NBER Working paper, 2015, No. 21479.

［512］James J Choi, D Laibson, Brigitte C, et al. For better or for worse: default effects and 401（K）savings behavior ［R］. University of Chicago Press, 2001.

［513］Jehn K A, Northcraft G B, Neale M A. Why differences make a difference: A field study of diversity, conflict, and performance in workgroups ［J］. Administrative Science Quarterly, 1999, 44（44）：741 – 763.

［514］Jensen M C, Meckling W H. Theory of the firm: Managerial behavior, agency costs and ownership structure ［J］. Journal of financial economics. 1976, 3（4）：305 – 360.

［515］Jensen M C, Murphy K J. Performance pay and top-management lncentives ［J］. Journal of Political Economy, 1990, 98（2）：225 – 264.

［516］Jia Ning, Xuan Tian, Weining Zhang. The holy grail of teamwork: management team synergies and firm innovation ［Z］. Tsinghua University, Working paper, 2016.

［517］Jia N. Should directors have term limits? Evidence from corporate innovation ［J］. European Accounting Review, 2017, 26（4）：755 – 785.

［518］Joan Robinson. The economics of imperfect competition ［M］. London: Macmillan, 1933.

［519］Johnsen T E. Supplier involvement in new product development and innovation: Taking stock and looking to the future ［J］. Journal of Purchasing & Supply Management, 2009, 15（3）：187 – 197.

［520］Johnson R A, Greening D W. The effect of corporate governance and institutional ownership types on corporate social performance ［J］. Academy of Management Journal, 1999, 42（5）：564 – 576.

［521］Johnson S, Mc Millan J, Woodruff C. Property rights and finance ［J］. American Economic Review, 2002 (5): 1335 – 1356.

［522］Joseph E, Stiglitz, Andrew W. Credit rationing in markets with imperfect information ［J］. The American Economic Review, 1981, 7 (13): 393 – 410.

［523］Journal of Business research, 2012, 9 (65): 1349 – 1456.

［524］Judge. W. Q, Miller A. Antecedents and outcomes of decision speed in different environmental contexts ［J］. The Academy of Management Journal, 1991: (3).

［525］Kahneman D, Tversky A. Prospect Theory: An analysis of decisions under risk ［C］//RePEc, 1979: 263 – 291.

［526］Kaplansn, Klebanovm M, et al. Which CEO characteristics and abilities matter? ［J］. The Journal of Finance, 2012, 67 (3): 973 – 1007.

［527］Kenney M, Dan B, Murphree M. Coming back home after the sun rises: Returnee entrepreneurs and growth of high tech industries ［J］. Research Policy, 2013, 42 (2): 391 – 407.

［528］Kester W C. Today's option for tomorrow's growth ［J］. Harvard Business Review, 1984, 62: 153 – 160.

［529］Khan W, Vieito P. CEO gender and firm performance ［J］. Journal of Economics and Business, 2013, 67 (5): 55 – 66.

［530］Kim K, Rasheed A A. Board heterogeneity, corporate diversification and firm performance ［J］. Journal of Management Research, 2014, 14 (2): 121 – 139.

［531］Kirzner IM. Creativity and/or alertness: A reconsideration of the schumpeterian entrepreneur ［J］. Review of Austrian Eeonomics, 1999, 11 (1 – 2): 5 – 17.

［532］Kirzner I M. Entrepreneurial discovery and the competitive market process: An Austrian approach ［J］. Journal of Economic Literature, 1997, 35 (1): 60 – 85.

［533］Kirzner I M. The alert and creative entrepreneur: A clarification ［J］.

Small Business Economics, 2009, 32 (2): 145 – 152.

[534] Kjaer P, Langer R. Infused with news value: Management, managerial knowledge and the institutionalization of business news [J]. Scandinavian Journal of Management, 2005, 21 (2): 209 – 233.

[535] Knight G. Entrepreneurship and marketing strategy: The SME under globalization [J]. Journal of International Marketing, 2000, 8 (2): 12 – 32.

[536] Knight T D, Murano P S. Introducing a cooperative learning term project into an introductory food science course [J]. Nacta Journal, 1999, 64 (3): 20 – 25.

[537] Kogut B, Zander U. Knowledge of the firm, combinative capabilities and the replication of technology [J]. Organization Science, 1992, 3 (3): 383 – 397.

[538] Kolb D A. Experiential learning: Experience as a source of learning and development [M]. Englewood Cliffs, NJ: Prentice Hall, 1984.

[539] Korsgaard S, Berglund H, Thrane C, et al. A tale of two Kirzners: Time, uncertainty, and the "nature" of opportunities [J]. Entrepreneurship Theory and Practice, 2016, 40 (4): 867 – 889.

[540] Kortum Samuel, Josh Lerner. Assessing the contribution of venture capital to innovation [J]. The RAND Journal of Economics, 2000, 31 (4): 674 – 692.

[541] Kotha R, Zheng Y, George G. Entry into new niches: the effects of firm age and the expansion of technological capabilities on innovative output and impact [J]. Strategic Management Journal, 2011, 32 (9): 1011 – 1024.

[542] Krackhardt D. Entrepreneurial opportunities in an entrepreneurial firm: A structural approach [J]. Entreprerteurship Theory and Practice, 1995, 19 (3): 53 – 69.

[543] Kumar, Krishna R, Krishnan Gopal V. The value-relevance of cash flows and accruals: The role of investment opportunities [J]. Accounting Review, 2008 (83): 997 – 1040.

[544] Larson A. Network dyads in entrepreneurial settings: A study of the

governance of exchange relationships [J]. Administrative Science Quarterly, 1992, 37 (7): 76 –104.

[545] Larwood, L, W. Whittaker. Managerial myopia: Self-serving biases in organizational planning [J]. Journal of Applied Psychology, 1977, 62 (2): 194 –198.

[546] Lau D C, Murnighan J K. Interactions within groups and subgroups: The effects of demographic faultlines [J]. Academy of Management Journal, 2005, 48 (4): 645 –659.

[547] Laursen K, Salter A. Open for innovation: the role of openness in explaining innovation performance among UK manufacturing firms [J]. Strategic management journal, 2006, 27 (2): 131 –150.

[548] Laverty K J. Managerial myopia or systemic short-tremism [J]. Management Decision, 2004, 42 (8): 949 –962.

[549] Lawrence, Lorsch. Organization and environment [M]. lrwin: Homewood. 1969.

[550] Lee C Y. The Differential Effects of Public R&D Support on Firm R&D: Theory and Evidence from Multi-country Data [J]. Technovation, 2011, 31 (5 –6): 256 –269.

[551] Lee H U, Park J H, Clark T, et al. The influence of top management team international exposure on international alliance formation [M]. Taylor & Francis, Inc. 2008.

[552] Lee H U, Park J H. The influence of top management team international exposure on international alliance formation [J]. Journal of Management Studies, 2008, 45 (5): 961 –981.

[553] Lee J W, Yates J F, Shinotsuka H, Singh R H. Cross-national differences in overconfidence [J]. Administrative Science Quarterly, 1995, 12 (4): 261 –277.

[554] Lefebvre M, Vieider F M. Reining in excessive risk taking by executives: Experimental evidence [J]. Social Science Electronic Publishing, 2013 (75, 4): 497 –517.

［555］Leifer R, McDermott C M, O'Connor G C. Radical innovation: How mature companies can outsmart upstarts ［M］. Boston, MA: Harvard Business School Press, 2000.

［556］Leland H E, Pyle D H. Information asymmetries, financial structure, and financial intermediation ［J］. The Journal of Finance, 1977, 32 (2): 371－387.

［557］Leonard－Barton D. Wellsprings of Knowledge ［M］. Boston, MA: Harvard Business School Press, 1995.

［558］Lerner, Josh. The empirical impact of intellectual property rights on innovation: Puzzles and clues ［J］. American Economic Review, 2009, 99: 343－348.

［559］Lerner Josh, Morten Sorensen, Per Stromberg. Private equity and long-run investment: The case of innovation ［J］. Journal of Finance, 2011, 66 (2): 445－477.

［560］Lewin K. Action research and minority problems ［J］. Journal of Social Issues, 1946 (4): 34－46.

［561］Liebeskind J P. Knowledge, strategy, and the theory of the firm ［J］. Strategic Management Journal, 1996, 17 (S2): 93－107.

［562］Li H, Zhang Y, Li Y, et al. Returnees versus locals: Who perform better in china's technology entrepreneurship? ［J］. Strategic Entrepreneurship Journal, 2012, 6 (3): 257－272.

［563］Li J, Hambrick D C. Factional groups: A new vantage on demographic faultlines, conflict, and disintegration in work teams ［J］. Academy of Management Journal, 2005, 48 (5): 794－813.

［564］Li J J, Zhou K Z, Shao A T. Competitive position, managerial ties, and profitability of foreign firms in China: An interactive perspective ［J］. Journal of International Business Studies, 2009, 40 (2): 339－352.

［565］Lin N, Cook K S, Burt R S. Social capital: Theory and research ［J］. Contemporary Sociology, 2001, 31 (1).

［566］Lin N. Social Capital: A theory of Social Structure and Action ［M］.

London: Cambridge University Press, 2001.

[567] Lin Z, Yang H, Demirkan I. The performance consequences of ambidexterity in strategic alliance formations: Empirical investigation and computational theorizing [J]. Management Science, 2007, 53 (10): 1645 – 1658.

[568] Liu Tong, Merih Sevilir, and Xuan Tian. Acquiring innovation [Z]. Working paper, University of Pennsylvania, 2016.

[569] Liu X, Wright M, Filatotchev I, et al. Human mobility and international knowledge spillovers: evidence from high-tech small and medium enterprises in an emerging market [J]. Strategic Entrepreneurship Journal, 2010, 4 (4): 340 – 355.

[570] Li Xi, Fariborz Moshirian, Xuan Tian, Bohui Zhang. 2016. The real effect of financial disclosure: International evidence. Working paper, London School of Economics.

[571] Li Y, Liu Y, Zhao Y. The role of market and entrepreneurship orientation and internal control in the new product development activities of chinese firms [J]. Industrial Marketing Management, 2006, 35 (3): 336 – 347.

[572] Liying J, Wang Y, Ning L. How do dynamic capabilities transform external technologies into firms' renewed technological resources? – A mediation model [J]. Asia Pacific Journal of Management, 2016, 33 (4): 1 – 28.

[573] Lubit R. The keys to sustainable competitive advantage – Tacit knowledge and knowledge management [J]. Organizational Dynamics, 2001, 3 (29): 164 – 178. 5.

[574] Luce R D. Individual choice behavior: A theoretical analysis [M]. Wiley, 1959.

[575] Luksha P. Niche construction: The process of opportunity creation in the environment [J]. Strategic Entrepreneurship Journal, 2008, 2 (4): 269 – 283.

[576] Lyles M A, Salk J E. Knowledge acquisition from foreign parents in international joint ventures: An empirical examination in the Hungarian Context [J]. Journal of International Business Studies, 1996, 27 (5): 439 – 462.

[577] Malmendier U, G Tate. Who makes acquisitions? CEO overconfi-

dence and the market's reaction [J]. Journal of Financial Economics, 2008, 89 (1): 20 – 43.

[578] Malmendier Ulrike, Geoffrey Tate. CEO overconfidence and corporate investment [J]. Journal of Finance, 2005, 60 (6): 2661 – 2700.

[579] Malmendier Ulrike, Geoffrey Tate. Does overconfidence affect corporate investment? CEO overconfidence measures revisited [J]. European Financial Management, 2005, 11 (5): 649 – 659.

[580] Manner M H. The impact of CEO characteristics on corporate social performance [J]. Journal of Business Ethics, 2010, 93 (1): 53 – 72.

[581] Mannix EA, G. F Loewenstein. The effects of interfirm mobility and individual versus group decision making on managerial time horizons [J]. Organizational Behavior and Human Decision Processes, 1994, 59 (3): 371 – 390.

[582] Mao Yifei, Xuan Tian, Xiaoyun Yu. Unleashing innovation [Z]. Working paper, Cornell University, 2016.

[583] March J G, Simon H A. Organizations [M]. New York: John Wiley & Sons, 1958.

[584] Markowitz H. Portfolio Selection [J]. Journal of Finance, 1952, 7 (1): 77 – 91.

[585] Marsh S J, Stock G N. Creating Dynamic Capability: The Role of Intertemporal Integration, Knowledge Retention, and Interpretation [J]. Journal of Product Innovation Management, 2006, 23 (5): 422 – 436.

[586] Maskell P. Social capital, innovation, and competitiveness [C]. Management and Service Science, 2009. MASS 09. International Conference on. IEEE, 2000: 1 – 5.

[587] McDonald R, D Siegel. The value of waiting to invest [J]. The Quarterly Journal of Economics, 1986, 101 (4): 707 – 727.

[588] McEvily S K, Chakravarthy B. The persistence of knowledge-based advantage: an empirical test for product performance and technological knowledge [J]. Strategic management journal, 2002, 23 (4): 285 – 305.

[589] McMillan J. Market institutions [M]//In L. BIume&5. Durlauf

(Eds.). London: The new Palgrave Dictionary of economies (Znded). Palgrave, 2007.

[590] MeConnell, J J, Servaes, H. Additional evidence on equity owner-ship and corporate value [J]. Journal of Financial Economics, 1990, 27 (2): 595 – 612.

[591] Megginson W L, Weiss K A. Venture capitalist certification in initial public offerings [J]. Journal of Finance, 1991, 46 (3): 879 – 903.

[592] Merton R C. On estimating the expected return on the market: An exploratory investigation [J]. Journal of Financial Economics, 1980, 8 (4): 323 – 361.

[593] Messick D, D Massie. Intergroup Relations [J]. Annual Review of Psychology, 1989, 40 (5): 45 – 81.

[594] Meuleman M, Maeseneire W D. Do R&D subsidies affect SMEs' access to external financing? [J]. Research Policy, 2012, 41 (3): 580 – 591.

[595] Meyer A D. What is strategy's distinctive competence? [J]. Journal of Management, 1991, 17 (4): 821 – 833.

[596] Meyer L D, Scott S H. Possible errors during field evaluations of sed-iment size distributions [J]. Transactions American Society of Agricultural Engi-neers, 1983 (26): 481 – 490.

[597] Michel J G. Hambrick D C. Diversification posture and top manage-ment team charactersitics [J]. Academy of Management Journal, 1992, 35 (1): 9 – 37.

[598] Mike W Peng. Towards an institution-based view of business strategy [J]. Asia Pacific Journal of Management, 2002, 19 (3): 84 – 101.

[599] Miller D, Friesen P H. Innovation in conservative and entrepreneurial firms: Two models of strategic momentum [J]. Strategic Management Journal, 1982 (3): 1 – 25.

[600] Miller D. The problem of solutions: balancing clients and capabilities [J]. Business Horizons, 2002, 45 (2): 3 – 12.

[601] Modigliani F, M Miller. The cost of capital, corporation finance and

the theory of investment ［J］. The American Economic Review, 1958 (48):
261 – 297.

［602］ Moore D A, Kim T G. Myopic social prediction and the solo compari-
son effect ［J］. Journal of Personality and Social Psychology, 2003, 85 (6):
1121 – 1135.

［603］ Moreno A M, Casillas J C. Entrepreneurial orientation and growth of
SMEs: A causal model ［J］. Entrepreneurship Theory and Practiced, 2008, 32
(3): 507 – 528.

［604］ Mowery D, Rosenberg N. The influence of market demand upon inno-
vation: a critical review of some recent empirical studies ［J］. Research policy,
1979, 8 (2): 102 – 153.

［605］ Murphy P J. A 2 ×2 conceptual foundation for entrepreneurial discov-
ery theory ［J］. Entrepreneurship Theory and Practice, 2011, 35 (2): 359 –
374.

［606］ Murray A I. Top management group heterogeneity and firm perform-
ance ［J］. Strategic Management Journal, 1989, 10 (S1): 125 – 141.

［607］ Musteen M, Liang X, Barker V L. Personality, perceptions and re-
trenchment in response to decline: evidence from a decision-making study ［J］.
Leadership Quarterly, 2011 (22): 926 – 941.

［608］ Myers. Determinants of corporate borrowing ［J］, Journal of Finan-
cial Economics, 1977 (5): 147 – 175.

［609］ Myers S, Marquis D G. Successful industrial innovation: A study of
factors underlying innovation in selected firms ［R］. Washington: NSF, 1969:
69 – 17.

［610］ Myers S, Marquis D G. Successful industrial innovation ［M］.
Washington DC: Institute of Public Administration, 1969.

［611］ Myers Stewart C, Majluf Nicholas S. Corporate financing and invest-
ment decisions when firms have information that investors do not have ［J］. Journal
of Financial Economics, 1977 (13): 187 – 221.

［612］ Nadkarni S, Barr P S. Environmental context, managerial cognition, and strategic action: An integrated view [J]. Strategic management journal, 2008, 29 (13): 1395 – 1427.

[613] Nanda, Ramana, and Matthew Rhodes – Kropf. Investment cycles and startup innovation [J]. Journal of Financial Economics, 2013, 110: 403 – 418.

[614] Nelson D W, Sommers L, et al. Total carbon, organic carbon, and organic matter [M]. American Society of Agronomy and Soil Science Society of American, Madison, 1982.

[615] Nevis E C, DiBella A J, Gould J M. Understanding organizations as learning systems [J]. Sloan management review, 1995, 36 (2): 73 – 85.

[616] Nickerson J A, Zenger T R. A Knowledge – Based Theory of the Firm—The Problem – Solving Perspective [J]. Organization Science, 2004, 15 (6): 617 – 632.

[617] Nonaka I, Takeuchi H. The knowledge creation company: how Japanese companies create the dynamics of innovation [J]. 1995.

[618] Nonaka I, Toyama R, Nagata A. A firm as a knowledge-creating entity: a new perspective on the theory of the firm [J]. Industrial & Corporate Change, 2000, 9 (1): 1 – 20.

[619] North D G. Institutions, institutional change and economic performance [M]. New York: Cambridge University Press, 1990.

[620] Oakley. J. Gender-based barriers to senior management positions: Understanding the scarcity of female CEOs [J]. Journal of Business Ethics, 2000, 27: 321 – 334.

[621] O'Connor G C, Demartino R. Organizing for Radical Innovation: An Exploratory Study of the Structural Aspects of RI Management Systems in Large Established Firms [J]. Journal of Product Innovation Management, 2010, 23 (6): 475 – 497.

[622] Oliver C. Sustainable competitive advantage: Combining institutional and resource-based views [J]. Strategic Management Journal, 1997, 18 (9): 697 – 713.

［623］Patrick C Flood, Cher – Min Fong, Ken G Smith, et al. Top management teams and pioneering: A resource-based view ［J］. International Journal of Human Resource Management, 1997, 8 （3）: 291 – 306.

［624］Payne A, Frow P. Customer relationship management: From strategy to implementation ［J］. Journal of Marketing Management, 2006, 22 （1/2）: 135 – 168.

［625］Pegels C C, Song Y I, Yang B. Management heterogeneity, competitive interaction groups, and firm performance ［J］. Strategic Management Journal, 2000, 21 （9）: 911 – 923.

［626］Peng W Q, Wei K C. Women executives and corporate investment: Evidence from the S&P 1500 ［C］//2007 年中国金融国际年会论文集. 2007: 1 – 48.

［627］Penrose E G. The theory of the growth of the firm ［M］. New York: Oxford University Press, Oxford, 1959.

［628］Perry – Smith J E. Social Yet Creative: The role of social relationships in facilitating individual creativity ［J］. Academy of Management Journal, 2006, 49 （1）: 85 – 101.

［629］Pervin L A. A critical analysis of current trait theory ［J］. Psychological Inquiry, 1994, 5 （2）: 103 – 113.

［630］Peteraf M A. The cornerstones of competitive advantage: A resource-based view ［M］//Strategic Management Journal. 1993: 179 – 191.

［631］Petersen M A. Estimating Standard Errors in Finance Panel Data Sets: Comparing Approaches ［R］. Nber Working Papers, 2009.

［632］Pfeffer J. Organizational demography ［J］. Research in Organizational Behavior, 1983, 5 （1）: 299 – 357.

［633］Piaget, Jean. Structuralism ［M］. NewYork: Presses Universities de France, 1968.

［634］Pitts D W. Organizational Diversity and Public Service Performance ［M］. Walker, R M Boyne, G A Brewer, G A （Eds.）, Public Management and Performance: Research Directions, Cambridge University Press, Cambridge,

UK, 2010: 178 – 207.

[635] Porter M E. Competitive strategy: techniques for analyzing industries and competitors [J]. 1980.

[636] Prendergast C, Stole L. Impetuous youngsters and jaded old-timers: Acquiring a reputation for learning [J]. Journal of Political Economy, 1996, 104 (6): 1105 – 1134.

[637] Qian C, Cao Q, Takeuchi R. Top Management Team Functional Diversity and Organizational Innovation in China: The Moderating Effects of Environment [J]. Strategic Management Journal, 2013, 34 (1): 110 – 120.

[638] Qi Jin. The threat of shareholder intervention and firm innovation [Z]. Working paper, University of Minnesota, 2016.

[639] Ramoglou S, Tsang E W K. A realist perspective of entrepreneurship: Opportunities as propensities [J]. Academy of Management Review, 2016, 41 (3): 410 – 434.

[640] Rauch A. Wiklund J. Entrepreneurial orientation and business performance: An assessment of past research and suggestions for the future [J]. Entrepreneurship Theory and Practice, 2009, 33 (3): 761 – 87.

[641] Ray G, J Barney, W A Muhanna. Capabilities, business processes and competitive advantage: Choosing the dependent variable in empirical tests of the resource-based view [J]. Strategic Management Journal, 2004, 25 (1): 23 – 37.

[642] Richard O C, Shelor R M. Linking top management team age heterogeneity to firm performance: Juxtaposing two mid-range theories [J]. International Journal of Human Resource Management, 2002, 13 (6): 958 – 974.

[643] Rogers E M. Diffusion of innovations, 3rd Ed [M]. New York: The Free Press, 1982.

[644] Romer P M. Increasing returns and long-run growth [J]. Journal of political economy, 1986, 94 (5): 1002 – 1037.

[645] Romijn H, Albaladejo M. Determinants of innovation capability in small electronics and software firms in southeast England [J]. Research policy,

2002, 31 (7): 1053 – 1067.

［646］ Ronald S Burt. Structural holes ［M］. Harvard University Press, 1992.

［647］ Rothwell R. Successful industrial innovation: critical factors for the 1990s ［J］. R&d Management, 1992, 22 (3): 221 – 240.

［648］ Russell R R, Kumar S. Technological change, technological catch-up, and capital deepening: Relative contributions to growth and convergence ［J］. American Economic Review, 2002, 92 (3): 527 – 548.

［649］ Russo J E, Schoemaker P J H. Managing overconfidence ［J］. Sloan Management Review, 1992, 33 (2): 7 – 17.

［650］ Sapra Haresh, Ajay Subramanian, Krishnamurthy V. Subramanian. Corporate governance and innovation: Theory and evidence ［J］. Journal of Financial and Quantitative Analysis, 2014, 49: 957 – 1003.

［651］ Sarason Y, Dean T, Dillard J F. Entrepreneurship as the nexus of individual and opportunity: A structuration view ［J］. Journal of Business Venturing, 2006, 21 (3): 286 – 305.

［652］ Sauermann Henry, Wesley M Cohen. What makes them tick? Employee motives and firm innovation ［J］. Management Science, 2010, 56 (2): 2134 – 2153.

［653］ Saxenian A L. From brain drain to brain circulation: Transnational communities and regional upgrading in India and China ［J］. Studies in Comparative International Development, 2005, 40 (2): 35 – 61.

［654］ Scherer F, Ross D. Industrial market structure and economic performance ［M］. Houghton Mifflin: Bos ton, MA. 1990.

［655］ Schumpeter J A. capitalism, socialism and democracy ［M］. New York: Harper, 1942.

［656］ Schumpeter J. A. The theory of economic development ［M］. Cambridge, Mass. , Harvard University Press. 1934.

［657］ Scott W R. Institutions and organizations (2rd) ［M］. Thousand Oaks, CA: Sage Publications, 1995.

［658］Scott W R. The adolescence of institutional theory ［J］. Administrative Science Quarterly, 1987, 32 （4）: 493.

［659］Sears J, Hoetker G. Technological overlap, technological capabilities, and resource recombination in technological acquisitions ［J］. Strategic Management Journal, 2013, 35 （1）: 48 – 67.

［660］Semrau T, Werner A. How exactly do network relationships pay off? The effects of network size and relationship quality on access to start-up resources ［J］. Entrepreneurship: Theory&Practice, 2014, 38 （3）: 501 – 525.

［661］Senge P. The fifth discipline fieldbook: Strategies and tools for building a learning organization ［M］. New York: Doubleday, 1994.

［662］Sethi R, Smith D C, Park W. Cross-functional product development teams, creativity, and the innovativeness of new consumer products ［J］. Journal of Marketing, 2001, 38 （1）: 73 – 85.

［663］Shane S, Venkataraman S. The promise of entrepreneurship as a field of research ［J］. Academy of Management Review, 2000, 25 （1）: 217 – 226.

［664］Shane S. Prior knowledge and the discovery of entrepreneurial opportunities ［J］. Organization Science, 2000, 11 （4）: 448 – 469.

［665］Shane S. Reflections on the 2010 AMR decade award: Delivering on the promise of entrepreneurship as a field of research ［J］. Academy of Management Review, 2012, 37 （1）: 10 – 20.

［666］Sheng S, Zhou K Z, Li J J. The effects of business and political ties on firm performance: Evidence from China ［J］. Journal of Marketing, 2011, 75 （1）: 1 – 15.

［667］Shifrinh. Behavioral corporate finance ［J］. Journal of Applied Corporate Finance, 2001, 14 （3）: 113 – 126.

［668］Short J C, Broberg J C, Cogliser C C, et al. Construct validation using computer-aided text analysis （CATA）: An illustration using entrepreneurial orientation ［J］. Organizational Research Methods, 2010, 13 （2）: 320 – 347.

［669］Simon, H. A. Models of man ［M］. New York: John Wiley and Sons, 1957.

［670］Simons T, Pelled L H, Smith K A. Making use of difference: Diversity, debate, and decision comprehensiveness in top management teams ［J］. Academy of Management Journal, 1999, 42 （6）: 662 – 673.

［671］Slater Narver. The positive effect of a market orientation on business profitability: A balanced replication ［J］. Journal of Business Research, 2000, 48 （1）: 69 – 73.

［672］Smets F R. Exporting versus FDI: The effect of un-certainty, irreversibilities and strategic interactions ［R］. New Haven: Yale University, 1991: 3 – 7.

［673］Smith C M, Watts R L. The investment opportunity set and corporate financing, dividend and compensation policies ［J］. Journal of Financial Economics, 1992, 32 （3）: 263 – 292.

［674］Smith R J. Higher Order Properties of Gmm and Generalized Empirical Likelihood Estimators ［J］. Econometrica, 2004, 72 （1）: 219 – 255.

［675］Song M, Podoynitsyna K, Hans V D B, et al. Success factors in new ventures: A meta-analysis ［J］. Journal of Product Innovation Management, 2008, 25 （1）: 7 – 27.

［676］Sougiannis T. The accounting based valuation of corporate R&D ［J］. The Accounting Review, 1994, 69 （1）: 44 – 68.

［677］Spender J. Making knowledge the basis of a dynamic theory of the firm ［J］. Strategic Management Journal, 1996, 17 （S2）: 45 – 62.

［678］Srinidhi B, Gul F A, Tsui J. Female directors and earnings quality ［J］. Contemporary Accounting Research, 2011, 28 （5）: 1610 – 1644.

［679］Srivastava A, Lee H. Predicting order and timing of new product moves: The role of top management in corporate entrepreneurship ［J］. Journal of Business Venturing, 2005, 20 （4）: 459 – 481.

［680］Suchman M C. Managing legitimacy: Strategic and institutional approaches ［J］. The Academy of Management Review, 1995, 20 （3）: 571 – 610.

［681］Sunder Jayanthi, Shyam V Sunder, Jingjing Zhang. Pilot CEOs and corporate innovation [J]. Journal of Financial Economics, 2017, 123 (1): 209 – 224.

[682] Sveiby K. A knowledge-based theory of the firm to guide in strategy formulation [J]. Journal of Intellectual Capital, 2001, 2 (4): 15.

[683] Szulanski G. Exploring internal stickiness: Impediments to the transfer of best practice within the firm [J]. Strategic management journal, 1996, 17 (2): 27 – 43.

[684] Tadesse, Solomon. Innovation, information, and financial architecture [J]. Journal of Financial and Quantitative Analysis, 2006, 41: 753 – 786.

[685] Tajfel H, Forgas J P. Social Categorization: Cognitions, Values and Groups. Stangor, C. (Eds.), Stereotypes and Prejudice: Essential Readings [M]. Key Readings in Social Psychology, US: Psychology Press, New York, NY, 2000: 49 – 63.

[686] Tajfel H. Human groups and social categories: Studies in social psychology [J]. American Journal of Sociology, 1984, 5 (12): 344 – 361.

[687] Tang X F, Kang Y, Guo D. Comparative study on financing constraints of listed real estate companies in China: An empirical analysis based on equity structure [J]. Journal of Macroeconomic Research, 2011, 5: 70 – 74.

[688] Taylor R N. Age and experience as determinants of managerial information Processing and decision making performance [J]. Academy of Management Journal. 1975, 18 (1): 74 – 81.

[689] Teece D J, Pisano G, Shuen A. Dynamic capabilities and strategic management [J]. Strategic Management Journal, 2015, 18 (18): 509 – 533.

[690] Teece D J. Explicating dynamic capabilities: The nature and microfoundations of (Sustainable) enterprise performance [J]. Strategic Management Journal, 2007, 28 (13): 1319 – 1350.

[691] Tenopyr M. Construct validation needs in vocational behavior theories, special issue: The theory of work adjustment [J]. Journal of Vocational Behavior, 1993, 43 (1): 84 – 89.

[692] Thomas A S, Simerly R L. Internal determinants of corporate social

performance: The role of top managers [J]. Academy of Management Proceedings, 1995 (1): 411 –415.

[693] Tian X, T Y Wang. Tolerance for failure and corporate innovation [J]. Review of Financial Studies, 2014, 27 (1): 211 –255.

[694] Tian Xuan, Tracy Wang. Tolerance for failure and corporate innovation [J]. Review of Financial Studies, 2014, 27 (1): 211 –255.

[695] Tien C. , Chen C. Myth or reality? Assessing the moderating role of CEO compensation on the momentum of innovation in R&D [J]. Journal of Human Resource Management, 2012, 23 (13): 2763 –2784.

[696] Tihanyi L, Ellstrand A E, Daily C M, et al. Composition of the top management team and firm international diversification [J]. Journal of Management, 2000, 26 (6): 1157 –1177.

[697] Tihany L, Ellstrand A E D, Daily C M, et al. Composition of the top management team and firm international diversification [J]. Journal of Management, 2000, 26 (6): 11 –57.

[698] Tong T W, Li J. Real options and MNE strategies in Asia Pacific [J]. Asia Pacific Journal of Management, 2008, 25 (1): 153 –169.

[699] Tornikoski E T, Newbert S L. Exploring the determinants of organizational emergences legitimacy perspective [J]. Journal of Business Venturing, 2007 (22): 311 –335.

[700] Tour A D L, Glachant M, Ménière Y. Innovation and international technology transfer: The case of the Chinese photovoltaic industry [J]. Energy Policy, 2011, 39 (2): 761 –770.

[701] Tsai W, Ghoshal S. Social capital and value creation: The role of interfirm networks [J]. Academy of Management Journal, 1998, 41 (4): 464 –476.

[702] Tsai W, Ghoshal S. Social capital and value creation: The role of intrafirm networks [J]. Academy of Management Journal, 1998, 41 (4): 464 –476.

[703] Tuggle C S, Schnatterly K, Johnson R A. Attention patterns in the

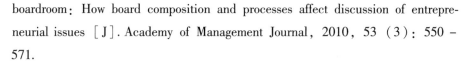

boardroom: How board composition and processes affect discussion of entrepreneurial issues [J]. Academy of Management Journal, 2010, 53 (3): 550 – 571.

[704] Tumasjan A, Braun R. In the eye of the beholder: How regulatory focus and self-efficacy interact in influencing opportunity recognition [J]. Journal of Business Venturing, 2012, 27 (6): 622 – 636.

[705] Ven A H V D. Central problems in the management of innovation [J]. Management Science, 1986, 32 (5): 590 – 607.

[706] Von Neumann J, Morgenstern O. Theory of games and economic behavior [M]. Princeton: Princeton University Press, 1944.

[707] Walker R D. Patents as scientific and technical literature [M]. Metuchen, NJ: Scarecrow Press, 1995.

[708] Wally S, Baum R. Personal and structural determinants of the pace of strategic decision making [J]. The Academy of Management Journal, 1994, 37 (4): 932 – 956.

[709] Wally S, Becerra M. Top management team characteristics and strategic changes in international diversification the case of U. S. multinationals in the european community [J]. Group & Organization Management, 2001, 26 (2): 165 – 188.

[710] Watson W E, Kumar K, Michaelsen L K. Cultural diversity's impact on interaction process and performance: Comparing homogeneous and diverse task groups [J]. Academy of Management Journal, 1993, 36 (3): 590 – 602.

[711] Wernerfelt B. A resource-based view of the firm [J]. Strategic Management Journal, 1984, 5 (2): 171 – 180.

[712] Westphal, James D. Collaboration in the boardroom: Behavioral and performance consequences of CEO board social ties [J]. The Academy of Management Journal, 1999, 42 (1): 7 – 24.

[713] Wiersema M, Bantel K. Top management team demography and corporate strategic change [J]. Academy of Management Journal, 1992, 35 (1): 91 – 121.

［714］Wiersema M F, Bantel K A. Top management team demography and corporate strategic change ［J］. Academy of Management journal, 1992, 35 (1): 91 – 121.

［715］Wiklund J, Shepherd D. Knowledge-based resources, entrepreneurial orientation, and the performance of small and medium-sized businesses ［J］. Strategic management journal, 2003, 24 (13): 1307 – 1314.

［716］Williamson O E. The economic institutions of capitalism. Firms, markets, relational contracting ［M］//Das Summa Summarum des Management. Gabler, 2007: 61 – 75.

［717］Wise L R, M Tschirhart. The relationship between diversity and work performance: Lessons for the public service about the consequences of heterogeneity paper ［J］. Presented at the National, 2002, 40 (8): 45 – 81.

［718］Wiseman R M, Gomez – Mejia L R. A behavioral agency model of managerial risk taking ［J］. Academy of Management Review, 1998, 23 (1): 133 – 153.

［719］Wu J, Tu R. CEO stock option pay and R&D spending: A behavioral agency explanation ［J］. Journal of Business Research, 2007, 60 (5): 482 – 492.

［720］Wu J. The effects of external knowledge search and CEO tenure on product innovation: evidence from Chinese firms ［J］. Industrial and Corporate Change, 2013, 23 (1): 65 – 89.

［721］Yang, Huan. 2017. Institutional dual holdings and risk shifting: Evidence from corporate innovation, Working paper, University of Massachusetts.

［722］Yayavaram S, Chen W. Changes in firm knowledge couplings and firm innovation performance: The moderating role of technological complexity ［J］. Strategic Management Journal, 2015, 36 (3): 377 – 396.

［723］Yung, Chris, 2016. Marking waves: To innovate or be a fast second? Journal of Financial and Quantitative Analysis 51: 415 – 433.

［724］Zahra S A, Priem R L, Rasheed A A. The antecedents and consequences of top management fraud ［J］. Journal of Management, 2005, 31 (6): 803 – 828.

［725］ Zahra. S. A. Governance, ownership, and corporate entrepreneurship: The moderating impact of industry technological opportunities ［J］. Academy of Management Journal, 1996, 39 (6): 1713 –1735

［726］ Zaltman G, Duncan R, Holbek J. Innovations and organizations ［M］. New York: John Wiley & Sons, 1973.

［727］ Zeng S X, Xie X M, Tam C M. Relationship between cooperation networks and innovation performance of SMEs ［J］. Technovation, 2010, 30 (3): 181 –194.

［728］ Zhang Y, Li H. Innovation search of new ventures in a technology cluster: the role of ties with service intermediaries ［J］. Strategic Management Journal, 2010, 31 (1): 22.

［729］ Zhang Y, Rajagopalan N. Once an outsider, always an outsider? CEO origin, strategic change, and firm performance ［J］. Strategic Management Journal, 2010, 31 (3): 334 –346.

［730］ Zhao Kai. Product competition and R&D investment under spillovers within full or partial collusion games ［J］. Latin American Economic Review, 2015, 24 (1): 4.

［731］ Zhao X, Lu X. R&D investment valuation in growthoption under incomplete information ［C］//Proceed-ings IEEE the 17th International Conference on In-dustrial Engineering and Engineering Management. Beijing: Institute of Electrical and Electronics Engi-neers Inc, 2010: 1699 –1703.

［732］ Zhou K Z, Wu F. Technological capability, strategic flexibility, and product innovation ［J］. Strategic Management Journal, 2010, 31 (5): 547 –561.

［733］ Zollo M, Winter S G. Deliberate learning and the evolution of dynamic capabilities ［J］. Organization Science, 2002, 13 (3): 339 –351.

后　记

　　本书是国家自然科学基金项目"知识产权保护、投资机会与高科技企业的创新投资——基于差异性高管特质的视角"(项目批准号:71672087)的部分重要研究成果和发现。本书梳理了相关理论,并总结了影响我国高科技企业创新绩效的高管差异性特质,探究了高科技企业高管差异化特质对投资机会,进而对企业创新绩效水平产生的影响,深入研究差异性高管特质、投资机会与高科技企业创新绩效的互动影响机理。基于中国特有的制度背景,为我国高科技企业在高管背景各异的情况下,合理进行人才分配决策、促进自身发展提供了理论指导和数据支持,也为政府制定有效人才引进政策、改革市场环境、促进高科技企业创新绩效提高的产业政策提供了建议和启示。

　　在由多名教授、副教授、博士研究生和硕士研究生组成的项目科研团队成员的共同努力下,我们历经4年时间,攻克科研路上的难关,最终保质保量地完成了科研任务。本项目在理论和应用研究方面获得了大量成果的同时,在人才培养和社会实践方面也取得了重要的成果,同时也积累了丰富的项目管理实践经验。所取得主要研究成果和其他成就归纳如下。

　　第一,高质量的学术研究成果丰富,获得国内外专家学者认可。

　　本项目采用归纳、演绎、数学建模、实证分析、案例分析等研究方法,研究了相关论题,形成了一批高水平研究成果,获得国内外相关专家和同仁的高度评价。本项目在国内顶级和优秀期刊中发表论文28篇,包括《南开管理评论》、《管理评论》、《预测》、《研究与发展管理》、*SMALL BUSINESS ECONOMICS*等,其中高水平学术论文9篇;在国外、国内学术会议上发表并宣讲论文10余篇。围绕项目核心内容开展研究,获天津市第十五届社会科学优秀成果奖。

第二，国际化科研团队培养成果显著，为社会输送优秀人才。

项目组由具有丰富科研经验和深厚知识积淀的资深教授和副教授，以及充满创造力与活力的年轻教师、博士研究生和硕士研究生组成。基于本课题的相关研究主题，课题组成员在密切关注国内外相关领域研究中前沿研究成果的同时，还积极参加了一些高档次、高水平的国际学术会议。一方面，通过国际会议与国内外一些知名大学和学者进行学术探讨与交流，以获取最新的研究成果与信息；另一方面，有效的征询国内外专家意见，为后续研究提供了较好的建设性意见与借鉴思路。项目组积极为团队成员搭建国际间交流的平台，培养了多名具有杰出学术研究能力的国际化人才，造就了一支活跃在国内外学术舞台上的科研队伍。在项目研究期间，项目组鼓励和资助成员积极参加国内外学术会议，如美国 WCAAS 年会（亚洲研究会美国西部峰会）、中国管理学年会、公司治理国际研讨会、中国实证会计研讨会、中国企业管理案例与质性研究论坛等。通过与国内外相关领域专家的学习与交流，项目组成员接触并了解了国际学术前沿，开拓了国际视野，大大提升了科研水平。本项目在研期间，累计培养博士后 2 名，博士生 8 名，科学硕士生 20 余名，EMBA、MBA 及 MPAcc 等专业硕士 10 余名。

第三，理论与实践结合紧密，社会服务颇有成效。

科学研究中，理论与实务是密不可分的，本项目注重将研究成果应用于实践。在历时 4 年的项目研究过程中，本项目组的研究成果为天津市政府的经济管理和调控实践，以及天津市、北京市、河北省、云南省、吉林省等地多家企业的投融资决策实践，提供了多项合理化建议，优化了政府管理和企业决策。

感谢国家自然科学基金委领导对本项目的认可与支持，感谢学术界同仁的关心和帮助，感谢经济科学出版社编辑、校对等方面的认真和辛勤工作。在研究过程中，由于企业家特质的测度、偏向心理学方面的特征，在挖掘过程中有一定难度。本书可能还存在一些不完备的地方，恳请各位专家、读者提出宝贵的意见与建议，以便我们今后修改与完善。

李　莉

2021 年 10 月于南开园